Antena 2

Curso de Español para Extranjeros

NIVEL ELEMENTAL

GUÍA DIDÁCTICA

Equipo AVANCE

SGEL

Sociedad General Española de Librería, s. a.

Primera edición, 1988.

Curso de Español para Extranjeros
en tres niveles:

Elemental (1),
Medio (2),
Superior (3).

En cada nivel:

Libro del alumno.
Cuaderno de ejercicios.
Guía didáctica.
Juego de cassettes.

Equipo AVANCE
(Universidad de Murcia)

Aquilino Sánchez
Juan Manuel Fernández
Mª Carmen Díaz

Dibujos
Manuel Delgado

Diseño gráfico y cubierta
Víctor M. Lahuerta

Maqueta
C. Campos

Edita
Sociedad General Española de Librería, S. A.
Avenida Valdelaparra, 39 ■ Alcobendas. MADRID
Teléfono, 651170 ■ Télex, NIOLA-E 22092

Producida
SGEL-Educación
Marqués de Valdeiglesias, 5 ■ 28004 MADRID
Teléfonos, 2322392 - 2322475

Fotocomposición: AMORETTI
Impresión: PEÑALARA
Encuadernación: MENDEZ
I S B N: 84-7143-381-8
Depósito legal: M. 13.578-1988

PROCEDENCIA DE LAS ILUSTRACIONES

DICCIONARIO: Diccionario Básico de la Lengua Española (SGEL): 14, 47, 103, 137 y 138.

Manuel García y Carmen Rodríguez Olmedo (fotografías): 10 (abajo), 11, 14, 20, 22, 24, 25, 26, 27, 28, 32, 34, 35, 45, 46, 49 (arriba), 53, 56, 58, 75, 76, 79, 80, 87, 91, 93, 98, 100, 102, 104, 105, 108 (5.ª), 110, 111, 112, 114, 120, 123, 124, 125, 127, 131, 138, 145, 148, 154, 156, 159, 167, 169, 170 y 176.

Idem, por cortesía de la Escuela Oficial de Idiomas (Madrid): 114 y 116.

Fotografías cedidas por el Archivo Fotográfico del IMPROTUR (SET): 43, 44, 103, 106 (hotel) y 108 (1.ª y 2.ª).

Ministerio de Agricultura, Pesca y Alimentación. Dirección General de Política Alimentaria. Campaña «Alimentos de España»: 134, 136 y 139.

Archivo Natural: 132.

Colección de Kima Guitart, cedida por la diseñadora: 108 (abajo).

Oronoz (fotografías): 63, 64 (1.ª, 2.ª y 4.ª), 65 (arriba), 68 (figura de oro) y 106 (pirámides).

EFE (fotografías): 64, (3.ª y 5.ª), 65 (abajo), 69, 70, 83, 90, 95, 106 (lunas, paisajes), 108 (3.ª y 4.ª) y 109.

Archivo SGEL (fotografías y **realia**): 10 (arriba), 49 (abajo), 60, 67, 68 (todas, menos figura de oro), 98, 143 (abajo), 167 y 171.

Cortesía revista TIEMPO: 143 (1.ª y 2.ª).

E. Sánchez (fotografías): 12, 82 y 178.

Manuel Delgado (dibujos): 14, 15, 16 (abajo), 18, 21, 23, 24, 31, 33, 36, 37, 38, 40, 42, 43, 47, 48, 50, 52, 53, 54, 57, 58, 61, 66, 67, 72, 74, 76, 81, 83, 85, 86, 90, 92, 98, 99, 100, 102, 104, 110, 115, 117, 119, 121, 122, 124, 126, 128, 133, 135, 136, 140, 142, 146, 147, 148, 149, 150, 152, 153, 154, 155, 158, 159, 160, 161, 162, 164, 171, 173, 175, 177, 179 y 180.

Luis Carrascón (dibujos): 16 (arriba), 26 y 161 (abajo).

GUÍA DIDÁCTICA

Antena, en los tres niveles de que constará, es un método completo para la enseñanza y aprendizaje del español, lengua extranjera.

A diferencia de lo que se ha hecho con frecuencia en otros libros para la enseñanza de lenguas y a través de toda la historia, aquí nos hemos propuesto ofrecer al profesor y al alumno un método que tenga en cuenta la complejidad de elementos que realmente se dan en el proceso de aprendizaje de un idioma. Efectivamente, conviene tener en cuenta que una lengua no se adquiere solamente aprendiendo la gramática, ni repitiendo determinadas estructuras, ni memorizando largas listas de vocabulario, ni tampoco enfrentándose sin más a largas listas de «funciones lingüísticas», como tan de moda está en nuestros días. El grupo **Avance** se propone precisamente dar un paso que vaya más allá de lo que ha sido habitual en estos últimos años de «nocional-funcionalismo». Valorando esta perspectiva, pero sin convertirnos en «sus esclavos»; tratando de introducir nuevos factores que derivan de la consideración del lenguaje como medio de comunicación y teniendo igualmente en cuenta otras prácticas, actuales o pasadas, siempre que en ellas hayamos visto razonables y sólidos motivos para concluir que inciden positivamente en el aprendizaje y enseñanza.

Así pues, los ejes en torno a los cuales se ha elaborado **Antena II** han sido varios, si bien en todos de la misma importancia. El resultado viene a ser un punto de confluencia de todos ellos, orgánicamente entrelazados.

El objetivo prioritario es lograr un libro que sirva para **comunicarse en español.** Pero hemos querido analizar en profundidad lo que significa realmente el poder «comunicarse» en una lengua. Y de ahí hemos concluido que la comunicación en nuestros días es tanto oral como escrita, por ejemplo: que se comunica quien habla para que le escuchen otros, de la misma manera que lo hace quien escucha a otro sin que él intervenga activamente. Se comunica quien escribe en casa, aislado del mundo exterior y se comunica quien lee el periódico del día o los anuncios del autobús al viajar por la ciudad.

La comunicación a través de la lengua tiene también otras características de no menor relieve: cuando nos transmitimos información utilizando un idioma en concreto, no lo hacemos «recitando» las flexiones del presente de indicativo de un verbo, ni recitando listas de palabras desconectadas o reglas de gramática... Lo principal es que nos comunicamos siempre que **tenemos algo que decir, que nos transmitimos algún mensaje o información y que dicho mensaje es de interés** para quienes intervienen en la comunicación.

Es igualmente digno de destacar que el proceso de comunicación sigue también sus propias reglas en el desarrollo. Por ejemplo: no cambiamos continuamente de tema, empezamos tratando de comprender el mensaje transmitido, preguntando si algo no lo hemos captado, pidiendo más detalles sobre un tema, intercambiando puntos de vista sobre el mismo, dando nuestra propia versión de lo que hemos entendido...

Asumir esta realidad y pretender que quien aprende español sea capaz de comunicarse mediante esta lengua, implica que no es aconsejable tomar como punto de partida ni un elenco de funciones lingüísticas ni un conjunto de estructuras gramaticales. En cambio, consideramos prioritario partir de un conjunto de **áreas temáticas** y de su natural desarrollo comunicativo, porque la comunicación empieza siempre centrándose en un tema y gira en torno a él.

La selección de **áreas temáticas** constituye el primer eje en la elaboración del contenido de **Antena II.**
A su vez, dentro de cada área temática se desarrollan unas situaciones concretas y no otras. La selección de **situaciones comunicativas** es el primer producto derivado de un área temática.

Una situación comunicativa implica diferentes **funciones lingüísticas;** para sacar un billete de avión conviene saber cómo se pide algo en español, cómo se pide información para viajar, cómo se dan las gracias, cómo se pregunta por cantidades y precios, etc. Una función lingüística no suele tener sentido fuera de una situación comunicativa. Por lo tanto, la selección de funciones lingüísticas está subordinada a la de áreas temáticas y constituye el segundo eje de actuación en la elaboración de los objetivos. Las funciones se traducen en «registros lingüísticos» a la hora de llevarlas a cabo en el proceso comunicativo.

La lengua no es totalmente reducible a gramática. Pero ello no significa que la gramática sea menos importante como constitutivo de una lengua. En el fondo la gramática es el código que, cifrándolo y descifrándolo, nos permite mantener una comunicación fiable. No se puede ni debe, por tanto, dejar la gramática de lado en la elaboración de un libro de texto (otra cosa es cómo se afronta la enseñanza de la gramática). Así hemos actuado nosotros, considerando los **problemas gramaticales y estructurales** (en la más amplia acepción del término) como el tercer eje de actuación en la elaboración del libro.

Reducir el aprendizaje a memorizar palabras aisladas carece de sentido como objetivo único. Mas no es posible comunicarnos en español si no sabemos «nombrar» un objeto, idea o abstracción. El aprendizaje del **vocabulario** constituye, pues, nuestra cuarta línea de actuación. Introducidos ya los términos fundamentales del español en el Nivel I, ahora se trata de consolidarnos y **ampliar** los campos léxicos. Lo más importante en el aprendizaje del léxico de una lengua es **tener en cuenta el contexto.** No sólo porque una palabra pierde sentido fuera del mismo, sino porque así aparecen siempre en la comunicación.

La corrección gramatical incluye, naturalmente, saber hablar (pronunciar) bien y saber escribir correctamente. La ortografía y la pronunciación estuvieron presentes en *Antena I* y siguen estando presentes, de manera sistemática, en *Antena II.* En el presente Nivel también se tienen en cuenta algunos otros puntos específicos, de importancia en el proceso de aprendizaje, cual es, por ejemplo, hacer que el alumno se familiarice con el uso del diccionario (a ser posible monolingüe, aunque no se niega la utilidad y necesidad de los diccionarios bilingües).

Finalmente, en *Antena II* se ha tenido muy en cuenta la motivación del alumno, así como favorecer el interés de éste por la lengua que aprende. En tal sentido, se ha cuidado con esmero la selección de los temas y textos de cada unidad, la variedad de los mismos y su inserción en la cultura de los pueblos de habla hispana. La presencia de un «interés creciente, a la vez que lógico» es de suma importancia en la ordenación de actividades y ejercicios. En buena medida, se intenta crear ese interés tratando de reproducir o aproximarnos a lo que ocurre realmente en las situaciones comunicativas. Por ejemplo, se abandona en *Antena II,* como ya se había hecho en *Antena I,* el esquema clásico de iniciar la lección con un texto, continuar con preguntas para activar la comprensión de éste o pasar a continuación a la práctica de ciertos puntos gramaticales, léxicos o similares.

Las unidades de *Antena II* no solamente no se ajustan a dicho esquema tradicional, sino que evitan la repetición de un esquema fijo en la secuenciación de las actividades. No por capricho, sino, insistimos, **porque así es la realidad comunicativa,** variada en los temas y en la manera de conducirlos a través de la comunicación.

ALGUNOS PRINCIPIOS DE APRENDIZAJE Y ADQUISICIÓN DE LA SEGUNDA LENGUA

Ya hemos mencionado la complejidad que existe en el aprendizaje de una lengua. Por eso se hace necesario explicar brevemente los presupuestos teóricos y/o experimentales que subyacen en la elaboración de nuestro libro.

1. Constatamos, en primer lugar, que las estrategias de aprendizaje de cada individuo son de hecho diferentes en alguna medida. Cada uno forma su propio «método» para aprender un idioma, sea o no el más idóneo y eficaz. Esas «estrategias individuales» derivan a menudo de procesos inconscientes que tienen mucho que ver con la manera como aprendemos otras disciplinas o con la manera de «cómo hemos sido enseñados» en el sistema educativo durante la niñez y la adolescencia. Tras la constatación de esta realidad se entenderá mejor la «multidisciplinariedad» de *Antena.*

2. Existen dos estratos claramente diferenciados en el proceso de adquisición lingüística: un estrato **pasivo** y otro estrato **activo.** Y los estudios sicolingüísticos avalan el hecho de que al estrato activo solamente se llega tras un período previo en el estrato pasivo. En otras palabras, solamente se llega a dominar una lengua o a manejarla activamente tras un largo período de exposición a la misma. Desde esta perspectiva, es iluso esperar —como muchos profesores solemos hacer— que nuestros alumnos empiecen a hablar español desde

el primer día de clase. Quizá conviene dotarnos y dotar a los alumnos de ciertos mínimos de paciencia y abolir aquello de que una lengua se puede aprender en «60 horas» o en «tres meses»...

Desde el punto de vista de un método como el presente, asumir lo anteriormente expuesto significa que el material utilizado debe incluir de alguna manera la existencia de una repetida y continuada **exposición del alumno a la lengua que aprende.** Ésta es, precisamente, una constante en las diversas unidades del libro y algo que el profesor ha de tener en cuenta —como se señalará pormenorizadamente a lo largo de la *Guía didáctica*— para obtener los frutos apetecidos.

3.   En el proceso de adquisición se da también otra realidad: quien aprende un idioma no solamente está expuesto a aquellos elementos lingüísticos que serán activos o que constituyen los objetivos prioritarios, por ejemplo, de una lección. La realiad es que estos elementos «útiles» están siempre insertos dentro de otros elementos no útiles en primera instancia (o elementos «sucios», como dicen los expertos). Para aprender a saludar conviene, por tanto, que las fórmulas de saludo estén insertas dentro de otros contextos o acompañadas de otros elementos lingüísticos que no necesariamente se referirán de manera directa al «saludo». Estos elementos constituyen los «objetivos no operativos» del contenido. Con frecuencia se comprobará que nuestro libro incluye elementos lingüísticos que no pretendemos que el alumno haga activos; pero están ahí porque son necesarios para que adquiera los que pretendemos que haga suyos **activamente.** En cada caso se verá que para tales fines se utilizan técnicas diversas, tanto de audición como de lectura. Desde luego el profesor debe tener en cuenta que esos elementos «no operativos» nunca constituyen el punto de mira de las actividades en que se intenta desarrollar destrezas lingüísticas. Es, en términos coloquiales, «material lingüístico de relleno».

Nótese que la existencia de estos elementos «sucios» es una constante de la realidad comunicativa que todos desarrollamos a diario. Es lo que hace que la lengua usada no lo sea «a trozos», sino dentro de una globalidad que aglutina cada trozo o parte. Cuando un alumno ha sido repetidamente expuesto a ese «material lingüístico de relleno» advertirá de vez en cuando que algo de lo que se le ofrece **ya le suena de antes.** Es el proceso normal de aprendizaje. Ese efecto es el que pretendemos provocar en nuestro libro.

4.   El tema de la «gramática» suele originar polémica, tanto entre profesores como entre alumnos. Conviene resaltar que los aspectos gramaticales no se dejan de lado en absoluto. Lo que hacemos en *Antena* es «integrarlos» en el proceso comunicativo. Se subordinan a la comunicación, a lo que queremos decir. Este proceder no es caprichoso: es fiel reflejo de lo que ocurre cuando nos comunicamos a través de una lengua. Efectivamente, no utilizamos el español para expresar nuestro saber gramatical, sino para describir algo, para pedir un favor, etc. De ahí que la gramática sea **no el fin en sí mismo, sino el medio para alcanzar un objetivo comunicativo.**

De otro lado, la adquisición de la gramática en cuanto tal constituye un problema específico. Las dos tendencias ya clásicas siguen siendo los dos polos opuestos en el enfoque de la cuestión: la gramática se adquiere mediante explicaciones y raciocinio (deductivamente) o mediante inducción (a través del uso lingüístico). Este segundo mecanismo es el que utilizamos en la adquisición de nuestra primera lengua absolutamente todos los seres humanos. El hombre está dotado de una capacidad innata para llegar a generalizaciones sin que necesariamente haya explicaciones o razonamientos explícitos.

No es éste el caso de entrar en discusiones sobre las ventajas o no de uno u otro enfoque. En *Antena* se pone el énfasis en la adquisición de la gramática de modo inductivo, **mediante el uso de la lengua.** Pero al mismo tiempo se ofrecen ayudas para que esa adquisición inductiva —que siempre actuará en el que aprende, al margen de lo que el profesor pueda creer o no— se pueda ayudar de la adquisición deductiva, mediante explicaciones ocasionales y sistemáticas de aquellos aspectos que más inciden en el entramado gramatical del español. Consideramos que este procedimiento es coherente con los principios en que se sustenta el presente método, sin perder de vista, al mismo tiempo, la realidad y los condicionamientos a que está sometido el adulto que decide aprender un nuevo idioma.

5.   Finalmente, tanto los presupuestos comunicativos de *Antena* como la planificación de las distintas actividades dan por supuesta una realidad frecuentemente dejada de lado en la clase: **el protagonista es el alumno, no el profesor.** Es el alumno quien tiene que aprender. El profesor se supone que ya sabe español y su cometido se reduce a guiar, ayudar y promover. Por tanto, el centro de la clase no debe recaer más que en los alumnos. Son éstos quienes deben practicar, sugerir, hablar, **comunicarse en español.** Si el profesor tiene en cuenta este condicionamiento, deberá tender a quedar detrás, «relegado» en la clase, mientras los alumnos son empujados continuamente «a primera línea». Sólo así el estudiante de español aprenderá a comunicarse en español: practicando la comunicación, no limitándose a recibir lo que el profesor «da». Para el equipo *Avan-*

ce, una clase activa es aquella en la que el alumno es el actor, participa, actúa. De ahí que las actividades presentadas en cada unidad traten de despertar interés e intenten surgir de la realidad comunicativa.

METODOLOGÍA Y PRÁCTICAS, EJERCICIOS O ACTIVIDADES

Un método no debe definirse sólo con palabras o teóricamente. Para que una determinada metodología **actúe** realmente ha de poder traducirse prácticamente en la clase. Reconozcamos que, por ejemplo, los métodos estructurales pretenden lograr sus objetivos prioritarios (adquisición de estructuras lingüísturales) mediante la reputación de patrones: es una práctica lógica y coherente. Pero un método *comunicativo* no logrará ser tal limitándose a reproducir «diálogos» coloquiales (que representan sólo una pobre parte de la realidad comunicativa), a repetir módulos funcionales (que en poco se diferencian de la práctica de patrones en los métodos estructurales) o a ejercicios gramaticales (que suelen ser el pago inconsciente a una tradición de enseñanza y aprendizaje). **Aplicar una metodología comunicativa implica desarrollar ejercicios, técnicas y actividades realmente comunicativas.** Éste es el reto de un método verdaderamente comunicativo. El grupo *Avance* se ha propuesto conseguirlo, rompiendo a menudo —como ya se ha dicho— con el diseño ya clásico de cada unidad. Pero el profesor no debería asustarse: quien desea cambiar de método es porque desea lograr una enseñanza y aprendizaje más eficaces y más acordes con las necesidades de nuestros días. Pues bien, dicha eficacia sólo es factible cuando método y técnicas van parejas. Por tanto, sea consciente el profesor de que tanto él como los autores del grupo *Avance* compartimos los mismos fines y objetivos. Más adelante se podrá observar, por ejemplo, que cada unidad didáctica consta de entre 20 y 30 actividades diferentes: el grupo más numeroso está formado por aquellas que promueven, se basan y apuntan directamente hacia el uso comunicativo del español. Ésa es la prueba de que tratamos de ser coherentes en el uso de la metodología enunciada y las prácticas o actividades.

Pero además de lo dicho, pretendemos ser también coherentes con nuestro punto de partida: tener en cuenta la complejidad del proceso de comunicación y la existencia de diferentes «estrategias individuales» en el proceso de aprendizaje. Por esa razón las actividades desarrolladas en cada unidad cubren también otras áreas, tal cual se apuntaba al hablar de los ejes o líneas de actuación de nuestro método: actividades referidas al léxico, a la gramática, a la ortografía, a la pronunciación y siempre cubriendo las cuatro destrezas lingüísticas, en su vertiente pasiva y activa.

Por el mismo motivo, se tiene en cuenta el principio de la progresión en dificultad —adecuado ya al Nivel II—, usando para ello la escala general de que lo más simple es más fácil y lo más complejo es más díficil (escala que, aunque no universalmente válida, sí es razonablemente válida).

ORGANIZACIÓN DEL ANTENA II

El presente libro consta de 18 unidades, con tres sesiones cada una. Las sesiones I y II exigen un mínimo de dos horas de trabajo cada una de ellas. La sesión III consumirá una hora como mínimo. Además, la unidad se cierra con una actividad «integral», que implica necesariamente el uso creativo de la lengua: *Ahí te quiero ver.* Esta última actividad, si se lleva a cabo, exigirá también alrededor de una hora de trabajo. En conjunto, pues, el libro está programado para unas 100 horas. Es un número aproximado, que debe tomarse con flexibilidad, ya que la situación de cada clase puede introducir variantes y condicionantes que es imposible tener en cuenta en una programación de tipo general, como la que sirve de soporte a *Antena II.*

Además, cada unidad consta de una última página a manera de «apéndice» complementario. En dicha página se recogen tres secciones: una dedicada a la explicación breve y con ejemplos de algunos aspectos gramaticales que inciden en los objetivos propios de la unidad; otra que recoge esquemáticamente los registros lingüísticos utilizados en los textos para la expresión en determinadas funciones lingüísticas y una tercera que recoge el vocabulario nuevo con que el alumno se ha encontrado en cada lección. Esta última página se incluye en la unidad, y no en el Apéndice, para que así pueda servir de más fácil y directo acceso en caso de consulta, por parte del alumno o del profesor. Su finalidad sigue siendo, no obstante, de carácter complementario, de manera que su utilización esté siempre debidamente integrada en los objetivos globales del curso y de la unidad.

En tal sentido, siempre se desaconseja que la gramática se convierta en protagonista de la clase. **Los diversos aspectos gramaticales que puedan comentarse o explicarse deben estar siempre subordinados al logro de una verdadera capacidad de comunicación en español; nunca deberían constituir el fin de una clase.** Como material de consulta cobran su pleno significado; en cualquier momento puede el alumno clarificar una duda o el profesor ilustrar una explicación que de otra manera sería difícil de captar o deducir. Recordemos, por ejemplo, que el sistema flexivo del español, de una cierta complejidad, requiere también que el alumno sepa, aunque sea a nivel pasivo, que las formas verbales de un tiempo son seis y no sólo las dos o tres usadas en una unidad concreta. Repetimos: no es preciso que memorice las seis, pero sí debe saber que la realidad es así.

El *Libro del alumno* incluye un *Apéndice* con textos grabados que no figuran en la unidad correspondiente, por ser prioritariamente material de «exposición de la lengua hablada» o porque se utilizan para activar la comprensión oral. Hemos creído conveniente incluirlos en un Apéndice para que, en caso de así desearlo, el alumno pueda consultarlo individualmente con el fin de ampliar sus conocimientos o reforzar el aprendizaje.

Junto con el *Libro del alumno* el profesor dispone también de la *Guía didáctica para el profesor.*

En el caso presente **recomendamos vivamente** que el profesor no deje de lado esta ayuda que se le ofrece. En primer lugar, porque un libro de texto dará sus mejores frutos si se siguen las pautas fundamentales sobre las cuales se basa su elaboración. En segundo lugar, porque el diseño de *Antena* en cada una de sus unidades no es totalmente uniforme y, en consecuencia, podría originar pequeños problemas en ocasiones. En la *Guía didáctica* se señalan con detalle los objetivos generales de la unidad y la estrategia y actividades desarrolladas por los autores para conseguirlos. Con esta ayuda el planteamiento de cada unidad despejará posibles dudas.

El *Libro de ejercicios* es un complemento necesario por dos razones:

— Facilita el trabajo individual del alumno, especialmente en casa. Recordemos que el aprendizaje no debe ejercitarse solamente en clase, sino que debe tener su prolongación en el trabajo individual de cada alumno. El *Libro de ejercicios* ofrece material en este sentido.

— En segundo lugar, aquí se presentan ejercicios y actividades complementarias y de refuerzo, para hacer individualmente o en clase. El *Libro de ejercicios* insiste en actividades del lenguaje escrito, en contenidos gramaticales, en el trabajo con el léxico y el diccionario, en la ortografía o en prácticas repetitivas fáciles de realizar individualmente.

Finalmente se ofrece abundante material de **grabación.** A este respecto debe tenerse en cuenta que este material de grabación es de dos clases: aquel cuyo texto escrito aparece en cada unidad y que suele utilizarse como material para la comprensión oral y escrita o como material ajustado a los objetivos de cada lección; y aquellas otras grabaciones que no figuran en la unidad didáctica respectiva, sino en la *Guía del profesor* y en el *Apéndice* del libro del alumno.

ALGUNOS CONSEJOS PARA LA UTILIZACIÓN DEL ANTENA II

1. Es muy positivo comenzar el curso explicando a los alumnos qué es lo que el método *Antena* se propone y cómo pretende conseguirlo. En tal sentido se rogará explícitamente a los alumnos que traten de «dejarse llevar» por el método de la manera más flexible que les sea posible, sin aferrarse a ciertas tradiciones o presupuestos que con toda seguridad ya tienen, sobre la manera de aprender una lengua (especialmente la gramática). Si actúan así, pronto constatarán que el libro dará sus frutos, demostrando que hay muchas maneras de aprender aumentando la eficacia.

2. No existe razón de peso para prohibir totalmente el uso de la lengua nativa de los alumnos en la clase. Ni tampoco debe prohibirse —todo lo contrario— el uso del diccionario. Debe recomendarse que todos tengan precisamente un buen diccionario y una gramática completa de consulta especialmente escrita para estudiantes extranjeros (que combine el carácter normativo con el descriptivo y de uso). Naturalmente, el uso de la lengua materna se reducirá a lo indispensable y se limitará a explicaciones introductorias, a la explicación de algún término que sea especialmente difícil de aclarar de otra manera, a la exposición breve de algún punto gramatical, a la explicación de una actividad que presente dudas en su realización, etc. En cualquier caso, siempre constituirá una ayuda necesaria y pasajera. **Lo que debe predominar en la clase es el uso del español.**

3. El uso **explícito** de la gramática debe estar reducido al mínimo imprescindible. De hecho el libro está diseñado teniendo en cuenta determinados aspectos gramaticales, debidamente coordinados con los que ya se habían tratado en *Antena I.* Por tanto, las explicaciones gramaticales deben reservarse para casos en que ayuden realmente al proceso de aprendizaje, sin tergiversar los objetivos prioritarios del método.

4. El aprendizaje de una lengua no se logra en pocos días. Recuérdese que es preciso acumular mucho

para activar un poco. Se necesita, pues, una buena dosis de paciencia y constancia. La aparente pérdida de tiempo de algunas actividades de comprensión auditiva en las que apenas si se captan solamente algunos elementos, no es tal vista desde esta perspectiva de globalidad del aprendizaje.

ESQUEMAS FUNDAMENTALES EN EL DESARROLLO DE LAS UNIDADES

Como ya se ha dicho, no todas las unidades siguen el mismo patrón en su desarrollo. Se ha buscado la variedad precisamente para favorecer otros aspectos, como el de la motivación, el interés y la reproducción del proceso comunicativo. De ahí que una enumeración de las actividades sería realmente extensa. (Véase la *Guía didáctica de Antena I* para más detalles.)

En todo caso, el hilo conductor podrá detectarse con cierta facilidad mediante las aclaraciones que acompañan a esta *Guía* a cada una de las actividades.

En líneas generales, sin embargo, cada unidad se atiene a las siguientes características:

Sesión I

A lo largo de la sesión y mediante las diferentes actividades y ejercicios que se introducen, se pretende que el alumno se enfrente a elementos lingüísticos nuevos (textos, diálogos, audiciones, lecturas). En consecuencia, todo apunta mayoritariamente hacia la **comprensión** de la información suministrada. Se entiende que dicha comprensión se refiere tanto a la lengua oral como a la escrita. A tal fin, predominan las actividades que puedan favorecer el objetivo propuesto, extracción de información; identificación de palabras, registros, sonidos, ritmo, entonación; contrastar la información captada; explicitar aspectos de la información entendida, etcétera. Adviértase que la concentración en la comprensión del mensaje no implica, ni mucho menos, la pobreza de actividades.

La razón de este proceder radica en el análisis mismo del proceso comunicativo: lo primero y esencial es captar, comprender el mensaje emitido por el interlocutor. Sólo así puede favorecerse más tarde el dominio y manejo de la lengua.

Sesión II

Las dos horas programadas para la Sesión II ponen el énfasis en el desarrollo de las destrezas que implican el uso activo del español. Tanto el diseño como la secuenciación de las actividades de que consta la sesión apuntan hacia este objetivo.

Se da por supuesto que una vez que el alumno es capaz de captar la información, debe concentrarse en la consolidación no solamente del mensaje transmitido, sino también de los elementos que posibilitan la misma transmisión del mensaje. Por esta razón abundan aquí las actividades centradas en las destrezas y subdestrezas: comprensión/expresión, gramática, léxico, ortografía, derivación, etc.

Naturalmente, las actividades se fundamentan en el uso de textos, pero éstos son mayormente auténticos, documentos reales relacionados de alguna manera con el área temática en torno a la cual gira la unidad. De esta manera, sigue prevaleciendo la variedad en los materiales aportados, favoreciendo en consecuencia el interés y la motivación.

Sesión III

Si en la Sesión I se ha puesto el acento en la comprensión y en la Sesión II en el manejo de los elementos lingüísticos que facilitan la comunicación, en la Sesión III se pretende el desarrollo **integral** de todas las destrezas, de manera tal que el alumno utilice el español —en su vertiente oral o escrita— creativa y autónomamente. En las actividades que componen la Sesión III el alumno debe **comunicarse** utilizando él determinada lengua. No se desarrollan aquí, pues, actividades parciales (para practicar ciertos tiempos, algunas concordancias, consolidar determinadas estructuras o registros…). La comunicación exige el dominio de la lengua en muchas de esas destrezas o subdestrezas **al mismo tiempo**. Hacia ese objetivo apunta el desarrollo de la Sesión III.

Ahí te quiero ver

El uso de una lengua implica ciertamente dosis de creatividad e imaginación. Algo que no es fácil de alcanzar en un libro de texto o en una clase. Por eso el equipo **Avance** ha decidido introducir esta última actividad en cada unidad. **Ahí te quiero ver,** como el mismo título ya sugiere, es un pequeño «reto» al cual el alumno puede enfrentarse al final de cada unidad; un reto para utilizar el español de manera integral y comunicativa. La referencia temática se centra en algo que todavía «no se ha cumplido» —suele proyectarse hacia el tercer milenio—, pero que probablemente será real; parcial o totalmente real. Para llevar a cabo esta actividad, el alumno o cada grupo de alumnos debe utilizar el español no sólo global o integralmente, sino también «imaginativamente». Creamos así las condiciones que permitirán un uso más creativo del idioma, precisamente porque para decir algo sobre el tema el alumno debe utilizar su imaginación.

Al mismo tiempo, la actividad acaba siempre en un trabajo de redacción (lengua escrita), temáticamente relacionado con los objetivos de la unidad.

Ahí te quiero ver no se incluye como sección «obligatoria», sino como complemento que perfeccionará los objetivos generales de cada unidad y del libro en su conjunto. De todos modos, se recomienda su realización.

En este caso, hemos pensado en dos variantes a la hora de llevarla a cabo:

Fuera del aula

Los alumnos la prepararán por su cuenta en horas de estudio, o bien dentro del Centro, o bien individualmente, en su casa. En ambos casos el producto final se pondrá por escrito o se grabará en cinta (individualmente o en grupo).

Dentro del aula

En este caso, se necesitarán unos cuarenta y cinco minutos para desarrollar la actividad. Siempre teniendo en cuenta que antes de participar toda la clase cada alumno deberá preparar lo que el **Ahí te quiero ver** le exige en cada unidad.

En ambas modalidades el profesor no debe perder de vista que la actividad tiene como finalidad el **desarrollar la capacidad comunicativa del alumno de un modo integral.**

Debe primarse, pues, la expresión sobre la corrección, el decir o escribir algo sobre la manera de decirlo o escribirlo. En otras palabras, la tendencia que los profesores tenemos a corregirlo todo ha de ser controlada «razonablemente», siempre teniendo en mente que el criterio prioritario se centrará en la capacidad del alumno para expresar algo. Es un equilibrio no fácil de lograr, pero al cual debemos, al menos, tender.

Presentación

El español, como otras muchas lenguas, ha sido enseñado y aprendido de muchas maneras a lo largo de su historia. Pero cada época tiene sus necesidades, sus características y sus gustos. De ahí que se haga necesario acomodar la metodología a lo que exigen los tiempos.

ANTENA responde a este planteamiento y a esos requisitos.

Es un método COMUNICATIVO que incorpora técnicas y actividades comunicativas. Pero al mismo tiempo, es un método multidisciplinar, que tiene en cuenta y toma en consideración lo que ha sido útil y eficaz en la enseñanza de idiomas hasta nuestros días: ejercicios de repetición, presentación de vocabulario, aclaraciones gramaticales... Lo que hace **ANTENA** es, pues, integrar en un contexto comunicativo el aprendizaje de los diversos componentes que forman la lengua, en este caso el español.

ANTENA 2 es el nivel intermedio.

CLAVE DE SIGNOS

Actividades para realizar fuera del aula.

Texto o diálogo grabado.

Contenido

Aspectos estructurales y gramaticales	Puntos específicos	Actividad de refuerzo
Usos de los tiempos de presente y pasado (imperfecto/indefinido). **Creo-opino** que... **¿Quién, qué, cuál?**	Audición y producción de sonidos en contexto: ritmo silábico.	Redactar texto descriptivo.
Estructuras de comparación: **Más/Menos que/de. No sé qué hacer. Qué será de mí. Tengo miedo de. Estoy preocupado por.** Indefinidos irregulares.	Sonidos de la **ll** e **y**.	Escribir currículo.
Es un desastre/vergüenza. Querría, desearía... Tengo previsto. Me va a interesar. Hace... que. Lo/la... como objeto directo.	Acentuación gráfica de palabras.	Redactar el anuncio de una urbanización.
Me/te/se/nos/os/se... gusta. Lo que (referido a todo global). **¿Qué/Cuál prefieres? Acostumbro, tengo por costumbre/la costumbre de suelo.**	Uso del diccionario.	Escribir página de un diario.
El/la/los/las de... Formas de la posesión. **Lo mío... aquí lo tienes. Lo siento mucho, no faltaba más, cómo no. Sólo tengo éste...**	Modelos de correspondencia. Sonidos en contexto **ll**.	Escribir carta de invitación (formal).
Perífrasis (**Seguir.** Relativo **[que]**). Conectores de frase, párrafo (**porque, sin embargo, pero, por otra parte...**).	Sonidos de la **v** y la **b**.	Escribir un reportaje.
Tiene que/Debe. Prohibición con **no** + Subjuntivo. **O no** + Infinitivo. **Prohibido.**	Acentuación gráfica de palabras.	Redactar lista de deberes.
Contraste en el uso del indicativo y subjuntivo. **Es posible, quizás, confío en que, dudo que, tal vez, seguro que... + subjuntivo.**	Secuencias de sonidos (**sp + C**). Irregularidades ind./subj./indef.	Reconstruir información escrita.

Contenido

Aspectos estructurales y gramaticales	Puntos específicos	Actividad de refuerzo
Ser-estar. Haría el favor de. ¿A qué hora? ¿Hay tren para/a/hacia...? ¿A qué distancia está? Está a... de... a... en tren/a pie. Revisión números/horas.	Uso del diccionario. **Ser-estar.**	Escribir texto descriptivo sobre viajes.
Se + verbo (se come/dice...). **En mi opinión, creo que, dicen que. Porque, debida a, es consecuencia de.**	Ritmo del discurso (palabra).	Elaborar encuesta.
Uso de conectores: **Por tal motivo, en consecuencia, no es así, por el contrario. Opina/Cree/Prefiere/Dice que.** (Estoy) de **acuerdo** con/en...	Grupos **güe, gue, gui.**	Redactar informe.
Si/Aunque + subj. o indicativo... **De ahí que, por lo tanto...**	Uso del diccionario. Grafía **que**	Redactar recomendaciones.
Que + adj./sustantivo/adverbio (**Qué** suerte/bien/feliz). **Cuando lo vea** le **impresionará. Para** + inf. Revisión imperativo.	Ritmo/Entonación.	Redactar anuncio/Reportaje de publicidad.
Me da igual, es igual... ¡Qué más da! Es una pena. ¡Con lo que yo lo quería! **Lo siento.** Uso de **me, te, le, nos, os, les.**	Grafía **h.**	Redactar frases para expresar funciones lingüísticas.
Se dice/Dicen que... Dice/Dijo/Ha dicho/Había dicho que + verbo.	Irregulares del indefinido. Entonación/Ritmo.	Redactar informe-resumen.
Revisión general.	Entonación.	Redactar experiencias como noticia.

I. Gente maravillosa.

- Cela

- Sofía,
  Reina de España

- Sofía Loren

- Julio Iglesias

- Gabriel García Márquez

1 Adivina.

a) ¿Cómo se llaman estos personajes famosos?

Nació en España, pero vive en Estados Unidos. Tiene miles de fans. Sus discos se venden en todo el mundo.	Es de familia griega. Está casada y tiene dos hijas y un hijo. Sabe vestir con sencillez y elegancia. Es alegre y simpática.	Tiene bigote, canas y sonrisa fácil. Tiene su propio periódico y sus novelas le han hecho millonario.
1. _____	2. _____	3. _____

b) ¿Qué sabes de este personaje?

2 Escucha y anota. ¿A quién corresponde cada uno de los currículos?

OBJETIVOS GENERALES:

ÁREA TEMÁTICA: Identificación y descripción de personas.

FUNCIONES: Identificar y describir personas. Expresar opinión, comentar sobre el aspecto físico de las personas, sus cualidades, trabajo, etc.

Aspectos estructurales y gramaticales: Usos de los tiempos de presente, imperfecto, indefinido, como recursos para describir. Uso de registros para expresar opinión: *Creo/Opino que...* Diferenciación de **quién, qué, cuál.**

Puntos específicos: Producción de sonidos en contexto (ritmo).

I. Gente maravillosa

1. *a)* Se introduce el tema de la unidad mediante estos tres textos descriptivos. Se activa el interés y la comprensión de los mismos pidiendo al alumno que adivine a cuál de los cinco nombres corresponde cada uno: **Julio Iglesias** cantante; **Sofía,** reina de España; **Gabriel García Márquez,** escritor hispanoamericano.

b) Los textos anteriores eran introductorios y sencillos. Como repaso de lo que ya debe estar al alcance de los alumnos, se pide ahora que apliquen su capacidad para describir a una persona. Se sugiere un personaje muy conocido y popular: **Don Quijote**. Pero el profesor puede sugerir cualquier otro personaje, incluso perteneciente al entorno y contexto de la clase. Adviértase que se trata de revisar y recordar lo que ya debe saber el alumno, no de crear algo nuevo.

2. Introducido el tema de la unidad, se comienza exponiendo al alumno a la audición de tres textos, también descriptivos de personas. Ahora deben escuchar la grabación dos o tres veces, tratando de lograr una comprensión global del contenido.

Texto:

TEXTO 1: Miguel Ángel Gómez, presidente de la industria del turrón, de cuarenta años de edad. Nació en Játiva Valencia, y es licenciado en Ciencias Económicas. En tres años ha sido capaz de levantar la empresa y obtener beneficios. De él dependen 530 trabajadores. Su empresa exporta turrones a toda Europa.

TEXTO 2: Jesús Cantón, nacido en Zaragoza hace veinticuatro años. Es aficionado a la electrónica. Hace dos años ganó el premio de diseño de un robot para usos domésticos. Ahora ha acabado los estudios de informática y busca trabajo. Es pacífico y liberal. Pero por encima de todo está su afición a los computadores y la aplicación de éstos a la vida diaria.

TEXTO 3: María Ocaña, bailarina. Nacida en León, hace diecinueve años. Empezó a practicar el ballet desde los nueve años. A los trece fue seleccionada para estudiar en una de las mejores escuelas de baile del mundo, el Centro Balanchine, de Nueva York. Su vida es dura y no tiene tiempo libre; apenas si tiene un día a la semana para descansar y relajarse. Pero su futuro es el baile y la danza.

3. De la comprensión global se pasa ahora a la comprensión exacta de algunos elementos más significativos. Se escucha una o dos veces cada texto y los alumnos toman nota de lo que se les pide: nombre, edad, etc. Basta con que la comprensión sea correcta en lo referido a los puntos especificados.

4. La comprensión lograda se contrasta con el compañero. De esta manera cada uno podrá comprobar si ha entendido bien o no los textos oídos. Para reforzar más este extremo, deben, a continuación, expresar en qué se diferencian los currículos de Miguel Ángel Gómez y María Ocaña. Aunque el objetivo prioritario es desarrollar la capacidad comprensiva en la lengua oral, los alumnos que lo precisen pueden consultar el texto escrito (**Apéndice**) si la comprensión del texto grabado les ofrece alguna duda a la hora de realizar esta actividad.

Nótese que para realizar correctamente este ejercicio los alumnos deben intercambiarse la información lograda.

5. Se inicia el proceso inverso: a partir de unos pocos datos, el alumno ha de escribir el currículo de una persona (Paco Lumbreras). Debe bastar con los modelos vistos anteriormente. El trabajo ha de realizarse individualmente, en unos cinco o diez minutos. Inmediatamente después, se inicia la siguiente actividad.

6. *a)* Se escucha la biografía de Paco Lumbreras hasta lograr que todos comprendan lo fundamental de la misma. Esto es importante antes de pasar a *b*.

b) Oyen de nuevo esa biografía **al mismo tiempo que la comparan con la biografía que ellos mismos han escrito anteriormente.** Anotan las semejanzas y diferencias en torno a la edad, profesión y gustos. La edad y profesión no ofrecerá problemas, aunque se exigirá una correcta comprensión del texto oído. Respecto a los «gustos», se darán sin duda más problemas, que el profesor ayudará a aclarar y solucionar. A tal fin puede ser aconsejable que alguien exponga a la clase el resultado de su comparación.

Texto:

> Todavía es joven: sólo tiene veintiún años y ya ha inventado con otros amigos un videojuego famoso; actualmente es el número uno en ventas, en Inglaterra. Empezó a estudiar electrónica cuando estudiaba en la escuela del pueblo. Ahora estudia Telecomunicaciones en la Universidad; hace el tercer curso. Los ratos libres los emplea en lecturas de informática y en jugar y descifrar los juegos electrónicos con su computador personal.

Escucha de nuevo los textos anteriores y resume los datos de cada uno de los personajes descritos. **3**

	1	2	3
Nombre			
Edad			
Fecha de nacimiento			
Gustos			
Profesión			

Compara con lo anotado por tu compañero. ¿En qué se diferencian los currículos de 1 y 3? **4**

a) **Éstos son algunos datos de Paco Lumbreras.** **5**

Inventor
21 años
Estudia en la Universidad
Lee libros y revistas de informática
Su pasión son los videojuegos

b) **Escribe su biografía en pocas líneas utilizando los datos anteriores.**

a) **Ahora escucha la biografía de Paco Lumbreras.** **6**

b) **Compara el currículo que has oído con el que tú escribiste.**

	EDAD	PROFESIÓN	GUSTOS
Diferencias			
Semejanzas			

7 Tu currículo. Toma algunas notas y cuéntalo a la clase.

8 *a)* **Escucha con atención.**

joven • número • inventar • jugar • electrónica • empezar • empieza • empezó • escribe • pocas • líneas • oído • lectura • computador • famoso • curso

b) **Escucha de nuevo y subraya la sílaba de cada palabra donde recaiga el acento de la voz.**

c) **Elige diez palabras de tu lengua materna y marca también la sílaba acentuada. Luego comenta las diferencias
o semajanzas que hayas notado o pregunta a tu profesor.**

9 **Escucha de nuevo los textos de las páginas anteriores (I.2 y I.6) y anota.**

	MIGUEL ÁNGEL	J. CANTÓN	M. OCAÑA	P. LUMBRERAS
Verbos en pasado Adjetivos que los describen Profesión				

10 **Utilizando las palabras anotadas en el ejercicio anterior, explica.**

a) ¿Cómo logró Paco ser famoso con un videojuego?

b) ¿Qué ha hecho María para mejorar su profesión de bailarina?

c) ¿Quién es don Miguel Ángel Gómez?

7. El resultado de las actividades anteriores debe desembocar en la capacidad de cada alumno para describirse a sí mismo, contando brevemente su currículo. Anotados algunos puntos sobresalientes (nacimiento, profesión, gustos, edad...), varios alumnos contarán a la clase su vida. Se activa así el uso autónomo del español.

8. Este ejercicio y los dos siguientes se centran en el desarrollo de destrezas parciales. Se trata aquí de llamar la atención sobre el acento silábico dentro de la palabra. En español es una sílaba la que recibe el acento primario, destacando sobre las demás. Pero este hecho afecta al ritmo silábico con menos intensidad que en otras lenguas (como las de origen germánico). En otras palabras, el énfasis en una sílaba no disminuye en exceso el tiempo empleado en la pronunciación de las sílabas no acentuadas.

En *c* se pide al alumno que marque la sílaba acentuada en diez palabras de su propio idioma con el fin de que sea consciente de las diferencias en relación con el español. Nótese que la captación auditiva del ritmo silábico incide de manera capital en la comprensión oral.

9. Las descripciones de los personajes anteriores han exigido el uso de tiempos de pasado. Se llama la atención sobre este tema haciendo que los alumnos escuchen los cuatro textos grabados y anoten los verbos que oyen, así como los adjetivos que describen y la profesión de cada cual. El profesor puede dar una breve explicación sobre las diferencias en el uso del imperfecto e indefinido en español, utilizando para ello los ejemplos contenidos en el texto: ***nació, ha sido, ganó, empezó, fue seleccionada*** (en este caso no se insista en la «pasiva» todavía). (Ver aclaraciones gramaticales.) Adviértase que estas aclaraciones se dan dentro del contexto temático de la unidad.

10. Se activa la utilización del léxico descriptivo visto en los distintos textos y anotado por cada alumno. El profesor puede aumentar o variar las preguntas sugeridas aquí, si lo considera oportuno. Cualquier pregunta será útil si hace que los alumnos manejen el léxico en contextos comunicativos relacionados con el área temática.

11. Actividad integral: el alumno utilizará autónomamente lo que ha adquirido en esa sesión. La actividad se desarrolla en grupos y el profesor participa controlando cada uno de ellos. La corrección no debe ser extremada, permitiendo que prime la comunicación del mensaje que cada cual transmite.

II. Cuida tu imagen

1. Desarrollo de la comprensión lectora. Se utiliza un anuncio publicitario en el cual se describen las características de una persona para el puesto de secretaria. Se amplía así la función descriptiva.

2. Desarrollo de la comprensión lectora en la respuesta de una candidata al puesto de trabajo solicitado anteriormente. Nótese la ampliación de los términos descriptivos. También expresa la candidata *su opinión* (**creo que...**) sobre las cualidades que posee.

En grupos. **Piensa en alguien que conozcas y que haya triunfado en la vida o sea famoso. Anota cómo es. Luego cuéntaselo a tu grupo.**

11

II. Cuida tu imagen.

1

Lee y piensa en un candidato idóneo para el siguiente anuncio.

SE BUSCA SEÑORITA

PARA PROMOCIÓN DE PRODUCTOS DE BELLEZA

La candidata debe medir 1,70 metros, ser guapa y atractiva, de pelo castaño, elegante en el vestir, de cuerpo fino o estilizado y con estudios universitarios o cultura sólida.

INTERESADAS ESCRIBIR (adjuntando foto) a APARTADO DE CORREOS 25478 ● MADRID

2

Ésta es una de las cartas recibidas en relación con el anuncio anterior.

Estimados Señores:

Les escribo en relación con su anuncio en el periódico, buscando señorita para su promoción de productos de belleza.

Creo que reúno todos los requisitos y cualidades exigidas por ustedes.

Tengo veinte años de edad, mido 1,71 metros de altura. Mi pelo es castaño claro, la gente dice que soy guapa. Mido 66 centímetros de cintura y 85 centímetros de busto. He acabado los estudios de Bachillerato y ahora hago primero de Filología Inglesa en la Universidad. Me gusta escuchar música clásica y vestir bien.

Como prueba de todo lo dicho, les adjunto una fotografía reciente de cuerpo entero.

El trabajo me interesa mucho y dispongo de las tardes libres.

Esperando sus noticias, les saluda atentamente,

María del Carmen Espinosa

3 Haz una lista de todas las palabras utilizadas por María del Carmen para describirse a sí misma.

4 Observa.

Reúno es una forma de *reunir:* Explica las diferencias en la pronunciación de las dos palabras.

¿Conoces algunos otros verbos que se comporten de manera similar?

5 Subraya en la carta de Mari Carmen las expresiones que reflejen su opinión o la opinión de la gente.

6 Observa.

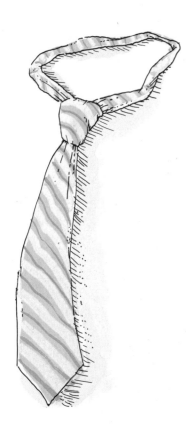

cor·ba·ta [korβáta] *s/f* **1.** Banda de tela fina, como seda o lienzo, que se anuda alrededor del cuello, por delante, y sirve de adorno o complemento del vestido: *A la boda habrá que ir de/con corbata.* **2.** MIL Banda o cinta que se coloca en forma de lazo en el asta de las banderas o estandartes al acabar ésta y antes de la moharra. **3.** Insignia propia de ciertas encomiendas de órdenes civiles de caballería. **4.** En el juego del billar, lance que consiste en pasar la bola del que juega por entre la contraria y las dos bandas que forman el ángulo. **5.** En el teatro, parte del proscenio comprendida entre la batería y la línea en que está la concha del apuntador.
SIN **1.** Lazo, nudo, corbatín, chalina.

3. Identificación del léxico descriptivo pidiendo al alumno que tome nota de las palabras utilizadas por María del Carmen para describirse a sí misma. Es una manera de llamar la atención y activar la retención de elementos lingüísticos.

4. Se amplía el análisis de los elementos utilizados, llamando la atención sobre la peculiaridad de *reunir*, verbo que cambia el acento tónico en algunos tiempos y personas. (Ver anotaciones gramaticales.) Conviene que las características sean explicadas y descubiertas por los mismos alumnos antes de explicarlas el profesor (***reunir - reúno, reúne, reúnen, reunió...***).

5. Leyendo de nuevo la carta de María del Carmen, pídase que los alumnos identifiquen los registros que usa la solicitante para expresar «su opinión»: **Creo que...** y **La gente dice que** son los dos registros más importantes.

También puede asimilarse a esta función, aunque de modo secundario: **Tengo veinte años; Mi pelo es...; He acabado los estudios...**

6. El extracto del diccionario pretende familiarizar al alumno con el uso del diccionario monolingüe.

7.   Se reanuda la función descriptiva mediante un texto no tan puntualmente basado en la descripción de las personas.

El objetivo es centrarse en la comprensión lectora. Ésta requerirá la explicación de algunas palabras. La comprensión más puntual se desarrollará en los tres ejercicios siguientes.

8 y **9.**   La solución de lo planteado por la pregunta obligará a hacer referencia al texto anterior, profundizando en su comprensión. Es una actividad en la que participa toda la clase. Es aconsejable utilizar el retroproyector.

«Corbata, belleza y hombre».

Un hombre árabe nunca compra una corbata verde. Un irlandés jamás se pondrá una corbata de color naranja. Un francés tampoco llevará nunca una corbata de color rojo, blanco y azul, su bandera nacional. Cada pueblo es muy especial en lo referido a la corbata. Pero, ¿para qué sirve la corbata?

Los sicoanalistas dicen que es un símbolo fálico. Los hombres gustan de llevar la corbata sobre el pecho, de igual manera que las mujeres hacen resaltar sus pechos debajo de la blusa... Pero lo que dicen las encuestas es más específico:

— Un nudo grande, en una corbata demasiado corta, señala que el hombre se considera un conquistador de corazones.
— Quien prefiere las corbatas con rayas oblicuas, es un buen organizador.
— Si alguien gusta de llevar corbatas muy largas, tiene problemas sexuales.
— Si el nudo de la corbata es demasiado pequeño o ajustado, refleja complejos de inferioridad en quien la lleva.
— Además, un hombre sin corbata siempre será para la mayoría de la gente menos fiable que otro con corbata.

¿Quién llevaría cada una de estas corbatas? 8

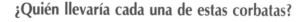
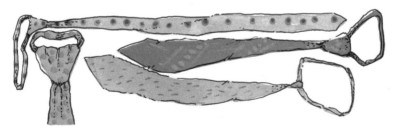

Asigna la corbata adecuada a cada persona. 9

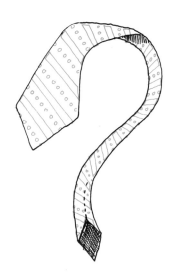

10 Describe a cada una de las personas anteriores y explica por qué les has puesto una corbata determinada.

III. Entre nosotros anda el juego.

1
a) Elige uno de estos rostros y dale un nombre.
b) Escribe una breve descripción sobre el rostro de la persona elegida. No digas cuál es.
c) Intercambia tu descripción con la del compañero.
d) Lee la descripción de tu compañero.
e) Intenta identificar a la persona descrita por tu compañero entre los veinte rostros de la página.

16

10. Lograda una correcta comprensión del texto, el alumno activará lo que ha adquirido tratando de explicar las razones de su elección. Puede hacerse en grupos, favoreciendo así la participación de más alumnos.

III. Entre nosotros anda el juego

1. Las cinco instrucciones de esta actividad siguen el proceso de la Sesión I, pero aquí de manera tal que los alumnos han de poner en práctica todos los conocimientos adquiridos, de manera autónoma e integral.

Insístase en la transmisión de comunicación sustancial con el fin de que el compañero (o el grupo, en su caso) identifique el rostro elegido.

2.   Esta actividad puede realizarse oralmente o por escrito. O primero por escrito y luego oralmente.

3.   Actividad oral que pretende motivar a los alumnos mediante un juego de «adivinanza». Adviértase el uso de los iniciadores de frases interrogativas *(dónde, cómo, cuál, quién).* Exige el uso de todos los elementos vistos a lo largo de la unidad. Y hacia esto deben tender las orientaciones que dé el profesor. Es oportuno recordar que éste debe tratar de activar la participación de los alumnos, tratando de intervenir él mismo lo menos posible.

Observa a cada uno de estos personajes. Descríbelos y asígnales el trabajo que mejor les iría. `2`

sexo _____
altura _____
aspecto físico _____
pelo _____
ocupación _____
carácter _____
gustos _____

sexo _____
altura _____
aspecto físico _____
pelo _____
ocupación _____
carácter _____
gustos _____

sexo _____
altura _____
aspecto físico _____
pelo _____
ocupación _____
carácter _____
gustos _____

Adivina, adivina... `3`

Recuerda a alguna persona que hayas visto recientemente. Tus compañeros tratarán de averiguar de quién se trata haciéndote preguntas así:

Dónde estaba
Cómo era su aspecto
Cuál era su actitud
Quién más había allí

Consulta al profesor o estudia por ti mismo   *Pág. 19*

17

LA CHICA DE LA CORBATA ROJA HA DESAPARECIDO

Charo Ibáñez, la joven y activa Directora de Relaciones Públicas de la Empresa «Abejas Reunidas, S. A.», fue enviada a varios países de África Central para promocionar productos de belleza. Después de una semana sin tener noticias ni de ella ni de los tres técnicos que la acompañaban, la empresa se niega a hacer declaraciones sobre su posible paradero.

Como periodista de la Prensa Internacional, tienes que redactar la noticia anterior de manera más completa, especificando:

— Quién era Charo.

— Qué aspecto tenía.

— Cómo era su personalidad.

— Cómo llegó a ser directora.

— Qué piensan de ella su familia y amigos.

— Por qué la empresa no quiere hacer declaraciones.

AHÍ TE QUIERO VER

Sobre el procedimiento, véanse las orientaciones del **Prólogo.**

El resultado final debe consistir en la redacción de un texto descriptivo que abarque e incluya de la manera más amplia posible todos los elementos utilizados a lo largo de la unidad. Puede realizarse en grupos, haciendo que cada uno de ellos redacte el informe con las sugerencias de cada uno de sus componentes.

Es conveniente que uno de los informes, al menos, se exponga en clase y se analice o corrija a manera de modelo.

- El español utiliza sobre todo cuatro tiempos verbales para referirse al pasado:
  pretérito imperfecto *(vivía...)*
  pretérito indefinido *(viví...)*
  pretérito perfecto *(he vivido...)* y
  pretérito pluscuamperfecto *(había vivido...)*.
  El principal rasgo que diferencia al indefinido del perfecto es que el indefinido se refiere a los hechos pasados como «acabados» y sin relación con el presente del hablante. El perfecto, en cambio, se caracteriza porque el hablante asocia el pasado al que se refiere a «su presente» o lo engloba dentro de un período que incluye también el presente.
  Ayer llegué tarde a casa (hecho realizado y acabado en el pasado).
  En el siglo XX hemos realizado muchos avances técnicos (el siglo XX es tomado como un todo por el hablante, un todo en el que incluimos el presente).

- Los verbos que expresan opinión, juicio o pensamiento, van seguidos de la conjunción **que:**
  Creo que reúno todas las condiciones...

- Algunos verbos cambian el acento tónico, deshaciendo el diptongo, en determinados tiempos y personas (generalmente en singular y 3.ª persona del plural del presente de indicativo y subjuntivo). Así:
  reunir-reúno, reúna; reunía, etc.

- **¿Quién/Qué/Cuál...?**   — **Qué:** referido a cosas o a un todo global.
        — **Cuál:** referido a una entre dos o más cosas o personas.

Para identificar a las personas:
¿De dónde eres?
¿Cómo se llama/Cuál es su nombre?
¿Quién es?
Su nombre es.../Se llama Julio Iglesias.

Para describir y hablar sobre personas:
Es de España.
Es de familia griega.
Tiene el pelo con canas. Tiene 20 años.
Es alegre, viste con sencillez, sabe vestir con elegancia.
Mi/Su pelo es moreno. Es de pelo castaño oscuro.
Nació en España.
Ha acabado los estudios.

Para expresar una opinión, un punto de vista...
Creo que reúno todos los requisitos y cualidades...
La gente dice que soy guapa.
Un nudo grande señala que el hombre es un conquistador.

Adjuntar	Estilizado	Libro, el	Resaltar
Bigote, el	Exhibir	Millonario	Reunir
Busto, el	Exigir	Negar(se)	Rompecorazones, el/la
Cana, la	Fálico	Precisar	Semejanza, la
Candidato, el	Fan, el/la	Producto, el	Sencillez, la
Currículo, el	Griego	Promoción, la	Sexual
Declaración, la	Informática, la	Propiedad, la	Sicoanalista, el/la
Disco, el	Inventar	Propio	Símbolo, el
Electrónica, la	Inventor, el	Prueba, la	Sólido
Elegancia, la	Jamás	Reciente	Sonrisa, la
Encuesta, la	Lectura, la	Requisito, el	Videojuego, el

I.   ¿De profesión?

1   En grupo. **¿Cuántos nombres de profesiones recordáis?**

2   **Escucha y anota todas las palabras que hayas oído y que estén relacionadas con una profesión:**

Ejemplo: Fútbol, etc.

OBJETIVOS GENERALES:

ÁREA TEMÁTICA: Trabajo y ocupación. Salarios.

FUNCIONES: Expresar comparaciones.
Expresar miedo, preocupación, duda, ansiedad.

Aspectos estructurales y gramaticales: Estructuras de comparación con *más/menos, que/de.* Registros: *no sé qué hacer, qué será de mí, tengo miedo de, estoy preocupado por.* Algunas formas irregulares del indefinido.

Puntos específicos: Sonidos que corresponden a la **ll** y a la **y**.

I. ¿De profesión?

1. Revisión de algunas profesiones. Los alumnos aportarán sin duda un número suficiente y representativo.

2. Práctica de la comprensión auditiva. Se incentiva el interés pidiendo que identifiquen y anoten todas las palabras que se relacionen con alguna profesión (fútbol, carrera...). Posteriormente, puede hacerse una recopilación conjunta de los resultados obtenidos, para toda la clase.

Texto:

MANUEL SÁNCHEZ

Desde los once años está jugando al fútbol. Jugar en el Real Madrid es uno de sus objetivos. Ahora, cuando tiene veinte años, quiere mantener la titularidad en su equipo, buscar un puesto en la selección nacional y terminar su carrera. Estudia segundo de Empresariales. No quiere depender exclusivamente del fútbol. «Soy un privilegiado, porque trabajo en lo que me gusta, ganando mucho dinero, mientras que otras personas ni siquiera pueden trabajar.»

MARÍA TERESA COLÓN

Nació en Badajoz hace veinte años. Es la última hija de una familia de diez hermanos. A los dieciséis años, tras terminar octavo de EGB, entró a trabajar en una empresa de calzado, como su padre y cinco de sus hermanos. Tiene una jornada de trabajo de doce horas diarias. «No me importa trabajar tantas horas, porque me lo paso muy bien con mis compañeros.» Le gusta bailar en la discoteca los fines de semana. Su pasión son las películas de artes marciales protagonizadas por Bruce Lee y las novelas rosas. «Cuando llego a casa, lo primero que hago es ver la televisión.» No entiende de política, pero piensa votar en las próximas elecciones.

3. De esa comprensión puntual de algunos términos léxicos se pasa a una comprensión más completa del texto oído. A tal fin, cada alumno debe ser capaz de completar el esquema señalado.

4. Revisión de algunos registros relacionados con la explicitación de la profesión *(soy, trabajo* en/como; *mi profesión es...).* Es una actividad de paso y de esfuerzo, ya que el tema es del Nivel I.

5. Transferencia de los registros de **4** a contextos usuales para el alumno. Nótese que la respuesta exige la práctica de los posesivos y vocabulario relacionado con la familia.

Escucha de nuevo y completa. **3**

NOMBRE	EDAD	PROFESIÓN	AFICIONES	NACIDO EN

Recuerda: ¿Cuál es su profesión? **4**

Soy…
Trabajo (en/como)…
Mi profesión es…

Pregunta a tu compañero cuál es su profesión, la   **5**
de sus padres o la de sus familiares. Luego rellena
el cuadro.

PROFESIÓN
Compañero:
Padre:
Madre:
Hermano:
Familiares:

6 **Escribe las palabras que oyes.**

7 **Escucha y completa.**

electricistas • maestros • pintores • médicos • historiadores • secretarias • mecánicos • albañiles • mecánicos •

Tener una profesión se está volviendo más y más difícil cada
día. No porque existan menos profesiones, sino porque aumenta el número de los que tienen esa profesión. Así, por ejemplo,
se necesitan muchos▬▬▬▬▬ porque aumenta el número
de niños en las escuelas. No hay ▬▬▬▬▬ suficientes porque los enfermos no disminuyen. Las▬▬▬▬▬▬ son
más necesarias que nunca, porque es mayor el número de directores que precisan una. ¿Y▬▬▬▬▬? Hay tantos coches en la calles que los▬▬▬▬▬▬ nunca son suficientes. Y lo mismo ocurre con los▬▬▬▬▬▬
los▬▬▬▬▬▬   los ▬▬▬▬▬▬
Pero sobran, en cambio,▬▬▬▬▬▬

8 **¿Cuál es la profesión de quien...**

	PROFESIÓN
arregla coches? .... 1.	
atiende a los pasajeros? .... 2.	
trabaja para el Gobierno o Estado? .... 3.	
trabaja en un despacho escribiendo a 4.	
máquina?	
da clases a los niños? .... 5.	
construye casas? .... 6.	
visita y atiende a los enfermos? .... 7.	

22

6. Ejercicio de discriminación auditiva: se trata de concentrar la atención del alumno sobre los sonidos correspondientes a las letras **ll** e **y**. Incluso entre los hablantes nativos de español es frecuente confundir ambos sonidos.

Texto:

bollo • batalla • hoyo • llevar • llave • yate • hallar • hierro • llueve • huevo • haya • yoyó

7. Ejercicio de reconstrucción de un texto para consolidar el aprendizaje de términos referidos a profesiones muy corrientes. Puede hacerse con la participación de toda la clase.

Las lagunas se completan así (por orden de aparición de las lagunas en el texto): *maestros - médicos - secretarias - mecánicos - electricistas - albañiles - pintores - historiadores.*

8. Ampliación del léxico relativo a las profesiones, en este caso a través de la definición de lo que se hace en siete de ellas. Si se hace con la participación de toda la clase, seguramente habrá respuestas diversas y se favorecerá la retención léxica. Las profesiones son: mecánico, azafata, funcionario, empleado/oficinista, maestro/-a o profesor/-ra, albañil, médico.

9. Se sigue poniendo el énfasis en la adquisición léxica. Cada grupo de alumnos, o individualmente, clasificarán las palabras del recuadro siguiendo cualquier criterio que sugieran los alumnos. Los cuatro criterios (columnas) pueden ser:

Registros para funciones lingüísticas: **Están muy preocupados. ¡Qué miedo! Tiene miedo de mí.**

Verbos: **jugando, terminar, llegó, piensa.**

Adjetivos: **nacional, otras, privilegiado, octavo.**

Sustantivos: **funcionario, personas, puesto, compañeros.**

10. Presentación de cuatro registros utilizados para expresar preocupación, miedo, ansiedad. Obsérvese el régimen preposicional en **Tengo miedo *del* futuro** y **Estoy preocupado *por* mi trabajo.**

11. Aplicación práctica de los registros presentados anteriormente.

Ana: está indecisa: **«No sé qué hacer»**...

Paco: está preocupado: **«Estoy preocupado por mi trabajo».**

Marta: ve muy mal su futuro en el trabajo: **«Tengo miedo del futuro».**

Jacinto y Beatriz: sienten ansiedad por su situación: **«¡Qué será de nosotros!».**

funcionario ● jugando ● nacional ● terminar ● están muy preocupados ● otras ● personas ● llegón ● ¡qué miedo! ● privilegiado ● puesto ● ¿qué hará ahora? ● octavo ● piensa ● compañeros
● tiene miedo de mí ●

Observa. | **10**

**Las siguientes personas se encuentran en situacio-
nes difíciles. ¿Qué expresión utilizarían, de las usa-
das en el ejercicio anterior?** | **11**

Ana: *Tengo tres ofertas. Todas son buenas. Estoy
ante un verdadero dilema.*

Paco: *Llevo un año sin trabajo. Ya no tengo dinero.
Y no encuentro nada.*

Marta: *Estoy atravesando un mal momento. En la oficina apenas si hago las cosas. Y mi jefe lo ve
y lo sabe…*

Jacinto y Beatriz: *Tienen seis hijos. Ambos están en el paro. No
saben si les ayudará algún buen amigo. ¿Y sus
hijos? ¿Quién los cuidará?*

23

12 ¿Recuerdas a algunos amigos en situaciones así? Anota esas situaciones y cuenta a tu compañero/a lo que dirías en cada una de ellas.

II. Gana más el que madruga más...

1 Lee este anuncio.

EMPRESA MULTINACIONAL DE BIENES DE CONSUMO

BUSCA: SECRETARIO/A

- Con conocimientos de inglés y buen dominio del castellano, así como de mecanografía.
- Conocimientos y experiencia en contabilidad.
- Experiencia en el uso de ordenador para la gestión de la empresa (no imprescindible, ya que lo formaremos nosotros).
- Que sepa tomar decisiones a su nivel y trabajar en equipo.
- Haber trabajado al menos cinco años en otra empresa.

SE OFRECE

- Ambiente agradable en el trabajo, dentro de un equipo de gente joven.
- Lugar de trabajo en el centro de la ciudad.
- Salario anual de hasta 2.000.000 de pesetas, a convenir.

2 Lee y elige a la persona ideal para este trabajo entre las siguientes solicitudes.

a.

Nombre: Marta FERNÁNDEZ SANDOVAL. Nacida el día 2 de enero de 1959, en Valle del Río (Badajoz). Estudios: Enseñanza primaria en la escuela del pueblo. Bachillerato en Jarandilla (Instituto de Bachillerato). Posteriormente cursó dos años de Magisterio en la Escuela Universitaria de Badajoz. Ha trabajado como vendedora en unos grandes almacenes durante dos años. También ha trabajado en una compañía de venta de cosméticos a domicilio. Es simpática de carácter y atractiva. Es soltera y no piensa casarse por ahora.

b.

Nombre: Celestino GUTIÉRREZ CALVO. Nacido en Lugo el 11 de febrero de 1958. Ha cursado estudios de bachillerato en la capital, Lugo. Luego hizo estudios de comercio en una academia. Ha trabajado siempre como representante de una tienda de porcelanas. Su trabajo consistía en ir por las tiendas y convencer a los clientes. Es serio y honrado. Le gusta viajar y relacionarse con la gente. Está casado, tiene dos hijos. Su mujer no trabaja.

24

12. Refuerzo y consolidación de los registros anteriores (u otros con alguna variante), definiendo previamente la situación.

II. Gana más el que madruga más...

1. Ejercicio de lectura y comprensión lectora referido a los requisitos de una profesión. Énfasis en la lectura, que pueden hacer uno o dos alumnos. La comprensión se activa en los dos ejercicios siguientes.

2. Los dos currículos (*a* y *b*) no deben ofrecer dificultad, puesto que sobre este tema versó la Unidad 1.

Cada grupo debe elegir un candidato para el puesto de secretario/-a, anotando las razones por las cuales considera que su candidato es más adecuado para el puesto. Luego se expone a la clase el candidato elegido y las razones que cada grupo aporta. Como habrá disparidad de opiniones, la discusión obligará a consultar el anuncio una y otra vez, facilitando así su mejor comprensión. No se supone que uno u otro de los solicitantes sea el «ideal». La actividad es una «excusa» para provocar la discusión y comprensión del texto.

3. Práctica con uno de los conectores para expresar causalidad: **_porque._** Se sugiere también el uso del perfecto. Las actividades **2** y **3** pueden englobarse también en una sola.

4. Transferencia: Los alumnos anotan, según el esquema dado, las cualidades que debe reunir un buen vendedor. Se les aconseja que sigan el modelo del anuncio publicitario anterior. Esto implicará el manejo del léxico y registros ya trabajados.

5. Texto para la comprensión lectora, primero. Ésta se pondrá a prueba completando el esquema que sigue. Insístase ahora solamente en la comprensión.

Explica por qué has seleccionado a uno de los candidatos. Utiliza estas formas. **3**

Porque	ha (trabajado, estudiado)

Resume las cualidades que precisa un buen vendedor. **4**

carácter: _____
aspecto físico: _____
vestido: _____
estudios: _____

Lee el siguiente texto. Luego completa el cuadro. **5**

Jaime es licenciado en Ciencias Económicas. También sabe inglés. Al acabar sus estudios quiso encontrar trabajo. Hizo 52 solicitudes para 52 trabajos y empresas diferentes. Superó más de cien pruebas y entrevistas. Para el trabajo relacionado con sus estudios, el candidato ideal es siempre igual en todas partes: alguien que esté seguro de sí mismo, que tenga ambición profesional, que esté relacionado y tenga buena presencia física. Después de tantos tests y entrevistas, llegó a sentir preocupación, y a veces incluso miedo, de no poder encontrar trabajo. Pero finalmente lo encontró. Hoy trabaja; su sueldo no es muy alto, aunque sí digno. Y tiene la tranquilidad de no tener que pasar más tests. Casi todas las empresas de la ciudad tienen ya el suyo archivado.

Estudios de Jaime: _____
Trabajo actual (sueldo): _____
Requisitos para este tipo de trabajo: _____
Pruebas superadas: _____

25

6 Lee de nuevo el texto. Cambia los verbos y explica los cambios de cada forma.

Ejemplo: quiso → quiere (de **querer**)

7 Observa:

> ven**der** → ven**dedor**

a) Anota otras profesiones derivadas del verbo correspondiente.

trabajar: _____
informar: _____ *etc.*

b) Anota los nombres de ocho profesiones. ¿Dé qué palabra crees que se derivan?

Ejemplo: enfermera ← enfermo

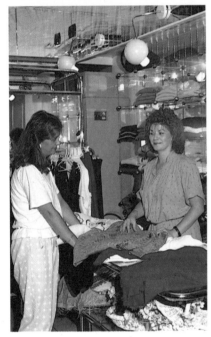

8 Profesiones y sueldos.

a) Observa:

	SUELDO ANUAL
Director de empresa	7.500.000
Director comercial	6.000.000
Director general Ministerio ..	5.500.000
Catedrático de Universidad .	3.500.000
Obrero especializado	1.900.000
Maestro	1.600.000
Secretaria ⌐........................	1.500.000
Obrero manual	900.000

b) Compara estos sueldos con los que conoces de tu país. Utiliza las formas:

Un maestro gana	más menos	que (de)	____ ____ ____
	tanto	como	

6.   Actividad para llamar la atención y analizar el comportamiento de los verbos en español. Es importante que el texto anterior se haya comprendido bien. Se pide un sencillo cambio de las formas verbales que no correspondan al presente de indicativo, según el modelo.

Al ir haciendo esto, explíquense los cambios morfológicos que los verbos puedan experimentar: **quiere-quiso, hace-hizo, supera-superó, esté-está, tiene-tenga, llega-llegó, siente-sintió, puede-pudo, encuentra-encontró, tiene-tuvo.** Con estos ejemplos, extraídos de su contexto, se ilustrarán las irregularidades y los comportamientos regulares. Recomiéndese la consulta de una gramática para que quien lo desee pueda estudiar el tema por su cuenta.

7.   Uno de los recursos más usados en el español es la formación de nuevas palabras mediante la derivación. Sobre el modelo presentado, cada alumno o grupo de alumnos deberá sugerir algún ejemplo, siempre partiendo de verbos.

Consúltese una gramática y la sección correspondiente a los derivados, si es preciso. Puesto que se trata del tema de las profesiones, conviene restringirse solamente a términos de este ámbito. En *b* se sugiere otra actividad similar, pero en sentido inverso.

Nótese que no es conveniente extenderse demasiado en el tema o en el número de sufijos que permitan la derivación: *enfermera, lechera, profesora, directora, ingeniero...*

8.   Puesto que el tema de las profesiones va ligado al de los sueldos, este cuadro de sueldos permitirá practicar la función de comparar.

Hágase notar la diferencia entre ***más que*** (= sólo) y ***más de*** (en cantidad superior a la señalada).

9.   Actividad de expresión oral, reutilizando parte de los elementos introducidos en esta unidad. Puede prepararse un guión previamente por cada grupo y luego exponer el resultado, oralmente, a la clase.

10.   En *a* se ofrece un modelo descriptivo de una profesión. Es un texto más bien neutro (**ser funcionario...., tienen fama de..., se dice...**).

Una vez lograda la comprensión del mismo, cada alumno debe tratar de escribir algo similar sobre una de las profesiones descritas en la actividad anterior.

Adviértase que en **9** y **10** se completa el uso de la lengua en las dos destrezas denominadas «activas».

11.   Esta actividad, para hacer en casa, no es más que un ejercicio de refuerzo y consolidación. No importa que el anuncio seleccionado esté en su lengua materna. Lo que sí es preciso es que las cualidades que se requieran para optar al puesto se especifiquen en español.

Anota las ventajas de algunas profesiones. Completa este cuadro. **9**

Profesiones	Horario	Vacaciones	Sueldo	Prestigio social

a) **Lee.** **10**

Ser funcionario. Ser funcionario del Estado es la profesión más solicitada por muchos españoles. Tienen fama de trabajar poco, no perder nunca el empleo, empezar a trabajar tarde, no tener que madrugar, faltar al trabajo sin problemas por parte del «jefe»... También tienen fama de cobrar poco. Pero, como se dice en español, lo uno por lo otro: es mejor cobrar menos y estar seguro en el trabajo que cobrar mucho y perder el empleo con facilidad.

b) **Describe de forma similar una de las profesiones mencionadas en el ejercicio anterior.**

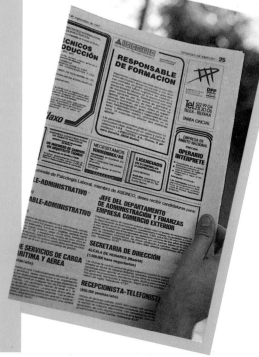

Trabajo en casa. **11**

Mira el periódico del día. Selecciona un anuncio ofreciendo trabajo. Luego escribe las cualidades que se requieren para obtenerlo. Añade algunas más de tu parte.

27

III.   ¿Qué puedo hacer?

1   **Pregunta a tu compañero:**

Anota sus datos sobre:

Nombre: _____

Edad: _____

Trabajo: _____

Gustos: _____

Aficiones: _____

_____

_____

¿Qué hizo para encontrar su primer empleo? _____

_____

¿Qué profesión le gustaría? _____

_____

2   **Dentro del aula.**

El candidato ideal. Consulta lo que escribiste en **II.11** y en la ficha anterior. Luego copia el cuadro anterior, descubre quién es el más apto para ese puesto de trabajo y rellénalo con esos nuevos datos.

3   **Usa tus ideas.**

(En grupos de 3.) Preparad una entrevista entre...

a) el director de una empresa y

b) Celestino Gutiérrez y Marta Fernández.

Para ello cada componente del grupo asume el papel de uno de estos personajes (ver **II.1** y **2**). Vuestra presentación no debe durar más de diez minutos.

III.   ¿Qué puedo hacer?

1.   Actividad de expresión escrita. La ficha se aproxima a lo que puede ser un documento real. El alumno debe ser capaz de utilizar elementos de las sesiones I y II, individualmente o en grupo.

2.   Ejercicio para reutilizar el trabajo realizado en casa (**II.11**) y en **III.1**. Cada alumno, basándose en la información de ambos casos, debe decidir quién es el más apto para el puesto de trabajo solicitado en el anuncio del periódico, recortado por él mismo. Hecho esto, rellenará de nuevo la ficha del anterior con los nuevos datos del candidato seleccionado.

La actividad puede desarrollarse en grupo, pero sin olvidar que todos deben **escribir** y rellenar la ficha correspondiente.

3.   Actividad que implica el uso creativo y autónomo del español en un contexto próximo a la realidad. Cada grupo debe preparar el guión para cada uno de los personajes, director y solicitantes (ver la descripción de éstos en **II.2**).

Pueden realizarse una o dos representaciones en clase.

AHÍ TE QUIERO VER

Consúltese el procedimiento en el *Prólogo.*

El resultado debe ser escribir el currículo de Eufemia, para lo cual se ofrecen algunos datos básicos. Puede hacerse en grupos, aportando cada miembro de los mismos sus ideas y contribuyendo a la redacción definitiva. Se leerá una de ellas en clase y otra puede escribirse en la pizarra y corregirse como posible modelo.

El que quiere vivir tiene que trabajar. Nosotros no jugamos tanto como los niños blancos. Ayudamos en la casa y el trabajo es como un juego para nosotros.

Eufemia fue al río a lavar. El agua corre entre las piedras. Eufemia lava casi siempre a la sombra de un gran árbol. Se refresca los pies con el agua fría, mientras los pájaros de colores la persiguen cantando entre las ramas de los árboles. O se mantienen en el aire moviendo velozmente sus alas.

Eufemia remoja sus ropas, les pone jabón, las golpea contra una piedra y las pone a secar.

SIN EMBARGO, Eufemia dejó la vida primitiva que vivía en aquel valle. Ahora tiene veinticuatro años y es una chica moderna y educada.
Una empresa nueva de tu región solicita a alguien para un trabajo importante; puede ser la profesión del futuro para Eufemia.
Pero para ser admitida tiene que enviar su CURRÍCULO. ¡Ayúdale a escribirlo!

• **Estructuras comparativas:**

de superioridad: **más que/de**
> Las secretarias son **más** necesarias **que** nunca.
> Un maestro gana **más que** un obrero manual.
> Jaime superó **más de** 100 pruebas y entrevistas.

de igualdad: **tanto como**
> Un director de empresa trabaja **tanto como** un director comercial.

de inferioridad: **menos que/de**
> Un obrero manual gana **menos que** una secretaria.
> Un obrero manual gana **menos de** un millón de pesetas.

• **Indefinidos irregulares:**

Quiere	→	**quiso**	Tiene	→	**tuvo**
Es	→	**fue**	Sabe	→	**supo**

• **Expresiones como:** *«Estoy preocupado»*, rige la preposición **por.**
> *«Tengo miedo»*, rigen las preposiciones **por** y **de.**
> (Estas preposiciones expresan causa.)

Para expresar comparaciones:
> *Un maestro gana **más que** un obrero manual.*
> *Un director de empresa trabaja **tanto como** un director comercial.*
> *Un obrero manual gana **menos que** una secretaria.*
> *Un obrero manual gana **más de** medio millón de pesetas.*
> *Un obrero manual gana **menos de** un millón de pesetas.*

Para expresar preocupación:
> *Estoy muy preocupado por mi trabajo.*

Para expresar miedo, ansiedad:
> *No sé qué hacer.*
> *Tengo miedo del futuro.*
> *¿Qué será de mí?*

A veces
Academia, la
Admitir
Albañil, el
Ambos
Apenas
Archivar
Atravesar
Aunque
Catedrático, el
Cobrar
Comercio, el
Compañero, el
Consistir
Construir

Convencer
Cosmético, el
Cursar
Digno
Dilema, el
Educado
Electricista, el
Empleo, el
En cambio
Facilidad, la
Fama, la
Frente, el
Funcionario, el
Honrado
Miel, la

Momento, el
Necesario
Obrero, el
Oferta, la
Ofertar
Paro, el
Porcelana, la
Posterior
Serio
Solicitar
Solicitud, la
Soltero
Vendedor, el
Venta, la
Verdadero

OBJETIVOS GENERALES:

ÁREA TEMÁTICA: Casa (vivienda, alojamiento, seguros).

FUNCIONES: Enumerar elementos y objetos de la casa o describirla.
Alquilar, reservar habitación.
Expresar descontento o insatisfacción.

Aspectos gramaticales y estructurales: Uso de *lo/la* como objeto directo. Registros para expresión de funciones: *es un desastre/una vergüenza.* Estructuras usuales: *tengo previsto, me va a interesar, hace... que.* Usos del condicional para la realización de las funciones reseñadas *(querría, desearía...).*

Puntos específicos: El acento gráfico en las palabras.

I. Buscando vivienda

1. Revisión del vocabulario más fundamental relativo a la casa. Actividad para realizar con la participación de toda la clase. Servirá de introducción al área temática.

2. Comprensión auditiva, debiendo el alumno señalar el dibujo a que hace referencia cada uno de los textos-anuncio que oye. El contenido se refiere mayoritariamente a las partes que componen un piso/casa, sirviendo el ejercicio también para identificar y consolidar el vocabulario del tema.

6 CHALETS DE LUJO DE 300 m.^{2}

5 dormitorios ● 3 baños y dos aseos ● 2 salones con chimenea ● comedor ● garaje dos plazas ● bodega ●jardín privado ● jardín común con piscina ● calefacción a gas por suelo radiante ● máxima calidad en acabados.

31

I. Buscando vivienda.

¿Sabes el nombre de cada una de las partes y elementos de esta casa? **1**

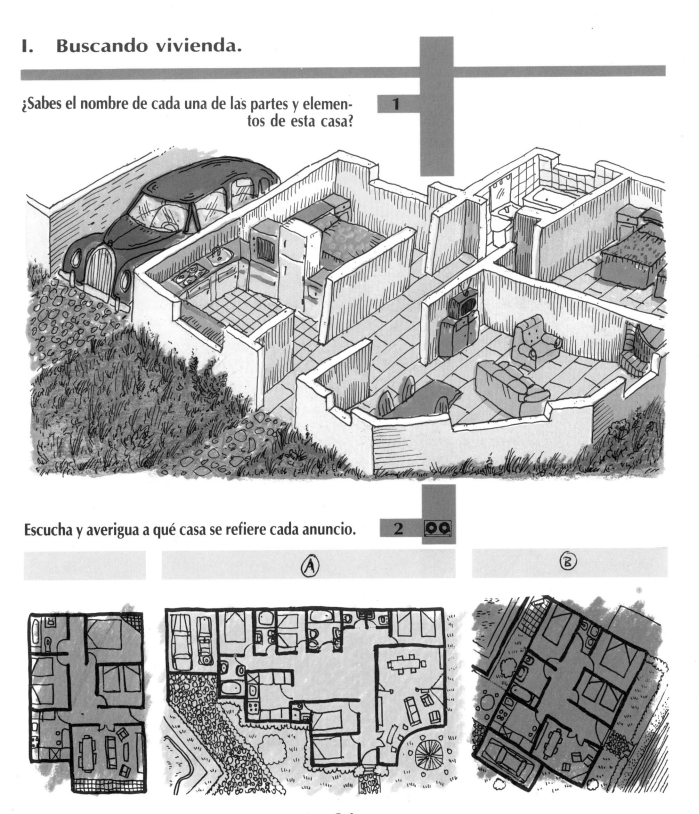

Escucha y averigua a qué casa se refiere cada anuncio. **2** Ⓐ Ⓑ

3 Escucha de nuevo los anuncios anteriores y anota las características de cada vivienda.

1. _____

2. _____

3. _____

4 Pregunta y averigua qué casa elegiría tu compañero. ¿Por qué?

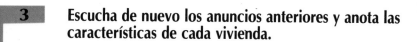

5 Escucha el siguiente diálogo. ¿Puedes decir de qué se trata?

6 Escucha de nuevo el diálogo anterior. ¿Qué afirmaciones reflejan mejor su contenido? Explica por qué.

1. El cliente busca un piso que cueste poco dinero.
2. El cliente quiere alquilar un piso barato, pero lejos del centro.
3. Desea el piso en el barrio de la Esperanza; debe tener un comedor grande. Las habitaciones pueden ser pequeñas.
4. Busca un piso de tres habitaciones, un comedor y cocina.
5. El cliente desea alquilar un piso con muebles y de precio bajo.

7 Escucha atentamente. ¿A qué países se refieren los datos mencionados en el texto?

3. Activación de la comprensión lograda en **2.** Ahora, a la vez que se escucha cada uno de los anuncios, se deben anotar las características de cada vivienda, uniendo la comprensión oral con la práctica de la escritura.

Texto:

DÚPLEX EN LA MANGA

☆ **Junto a centro comercial.**
☆ **Primera línea de playa.**
☆ **Todos con vistas al mar.**
— **Salón comedor, cocina, 3 dormitorios y 2 baños.**
— **Jardín privado.**
— **Parking particular.**
— **Piscina comunitaria.**

Precio muy interesante.
70% préstamo a 15 años en entidad bancaria.
30% a pagar en efectivo durante la obra.

RESIDENCIAL NORTE   SOL

- *Pisos de Protección Oficial (Grupo 1.°), de 3 y 4 dormitorios, desde 100 hasta 140 m.².*
- *Acabados de excelente calidad.*
- *Cocina y baños alicatados hasta el techo.*
- *Suelos de parquet en toda la vivienda.*
- *Carpintería exterior de aluminio anodizado en color oro.*
- *Persianas de aluminio en color oro.*
- *Sistema de placas solares para el ahorro de energía.*
- *Calefacción individual.*

- *Plaza de garaje y trastero incluido en el precio.*
- *Colegio Nacional para el propio Conjunto Residencial.*
- *Instalaciones deportivas y piscina.*
- *Amplias zonas verdes y parque infantil.*
- *Pisos desde 4.825.000 pesetas.*

4. Utilización del vocabulario adquirido: el alumno pregunta a su compañero sobre «su casa ideal», debiendo éste especificar por qué prefiere una u otra vivienda.

5. Actividad para la exposición del alumno a la lengua oral, tratando de comprender globalmente el contenido del diálogo. No es preciso detenerse en otras explicaciones, aparte de las que se precisen para comprender razonablemente bien el texto.

Texto:

(En una agencia inmobiliaria.)
Cliente: Buenos días. Querría alquilar un piso.
Empleado: Buenos días. ¿Cómo lo desearía usted?
C.: No muy grande. Un piso de tres habitaciones, comedor y cocina.
E.: ¿Y en qué zona de la ciudad?
C.: En el Barrio de la Esperanza.
E.: Muy bien. Tenemos varios en alquiler por esa zona. Vamos a ver. Hay uno de tres habitaciones y comedor por 40.000 pesetas al mes. Es bastante nuevo.
C.: ¿Tiene alguno más barato?
E.: Sí. Hay otro de 39.000 pesetas. Y otro de 33.000. Éste es un poco viejo. Pero también está muy bien. Las habitaciones no son muy grandes, pero el comedor tiene 30 metros cuadrados. Y la cocina no está mal. Además, los dueños eran muy cuidadosos y está todo muy limpio.
C.: Creo que éste me va a interesar.
E.: Está situado en la calle de los Jilgueros, número 23. Es un tercer piso.
C.: Estupendo. ¿Cuándo puedo verlo?
E.: Puede ir usted en cualquier momento. Los dueños todavía viven allí. Lo dejarán libre el día 30 de este mes.
C.: Entonces puede usted llamarles por teléfono. Estaré allí a las 12,00 en punto.
E.: Estupendo. Cuando lo haya visto pase de nuevo por esta oficina para firmar el contrato.
C.: Sí, sí. Espero pasar esta misma tarde, si me gusta. Hasta luego.
E.: Adiós. Hasta pronto.

6. Se escucha de nuevo el texto, debiendo responder cada alumno a las preguntas formuladas. Esto exige una comprensión más puntual del diálogo.

7. Oído el texto de **8** dos veces, los alumnos ya deberían haber identificado los países a los que hace referencia. Es suficiente de momento con esta comprensión global.

32

8. El mismo texto anterior se lee a continuación y cada alumno comprobará si sus respuestas de **7** han sido o no correctas. Este pequeño «reto» incentivará el interés para captar la información con mayor precisión. Procure el profesor no iniciar otro tipo de explicaciones gramaticales o léxicas. El objetivo prioritario es la comprensión y exposición del alumno a la lengua oral. Solamente debería dar explicaciones léxicas de aquellas palabras o frases que, en su experiencia con el grupo, considere imprescindibles; especialmente las referidas a los electrodomésticos.

9. Se intenta extraer información más amplia y precisa del mismo texto. A esto se orienta este ejercicio, que también se continúa y amplía en **10**.*a*.

Lee y comprueba lo que has anotado en el ejercicio anterior. **8**

El hombre primitivo se protegía contra el frío buscando cuevas naturales en las rocas, cubriéndose con pieles de animales, calentándose al fuego... Al final del siglo XX han cambiado los medios, pero no los fines: en vez de cuevas construimos casas, nos cubrimos con telas de algodón o fibras artificiales, en vez del fuego usamos calefacción... Además, las casas en que vivimos suelen disponer de muchas otras cosas, especialmente electrodomésticos. Así ocurre, al menos, en Europa, como revela un estudio referido a varios países del Mercado Común (Francia, Italia, España, Inglaterra y República Federal de Alemania). Aunque no todos los países disponen de las mismas comodidades en igual medida. En lo que se refiere al teléfono, en España lo tienen el 50,7% de los hogares; en Francia e Italia el 53,9%; en Alemania el 68,9%. El tener coche es tan normal en nuestros días que es preciso disponer de garaje para guardarlo. En España solamente disponen de garaje el 16,3% de los hogares, mientras que los otros cuatro países se mueven entre el 51,9% de Francia y el 35,1% de Italia. La vida moderna nos ha acostumbrado a lavavajillas, lavadoras y frigoríficos: los hogares españoles tienen un porcentaje un poco más bajo en comparación con los demás países; pero llevan ventaja en máquinas de coser: 58,3% en España frente al 47,2% en Alemania. Los españoles todavía no pueden ver la televisión en color como lo hacen en otros países: sólo el 26,5% de los hogares disponen de televisores en color en España (en Alemania el 50,3%, en Inglaterra el 72,6%). Italia sigue a España con sólo el 18,2%. Pero eso sí: los españoles gustan de tener casa propia. El 69,9% de los hogares han sido comprados por quienes los habitan. En Italia son de propiedad un 55%, en Inglaterra el 53,5%, en Francia el 50,6% y en Alemania el 42,1%.

Lee de nuevo el texto anterior y completa la información siguiente. **9**

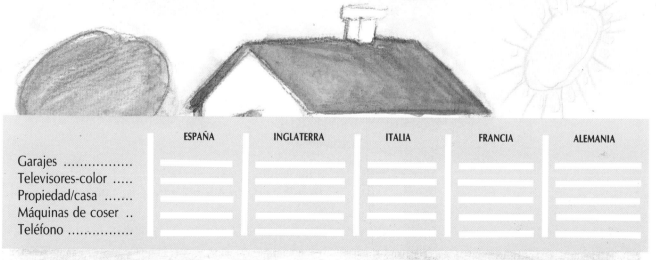

	ESPAÑA	INGLATERRA	ITALIA	FRANCIA	ALEMANIA
Garajes					
Televisores-color					
Propiedad/casa					
Máquinas de coser ..					
Teléfono					

10 **Anota.**

a) ¿Qué comodidades tienen las casas de los españoles?

b) Compáralas con las de uno de los cinco países descritos en el texto.

II.   ¡Qué falta de seriedad!

1.   **Lee.**

HOTEL LOS GALGOS*****

UN PARAÍSO PARA EL DESCANSO

Carretera Madrid, kilómetro 5

Piscina climatizada, sauna, peluquería, masaje, tiendas, pista de tenis, habitaciones con «cama acuática», TV, teléfono, télex, hilo musical, canal de vídeo interno.

Usted ha soñado muchas veces. Pero nunca ha soñado con dormir en un hotel como éste. HOTEL LOS GALGOS es un hotel no sólo de «sueño», sino de «ensueño». Podrá usted dormir en plena naturaleza, fuera del ruido de la gran ciudad, en medio de un parque propio de cuatro hectáreas de extensión, en una cama que le hará olvidarse del cansancio, en una habitación de «las mil y una noches». Y no le despertará el reloj implacable de las seis de la mañana: los pájaros que habitan el parque le invitarán a despertarse con la suavidad y dulzura de sus cantos, al clarear el día.

HOTEL LOS GALGOS, EL PARAÍSO DEL DESCANSO

2   Lee de nuevo el anuncio del Hotel Los Galgos y anota lo que es de tu interés para pasar una noche en él.

10. *a)* Desarrollo de la capacidad para extraer información específica de un texto más amplio. Responder a esta instrucción implica releer todo el texto de nuevo.

b) El alumno debe activar el manejo de la información obtenida comparando sus resultados con lo que ocurre en uno de los países descritos en el mismo texto. Si se cita el que corresponde al alumno que debe intervenir, es natural que el país con el que se compare sea precisamente el suyo. Nótese que se refuerza el uso de las estructuras de comparación, ya vistas en la unidad anterior.

II.   ¡Qué falta de seriedad!

1.   Ejercitación de la práctica lectora. Repárese en el léxico de las facilidades que ofrece el hotel, ya que éste será un vocabulario útil a lo largo de la sesión.

2.   Activación de la comprensión del texto anterior anotando cada uno lo que le interesa o gusta del hotel en cuestión.

3. Se amplía la comprensión del texto de **1** haciendo que los alumnos lo comparen con este anuncio del Hotel Amalia.

4. Práctica de la expresión oral, utilizando los elementos léxicos adquiridos y el conector causal *porque.* El profesor puede pedir a varios alumnos que expresen sus preferencias, obligando a contrastar diferentes puntos de vista y diferentes razonamientos.

5. Ejercicio de identificación y manejo del léxico visto en la unidad. Se ofrecen cuatro columnas. Los criterios implícitamente sugeridos son: *teléfono* (palabras relativas a todo lo que implique confort, como **televisión, baño, ducha, aire acondicionado...**), *suavidad* (palabras que se refieran al tipo o calidad del confort, como **lujo, tranquilidad...**), *plena* (adjetivos descriptivos) y *con* (preposiciones). No es necesario que el profesor sea excesivamente exigente en seguir fielmente uno u otro criterio de clasificación, ya que el objetivo principal es identificar vocabulario dentro de esta área temática y consolidar su adquisición, sea por el método que sea.

6. Las reglas para poner el acento gráfico en español son pocas y concisas. (Véase una gramática al respecto.) El problema reside solamente en que el alumno sepa también dónde cae el acento tónico. Sabido esto, las reglas son sencillas. El profesor debe explicarlas brevemente.

Escucha este texto y anota las diferencias en relación con el Hotel Los Galgos.

3

HOTEL AMALIA***

El Amalia es un hotel de semilujo situado frente a los Jardines Nacionales y a poca distancia de los terminales aéreos. Está totalmente equipado con aire acondicionado, con confortables habitaciones (algunas de las cuales tienen vista a los jardines) con baño o ducha. Cuenta el hotel con restaurantes, bares, salones de peluquería, salón de té, tiendas y un extenso salón en la entreplanta, que admite cócteles de hasta 250 personas.

De los dos hoteles descritos, ¿cuál preferirías tú y por qué?

4

Completa cada columna con palabras similares de los textos descriptivos anteriores.

5

TELÉFONO	SUAVIDAD	PLENA	CON

Pon acento gráfico a las palabras que lo deban llevar.

6

hombre	asi
segun	Francia
fines	algodon
protegia	paises
frigorifico	republica
comun	medios
comodidad	calefaccion
hogar	

7 El señor Requena quiere reservar un hotel. Completa su carta.

Señor Director
Hotel Los Llanos
Avda. de los Monteros, 65
Astorga (LEÓN)

Jaén, 25 de noviembre de 1987

Muy señor mío:

Por razones de negocios debo desplazarme a esa ciudad próximamente. Concretamente, _____ ahí del 10 _____ 13 de diciembre próximos. _____ desde la noche del día 10 Ruego que _____ habitación _____ Por favor, _____ 13. Deseo habitación _____ reserve la habitación _____ nombre _____ Álvaro Requena Sánchez. Tengo previsto _____ al hotel _____ 7 de la tarde, aproximadamente.

Atentamente, _____

Álvaro Requena

8 Escucha y lee.

(en el hotel Los Llanos)

Álvaro:	*Buenas tardes. He reservado una habitación para tres días. A nombre de Álvaro Requena.*
Recepcionista:	*Buenas tardes. Un momento.*
	(...) Pues no encuentro su nombre en el libro de reservas.
Álvaro:	*Pues hace unos quince días que hice la reserva.*
Recepcionista:	*¿Por teléfono?*
Álvaro:	*No. Por carta.*
Recepcionista:	*¿Carta certificada?*
Álvaro:	*No. Por carta normal.*
Recepcionista:	*Pues no la hemos recibido. Lo siento mucho, señor.*
Álvaro:	*Pero si la eché al correo a finales de noviembre.*
Recepcionista:	*De veras que lo siento mucho. Pero el hotel está completo y no puedo atender a sus deseos.*

7. Reconstrucción de un texto relativo a la reserva de habitación. Se hará con la participación de toda la clase. El trabajo de reconstrucción llevará hacia la comprensión de la carta.

Texto:

Por razones de negocios debo desplazarme a esta ciudad próximamente. Concretamente, **estaré** ahí del 10 al 13 de diciembre próximo.

Ruego que me reserven una habitación sencilla/individual, desde la noche del día 10 hasta la mañana del día 13. Deseo habitación con baño.

Por favor, reserve la habitación a nombre de Álvaro Requena Sánchez. Tengo previsto llegar al hotel a las 7 de la tarde, aproximadamente.

Atentamente le saluda,

A. R.

8. Actividad para ejercitar la comprensión auditiva y lectora al mismo tiempo. Nótense los registros utilizados en el diálogo: «Pues..., por teléfono/por carta, carta certificada. Lo siento mucho. De veras que lo siento mucho. El hotel está completo».

9. Presentación de algunos registros para expresar enfado y descontento.

Identificación y contextualización mediante los dibujos.

Una correcta comprensión de cada frase se comprobará haciendo lo que se pide en *B*.

Conviene recordar que estos registros deben utilizarse siempre dentro del contexto adecuado. Por eso es necesario insistir en que todos sugieran la situación dentro de la cual se podría dar cada uno de ellos.

10. Ejercitación de la expresión escrita (carta) utilizando algunos de los registros anteriores. Si la carta ha sido escrita en casa con anterioridad, ahora se leerá/escribirá una de ellas y se corregirá como modelo. Si se hace en clase, es preferible que los alumnos trabajen en grupos y en un máximo de 10 minutos escriban una breve carta. Luego la presentarán al resto de la clase. Insístase en el uso correcto de los registros de **9.**

a) **Don Álvaro está muy contrariado y expresa su enfado al salir del hotel.**

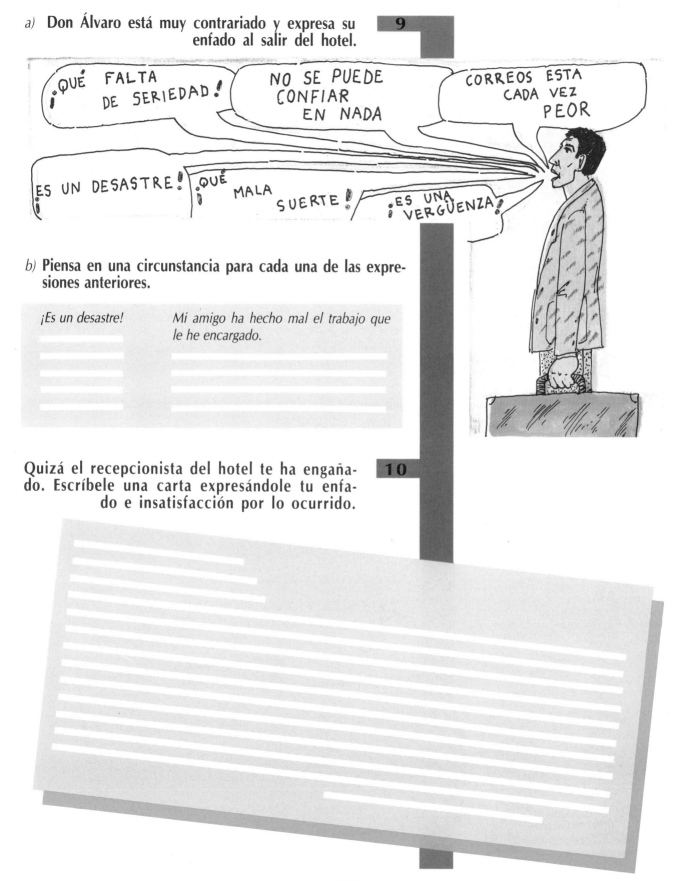

¡QUÉ FALTA DE SERIEDAD!

NO SE PUEDE CONFIAR EN NADA

CORREOS ESTA CADA VEZ PEOR

¡ES UN DESASTRE!

¡QUÉ MALA SUERTE!

¡ES UNA VERGÜENZA!

b) **Piensa en una circunstancia para cada una de las expresiones anteriores.**

¡Es un desastre!	Mi amigo ha hecho mal el trabajo que le he encargado.

Quizá el recepcionista del hotel te ha engañado. Escríbele una carta expresándole tu enfado e insatisfacción por lo ocurrido.

III. Hágalo usted mismo.

1 **Usa tus ideas.**

a) **Ésta es la lista de muebles y vajilla que debe llevar el cliente a su nuevo piso. Señala los elementos que tú tengas en casa.**

MUEBLES		VAJILLA
dormitorio		platos
cama		vasos
colchón		tenedores
armario		cucharas
mantas		cuchillos
sábanas		tazas
toallas		cazuelas
sillas		sartenes
mesa		cazos
mesita		copas

b) **Completa la lista anterior con otros elementos más que tengas en tu casa.**

c) **Deseas alquilar un piso amueblado. ¿Qué elementos de la lista anterior necesitarías? Compara tu lista con la de tu compañero.**

2 *a)* **Dibuja y decora.**

Éste es el comedor de tu casa ideal:

- Distribuye los muebles dentro del mismo.
- Asigna colores a cada parte.
- Inventa detalles que reflejen tu estilo de vida.

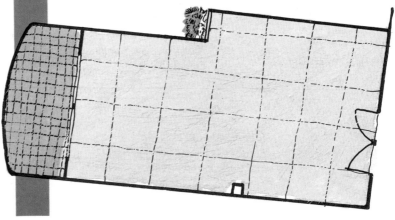

III. Hágalo usted mismo

1. Trabajo con un área de términos esenciales en la casa: muebles y vajilla. Las tres actividades señaladas implican una selección y manejo de los términos de la lista, así como algún otro que pueda añadirse. Nótese que basta con que se retengan algunos de ellos, no necesariamente todos.

2. Actividad en tres etapas, hasta llegar, en c, a la expressión oral utilizando los elementos que cada uno ha elegido para «su» comedor. Esta última actividad es el fin más importante en este ejercicio.

3. Reutilización y uso autónomo de algunos elementos relativos al alquiler o reserva de hotel/pensión. También aquí lo principal es que el alumno utilice oralmente la lengua relacionada con el área temática.

b) **Dibuja y adivina.**

Copia de nuevo el comedor y decóralo con las instrucciones de tu compañero.

c) **Compara tu distribución con la de tu compañero.**

El agente inmobiliario. 3

a) **Piensas ir a un curso de español en una ciudad española. ¿Qué tipo de alojamiento podrías pagar? Anótalo.**

b) **Cuenta tu problema económico a tu compañero y pídele que te recomiende lo más adecuado, consultando el siguiente cuadro de posibilidades.**

PENSIÓN	FONDA	HOTEL**	ALQUILER APARTAMENTO
Comida y cama	Comida y cama	Media pensión	Habitación y cocina
Ducha	Ducha común	Lavabo y ducha	Cuarto de baño completo
	Calefacción	Calefacción	Sin calefacción
		Aparcamiento	Plaza de garaje
1.500 pesetas/día	1.750 pesetas/día	2.300 pesetas/día	25.000 pesetas/semana

Consulta al profesor o estudia por ti mismo   *Pág. 41*

39

Ahí te quiero ver...

Un rico empresario quiere iniciar en tu región un proyecto llamado «Pueblo 2000». La urbanización será de superlujo, es muy caprichosa y ha sido diseñada con la ayuda de un computador. El proyecto es un homenaje a la cabaña de su abuelo, muerto hace ya muchos años. La cabaña de su abuelo le impresionó de niño y la conserva entre sus recuerdos más queridos.

La casa donde vivíamos la construyó mi abuelo con madera, paredes de barro y techo de cañas. El corazón de la casa era el fogón. El humo salía por el techo. Nos sentábamos en bancos. La comida la guardábamos sobre tablas, para que los animales no la comieran. En una pared el abuelo tenía muchas herramientas. Dormíamos en el suelo, sobre pieles de animales; pero papá se hizo una cama de madera. La lámpara era de petróleo; la usábamos pocas veces. La abuela tenía muchas ollas y cazuelas de barro. Sobre la mesa había sujetado un molinillo para moler café y otras cosas. Fuera de la cabaña había muchos troncos huecos y secos sobre los que se posaban las gallinas y las palomas.

URBANIZACION
PUEBLO
2000

Tu participación en este proyecto consiste en diseñar y escribir los anuncios de publicidad en la prensa. Esencialmente, *tu anuncio* informará sobre...

- Dimensiones de las casas y tipo de construcción.
- Situación e importancia del poblado.
- Precios y condiciones de compra o alquiler.
- Animales domésticos permitidos.
- Actividades sociales de «Pueblo 2000».

AHÍ TE QUIERO VER

Véanse instrucciones de procedimiento en el ***Prólogo.***

La finalidad es redactar un anuncio publicitario que implique el manejo de los elementos lingüísticos relacionados con la vivienda y su descripción.

- **Condicionales irregulares:**

Querer	→	*Querría*	Haber	→	*Habría*
Tener	→	*Tendría*	Saber	→	*Sabría*

* **Perífrasis verbales:** Algunos verbos pierden su significado y función originales para convertirse en auxiliares de otros. En estas estructuras, el verbo principal va en infinitivo, gerundio o participio.

> **Ir a + infinitivo:** *Me va a interesar.*
> *Voy a contar mentiras.*

* **Esto hace que:** Equivale a *esto me obliga a,*
> *esto hace necesario que.*

- **Lo/La, como complemento:**

Lo(s): Referido a algo masculino o a toda una frase, previamente mencionada.

> *El 69% de los hogares han sido comprados por quienes **los** habitan.* (Los hogares.)

> *Los españoles todavía no pueden ver la televisión en color como **lo** hacen* (ver la televisión) *en otros países.*

La(s): Hace referencia a un nombre femenino.

> *La lámpara era de petróleo; **la** usábamos* (la lámpara) *pocas veces.*

Para reservar/alquilar habitación

Desearía reservar una habitación doble en ese hotel.
Querría alquilar un piso.

Para expresar descontento e insatisfacción

¡Qué falta de seriedad!	*¡Es una vergüenza!*
¡Qué mala suerte!	*¡Estoy francamente disgustado!*

Para describir una casa

Era una casa con un armazón de madera, paredes de barro y un techo de cañas...

Acuático	Corazón, el	Manta, la
Ahuecado	Cubrir(se)	Masaje, el
Animal, el	Cueva, la	Naturaleza, la
Armazón, el	Cuchara, la	Notorio
Cansancio, el	Cuchillo, el	Plano
Canto, el	Dulzura, la	Porcentaje, el
Caprichoso	Ensueño, el	Proteger
Cazo, el	Fin, el	Sartén, la
Cazuela, la	Habitar	Sauna, la
Clarear	Hectárea, la	Techo, el
Climatizado	Hilo musical, el	Vago
Colchón, el	Homenaje, el	Ventaja, la
Colgar	Madera, la	

4 La fuerza de la costumbre

I.   Los típicos tópicos.

1   ¿Qué tópicos tienes de los españoles? Anótalos y compáralos con los de tus compañeros.

2   Escucha y asocia cada dibujo con la región a que pertenece.

OBJETIVOS GENERALES:

ÁREA TEMÁTICA: Experiencias, hábitos y costumbres.

FUNCIONES: Contar cosas personales. Expresar preferencias/gustos. Referir hechos usuales.

Aspectos estructurales y gramaticales: me, te, se, nos, os, se +verbo (**me gusta...**). *Lo que... Qué/Cuál. Acostumbro, tengo por costumbre/la costumbre de, suelo.*

Puntos específicos: Uso del diccionario monolingüe.

I. Los típicos tópicos

1. Introducción al tema: cada uno debe anotar los tópicos que tiene sobre los españoles y compararlos con lo que ha anotado el compañero. También puede ampliarse la pregunta a países hispanoamericanos.

2. Actividad de comprensión oral. El interés se promueve pidiendo que se asocie cada personaje a la región de España de donde procede. Esto exige que se comprenda el texto. Préstese especial atención a los adjetivos que definen a las personas de cada región. Así se pasa a la actividad siguiente.

Texto:

Los tópicos referidos a personas, regiones o países se encuentran en todas partes. Los españoles se quejan de que los extranjeros los ven como «toreros y bailadores de flamenco». Pero, ¿cómo se ven las distintas regiones dentro de España? En una reciente encuesta realizada entre estudiantes, los andaluces aparecen como juerguistas, alegres, abiertos, graciosos, exagerados y charlatanes. Una larga lista de adjetivos que responde bastante fielmente a la imagen tópica que suelen tener en todo el país. Más al Norte, a lo largo del Mediterráneo Norte, está Cataluña. Los catalanes son considerados como tacaños, orgullosos, separatistas y trabajadores. También al Norte, pero al otro extremo de la Península, los gallegos son vistos como supersticiosos, conservadores y humildes. Los vascos, por el contrario, son fuertes, separatistas, amantes de la tierra y brutos. En el centro está Madrid; los madrileños aparecen como chulos, abiertos y hospitalarios.

42

3. Ahora los alumnos deben escuchar, y al mismo tiempo anotar, los adjetivos que describen a los habitantes de estas cinco regiones.

4. La comprensión del texto en su conjunto se perfilará todavía mejor mediante este ejercicio. De acuerdo con la descripción: «Está usted en casa, caballero», la diría un madrileño. «Me gusta este traje. Pero compraré otro. Es más barato», un catalán. «Y ahora a divertirme. El trabajo me aburre», un andaluz. «Soy campeón del hacha. Corto un árbol en cinco minutos», un vasco. «No creo en las brujas, pero sé que las hay», un gallego. Nótese que la finalidad es consolidar la comprensión, no memorizar estas frases.

5. Práctica con dos estructuras utilizadas en la descripción de personas o en la expresión de preferencias. Nótese la redundancia del pronombre *les* en la frase **«A los vascos *les* gusta...».** Es aplicable a todos los pronombres *(me, te, se, nos, os).*

6. Ejercicio de transferencia a un contexto familiar para el alumno. La comparación implicará la reutilización de elementos vistos.

Escucha de nuevo. Anota qué adjetivos se atribuyen a... 3

los andaluces
los catalanes
los vascos
los gallegos
los madrileños

¿Cuál de los personajes anteriores diría estas frases, de acuerdo con el tópico que se le atribuye? 4

> ESTA USTED EN SU CASA, CABALLERO.

> SOY CAMPEÓN DEL HACHA. CORTO UN ÁRBOL EN CINCO MINUTOS.

> Y AHORA A DIVERTIRME. EL TRABAJO ME ABURRE.

> ME GUSTA ESTE TRAJE; PERO COMPRARE ESTE OTRO. ES MÁS BARATO.

> NO CREO EN LAS BRUJAS. PERO SÉ QUE LAS HAY.

Escribe frases que reflejen los tópicos sobre los españoles. 5

Ejemplo:

Los andaluces son...	A los vascos les gusta...

Piensa en algunas regiones de tu país. Comprueba si los tópicos anteriores son aplicables a alguna de ellas. 6

43

7   Escribe algunos tópicos sobre personas que conoces.

— Es muy tonto. Siempre me invita a lo que no me gusta.
— Marta se pasa el día mirándose al espejo, etc.

8   Tus hábitos y costumbres. Escribe algunos de ellos usando...

- Acostumbro a...
- Tengo por costumbre...
- Cada día me...
- A las 12 exactamente...
- Suelo...

1.
2.
3.
4.
5.
6.

9   Pregúntale a tu compañero por sus hábitos y costumbres.

10   Tienes que pasar un mes en España. ¿En qué región te gustaría vivir? Explica por qué.

7. Actividad de expresión escrita. Es conveniente que cada alumno escriba tres o cuatro tópicos y luego se expongan/lean a la clase.

Importa que todos digan algo, aunque se cometa alguna incorrección.

8. Práctica con algunos registros utilizados para contar cosas personales. Nótese el régimen preposicional en «Acostumbro *a*...» y «Tengo ***por*** costumbre...». Expresión escrita.

9. Actividad de expresión oral fundamentada en lo que cada uno ha escrito anteriormente.

10. Actividad integral para utilizar lo adquirido a lo largo de esta sesión. Insístase en que lo que más importa es **decir algo.** Los alumnos deben evitar inhibiciones que provengan de su temor a cometer errores al hablar. Es inevitable cometer algunas incorrecciones.

II. Mis lecturas preferidas

1.   Introducción al tema de las costumbres y hábitos. Todos deben rellenar «su» encuesta.

2.   Cada uno compara su encuesta con la referida a los españoles. Alguno de ellos expone oralmente los resultados a la clase.

El profesor admite todo tipo de comentarios comparativos.

3.   Ejercicio de lectura. Es conveniente que el texto lo lean dos o tres alumnos para toda la clase. El profesor puede dar alguna información breve sobre los autores más destacados de la literatura española, en caso de que no sean suficientemente conocidos.

II. Mis lecturas preferidas.

¿Te gusta leer libros? Señala los que te gusta leer. **1**

Novela	Sociología ....
Aventura	Filosofía ....
Cuentos	Arte ....
Historia	Poesía ....
Biografía	Pintura ....
Ciencia ficción	Información general ....
Ciencia	Trabajos prácticos ....

Compara tus gustos con los de los españoles. Aquí tienes los datos de una encuesta. **2**

	TIPO DE LIBROS PREFERIDOS						
		SEXO		EDAD			
	Total %	Hombre	Mujer	Menos de 24 años	De 25 a 44	De 45 a 64	Más de 64
Narraciones	17	14	19	17	18	14	18
Novela	47	41	52	51	47	45	43
Aventura	15	15	14	21	15	12	10
Cuentos	2	2	2	1	2	4	1
Reportajes temas actuales	5	5	5	5	5	5	6
Historia	15	17	13	7	11	18	26
Biografías	5	3	7	—	3	9	10
Ficción científica	3	4	2	6	3	1	1
Científicas	6	7	5	4	7	6	5
Literatura	12	14	11	9	12	14	14
Sociología	3	4	2	1	3	3	4
Filosofía	2	3	1	1	1	2	3
Psicología	1	1	1	2	2	1	—
Arte	2	1	3	1	2	2	2
Pintura	1	1	2	1	1	2	2
Poesía	7	5	10	8	5	8	10
Información	8	9	7	5	8	12	4
Conocimientos prácticos	4	6	3	4	5	4	2

¿Cuáles son tus preferencias en la lectura? Anótalas. Explica luego en qué se diferencian de las preferencias de los españoles. **3**

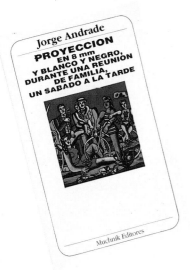

4 Lee.

La mayoría de los españoles tiene ya autores preferidos; es decir, no lee cualquier libro, sino que se deja guiar por el nombre de quien ha escrito un determinado libro. Así, el grupo más leído de autores está compuesto por:

— Camilo José Cela, Delibes, Cervantes y García Márquez.

En segundo lugar está el grupo constituido por:

— García Lorca, Pío Baroja, Machado, Blasco Ibáñez, Julio Verne y Pérez Galdós.

En el tercer grupo se incluyen:

— Martín Vigil, Gironella, Asimov, Lope de Vega, Agatha Christie, Bécquer, Víctor Hugo, Unamuno, Juan Ramón Jiménez, Quevedo, Vargas Llosa, Calderón, Hemingway y Valle-Inclán.

Las diferencias entre unos y otros, dentro de cada grupo, no son a veces muy importantes.

Las razones por las que los lectores prefieren a uno u otro autor son diversas. Pero en general quedan todas ellas englobadas en dos grandes ideas: el estilo (fácil de entender, claro y fresco, natural...) y el contenido o mensaje de los libros (actual, educativo, social, ameno).

5 Infórmate sobre las preferencias de tus compañeros.

▷ ¿Qué prefieres...?   ▷ Prefiero...
▷ ¿Qué te gusta más...?   ▷ Me gusta (sobre todo, especialmente...).

6 ¿Cuáles son los resultados de tu encuesta?

Autores:

Razones:

7 Observa.

preferir → prefiere

¿Recuerdas más verbos que tengan estas características?

46

4. Cada alumno anota sus autores favoritos, complementando su encuesta anterior **(1)**. Luego el profesor pide que varios expliquen oralmente sus preferencias, contrastadas con las de los españoles.

5. Práctica oral utilizando algunos registros básicos para preguntar/expresar preferencias. Se puede hacer por parejas o en grupos. Si se hace en grupo, cada miembro del mismo toma nota de lo que prefieren sus compañeros.

6. Ahora todos deben recopilar y sistematizar el resultado de la encuesta anterior (a compañeros o al grupo). Debe, luego, tratar de explicar los porqués al resto de la clase o al grupo.

7. Ejercicio que servirá de llamada de atención sobre una irregularidad de ciertos verbos. En el caso presente está muy bien contextualizada, ya que se refiere a «preferir». El tema debe ser bien conocido por todos. Amplíese la lista de verbos con estas características a través de las sugerencias de los alumnos.

8. Esta actividad tiene como finalidad especial llamar la atención sobre la utilidad del diccionario monolingüe.

9. Ampliación léxica a través de la sinonimia. Por ejemplo: **estimar, escoger, elegir, optar por, anteponer, gustar, querer más.** Hágase notar que tratándose de sinónimos unos se acercan más que otros al significado de preferir. No suelen existir sinónimos que sean totalmente iguales.

10. Esta actividad tiene como objeto llamar la atención sobre las posibles diferencias (léxicas o estructurales) que puedan darse entre lo que es propio de la lengua materna de los alumnos y del español. El profesor debe ayudar explicando los contrastes.

11. Actividad para reforzar la expresión escrita.

Observa y lee. **8**

pre·fe·ri·ble [preferiβle] *adj* Que se debe preferir por su mejor calidad.
pre·fe·rir [preferír] **I.** *v/tr* **1.** Gustar, querer o estimar más a una persona o cosa que a otras: *Prefiere el frío al calor. Su padre siempre ha preferido al hijo menor.* **2.** Exceder; superar. **II.** REFL(-SE) Jactarse, presumir. RPr **Preferir (algo) a...** CONJ *Irreg:* Prefiero, preferí, preferiré, preferido.
SIN **I. 1.** Estimar, escoger, elegir, optar por, anteponer. **2.** Exceder, superar, aventajar. **II.** Jactarse, presumir, gloriarse.
ANT **I. 1.** Odiar, postergar, menospreciar.

Anota cinco palabras que tengan un significado similar a *preferir*. **9**

¿Qué dices en tu idioma para expresar preferencias? Anótalo y busca equivalentes en español. **10**

Fuera del aula. **11**

Repasa el álbum de fotos familiar y elige una fotografía. Anota todo lo que recuerdes sobre el lugar, las personas y las experiencias que te evoca esa imagen.

III. Cuéntame, cuéntame.

1 **Escucha esta conversación y complétala.**

(por teléfono)

▷ Dígame.
▶ Hola. Soy Paco.
▷ ¿Qué ▬▬▬ estás? ¿Cuándo has llegado de viaje?
▶ Llegué la semana pasada, pero son tantas las ▬▬▬ que no acabaría nunca de contártelas.
▷ Pues ▬▬▬ ganas de verte.
▶ Es lo que yo ▬▬▬▬▬▬ Me voy a tu casa inmediatamente.
▷ De acuerdo. ▬▬▬▬▬ Hasta luego.
▶ Hasta luego.

2 **Lee una de las anécdotas que le ocurrieron a Paco.**

«El país es fascinante. Nunca acabas de conocer la India. Un día estaba tomando el sol, sentado en un banco, al lado de la plaza mayor y se me acercaron dos personas, dos nativos de allí. Me dijeron que eran «limpiadores de orejas» y que sólo me cobrarían 20 rupias por cada piedra que sacaran del oído. «Bueno —dije—. Vamos a ver lo que hacen.» Y les dije que sí. Y a los pocos segundos me habían sacado ya dos piedras. Les di 40 rupias. Pero después de unas horas me dolía el oído. Fui a un médico y le conté lo que me pasaba. Tenía el oído infectado. El doctor se rió mucho y me dijo: «¿Pero cómo se ha dejado usted introducir piedras en las orejas?»

3 **Pon un título al texto anterior. Comunícalo a la clase y contrástalo con el de los demás compañeros.**

III. Cuéntame, cuéntame

1. Reconstrucción de un texto mediante la audición del mismo. Primero se escucha una o dos veces. Una vez que todos lo han completado, se escribe para toda la clase.

Texto:

▷ ¡Dígame!
▶ Hola. Soy Paco.
▷ ¿Qué **tal** estás? ¿Cuándo has llegado de viaje?
▶ Llegué la semana pasada, pero son tantas las **experiencias** que no acabaría nunca de contártelas.
▷ Pues **tengo** ganas de verte.
▶ Es lo que yo **quería decirte.** Me voy a tu casa inmediatamente.
▷ De acuerdo. **Te espero.** Hasta luego.
▶ Hasta luego.

2. Actividad de comprensión lectora integral. Una manera de facilitar la comprensión es que alguien cuente la anécdota sin mirar al texto.

3. Comprendido el texto anterior, cada alumno escribirá un título. Luego se leen los diversos títulos a la clase, anotándolos en la pizarra. Finalmente, entre todos, se elige el que más guste o sea más adecuado. Debe facilitarse la discusión. Piénsese en títulos como: *limpiadores de orejas, el turista engañado, piedras en los oídos, a 40 rupias la piedra de oído,* etc.

4. Actividad que implica el uso integral de la lengua, tanto oralmente como por escrito. Para llevarla a cabo, cada alumno debe entablar un diálogo interactivo con sus compañeros para anotar las mentiras de los demás.

5. La recopilación de datos sobre una foto del álbum familiar **(II.11)** servirá de base para esta actividad de carácter integral. Insístase en la expresión oral, evitando la excesiva insistencia en corregir errores menores.

Vamos a contar mentiras. 4

Anota algo que sueles hacer. Luego inventa una mentira relacionada con esa costumbre. Te ocurrió la semana pasada. Después diviértete anotando las mentiras de tus compañeros.

	COSTUMBRE	MENTIRA
• Tú		
• Tus compañeros		
1.		
2.		
3.		
4.		
5.		

Puesta en común. 5

En grupos de 5-6. Comparte con tus compañeros la experiencia que anotaste en **II.11.** Después elige la que te parezca más interesante y escucha la de los demás grupos.

Consulta al profesor o estudia por ti mismo　　*Pág. 51*

AHÍ TE QUIERO VER

Ver procedimiento en el **_Prólogo._**

El resultado final debe ser escribir un diario del joven descrito. Dicho diario versará sobre alguna de sus experiencias o costumbres.

- **Preferir** puede tener valor comparativo si está seguido de *a* o *antes que*:
    *Prefiero jugar **a** estudiar.*
    *Prefiero ir al cine **antes que** quedarme en casa.*

- **Expresar costumbres/hábitos:**

    I) Con los verbos **Tengo por costumbre.**   **Tengo la costumbre de.**
                          Acostumbro (a).   **Suelo.**

        Acostumbro a leer antes de dormir.
        Suelo leer los clásicos.

    II) Utilizando adverbios (**siempre, constantemente**) o expresiones temporales que dan la idea de hábito, continuidad, costumbre.

        Siempre me invita a lo que no me gusta.
        Se pasa la vida (el día, los años...) mirándose al espejo.

- **Formas pronominales antepuestas a verbos:**
    Algunos verbos precisan de la forma pronominal antepuesta (**gustar, apetecer, lavarse,** etc.).

Me gusta	(Yo)	**Nos** apetece	(Nosotros)
Te gusta	(Tú)	**Os** apetece	(Vosotros)
Le gusta	(Él, ella)	**Les** apetece	(Ellos, ellas)

- **Lo que.** Hace referencia a algo global, general, expresado o asumido anteriormente.
        Lo que me gusta más es el arte (= la cosa que más me gusta es el arte).

- **Qué/Cuál:**

    — **Qué:** Referido a algo general. No especifica el número.

        ¿Qué vas a comprar?
        ¿Qué personas te parecen orgullosas?

    — **Cuál:** Se refiere a una entre dos o más opciones:

        ¿Cuál vas a comprar?
        ¿Cuál es la más orgullosa?

Para expresar gustos personales
  Me gusta este traje.
  A los vascos les gusta...

Para expresar preferencia
  *Prefiero los autores fáciles de entender **antes que/a** los difíciles de entender.*

Para expresar hechos usuales (ver I)
  Tengo la costumbre de madrugar.
  Siempre dice mentiras.

Ameno	Cuento, el	Grupo, el	Orgulloso
Autor, el	Charlatán, el	Hacha, el/la	Pintura, la
Aventura, la	Chulo	Hospitalario	Poesía, la
Biografía, la	Educativo	Humilde	Separatista
Bruja, la	Exagerado	Infectar(se)	Social
Bruto	Experiencia, la	Juerguista	Sociología, la
Campeón, el	Fascinante	Mayoría, la	Supersticioso
Ciencia, la	Ficción, la	Nativo, el	Tacaño
Científico	Filosofía, la	Oreja, la	Tópico, el
			Trabajador, el

5 | *Tanto tienes, tanto vales*

I. Lo mío es mío y lo tuyo es de los dos.

1

a) **Observa.**

¿Cómo crees que serán tus hijos?

b) Anota tus ideas y compáralas con las de tu grupo.

Ella: Marta es maestra. Es de carácter alegre y extrovertido. Su pelo es castaño, sus ojos morenos y su boca grande. Es de estatura media y muy guapa de cara. Le gusta la danza y la ópera.

Él: Luis es abogado. Trabaja mucho y es fuerte de salud. Le gustan los deportes, especialmente jugar al fútbol. Es hombre honesto, recto y amable. También le gusta la música. A veces es demasiado tímido. Es de estatura media; su pelo es moreno, sus ojos verdes y su nariz aguileña.

2

a) **Completa la descripción de tu rostro.**

Ojos
Pelo
Estatura
Nariz
Boca
Cara

OBJETIVOS GENERALES:

ÁREA TEMÁTICA: Posesión y pertenencia. Invitaciones.

FUNCIONES: Invitar. Pedir/Negar algo. Acceder a una petición.
Escribir cartas.

Aspectos estructurales y gramaticales: Estructuras de posesión: *él/la/los/las... de.* Formas de los posesivos. *Lo mío,* etcétera. *Aquí lo tienes, lo siento mucho, no faltaba más, ¡cómo no!, sólo tengo éste.*

Puntos específicos: Sonidos en contexto: el correspondiente a la **ll**. Modelos de correspondencia.

I. Lo mío es mío y lo tuyo es de los dos

1. Actividad que bien puede convertirse en juego que provoque interés. En la expresión oral deben utilizarse con frecuencia los posesivos. Adviértase la posible dificultad en el uso de *su/sus,* que en español puede referirse a «él, ella, ellos, ellas y usted/ustedes».

2. Revisión del vocabulario referido a las partes del cuerpo humano y de las formas para expresar posesión.

3. Diálogo interactivo guiado. El modelo sugerido en el recuadro incluye la ampliación de los registros para expresar posesión, como es el caso de **«el de...».** Nótese que todas las formas del artículo pueden ir seguidas de **«de»,** expresando que algo es de alguien (pertenencia). La ficha rellenada por cada alumno puede luego (*b*) convertirse en «adivinanza».

4. Identificación y discriminación del sonido [λ], correspondiente a la letra *ll*, dentro de un contexto. Corríjase luego para toda la clase, anotando las palabras que lo contienen.

Texto:

> Le gusta llevar un traje limpio, el cabello suelto y liso, la camisa a cuadros y la corbata de color gris claro. Lo llaman el «Señorito». La gente del pueblo, la gente llana, ya no lo aprecia; sólo lo respeta.

5. Se amplía la comprensión oral de un texto: ahora los alumnos deben ser capaces de anotar las diferencias entre lo que oyen y lo que leen.

b) Para poner un título deben haber comprendido el texto. Cada alumno escribe su título. Luego se leen en la clase y se selecciona el mejor. A través del contraste se clarificará la comprensión del contenido.

c) Si es posible, la actividad puede acabar en un ejercicio de expresión escrita, haciendo que todos escriban un texto similar. Luego se corrige un modelo en la pizarra.

Texto:

> Es elegante, atrevido. * **El** color rojo intenso lo hace * **más** atractivo y juvenil. Los * **ancianos** dicen que es poco tiempo, que * **la** duración será corta. A los jóvenes * **les** gusta sobre todo su «atrevimiento», sus * **curvas**, lejanas de lo que sería * **tradicional** y usual, su vistosidad, el lujo de * **cada una de** sus partes, el calor de su * **interior**, lo funcional de todos * **sus** instrumentos de mando y consulta... Es el coche * **para el** futuro, su * **automóvil**.

b) **Anota la descripción de tu compañero haciéndole pre-guntas.**

> ¿Cómo son tus...?
> Mis... son..., etc.

En grupo. **3**

a) **Rellena esta ficha. Dialoga con alguien de tu grupo siguiendo este modelo.**

	SU PADRE	SU MADRE
Ojos		
Pelo		
Cara		
Nariz		
Estatura		
Boca		

> ¿Cómo es el pelo de tu madre?
> El de mi madre es
> ¿Y cómo son sus ojos?
> Sus ojos son

b) **Lee la ficha al grupo para que descubran de quién se trata.**

Escucha. **4** 🔊

a) **¿Cuántas veces has oído el sonido [λ] (correspondiente a ll)?**
b) **Escucha de nuevo y anota las palabras que lo contengan.**

a) **Escucha este otro texto.** **5** 🔊
b) **Subraya la diferencia entre lo que oyes y lo que lees.**
c) **Ponle un título.**
d) **Escribe un texto similar anunciando un ordenador personal.**

> Es elegante, atrevido. *Su* color rojo intenso lo hace *muy* atractivo y juvenil. Los *viejos* dicen que es para poco tiempo, que *su* duración será corta. A los jóvenes les gusta sobre todo su «atrevimiento», sus *formas,* lejanas de lo que sería *clásico* y usual, su vistosidad, el lujo de *todas* sus partes, el calor de su interior, lo funcional de todos *los* instrumentos de mando y consulta... Es el coche *del* futuro. Su *coche.*

6 Lee.

7 Escribe frases similares para pedir algo a tu compañero. Necesitas...

- Mil pesetas para comer.
- Un mapa de España para planificar tus vacaciones.
- Un encendedor.
- Un rotulador verde.
- Una hoja de papel en blanco.
- Un calendario.

8 Lee la respuesta a las peticiones anteriores. Relaciona cada respuesta con su pregunta correspondiente.

RESPUESTA AFIRMATIVA   DENEGACION DE LO PEDIDO

9 Practica con tus compañeros. Pídeles favores inventados por ti mismo.

54

6. Cuatro registros para pedir algo a otro. Son muy usados y conviene que todos los dominen bien.

7. Práctica para consolidar los registros anteriores en contextos diferentes.

8. Identificación de posibles respuestas, positivas o negativas, a la función de pedir algo.

Cada una de las respuestas, afirmativas o negativas, puede responder a cualquiera de las preguntas anteriores. Esto irá quedando patente al ir dando cada alumno sus sugerencias al respecto.

Hágase notar la diferencia entre preguntas/respuestas de carácter formal (usando «usted») o informal/coloquial **(puedes, harías...).** La elección de uno u otro registro en las respuestas afirmativas no presenta importantes diferencias en cuanto a su significado.

9. Actividad integral de expresión oral reutilizando los registros anteriores, a voluntad del alumno. En parejas o en grupo.

II. Rogamos confirmación

1. Lectura y comprensión lectora de documentos reales relacionados con invitaciones de carácter formal todas ellas, aunque en distinto grado.

La comprensión se comprobará si los alumnos son capaces de explicitar a qué invita cada una de ellas. Basta con esto.

II. Rogamos confirmación.

Lee estas invitaciones. ¿A qué invitan cada una de ellas?

1

Francisco y Ana

Os esperamos el día 26 de marzo, a las seis de la tarde, en la iglesia del Inmaculado Corazón, en la calle Gran Vía, esquina calle del Teatro.

Enero 1986

ROGAMOS CONFIRMACIÓN

2

El Presidente
del
Sindicato de Actividades Varias
Saluda

A don Severiano Ojeda y Cantón y se complace en comunicarle que, después de constituida esta Entidad, ha fijado su domicilio en calle San Ramón, 5, 8.º C, 18044 GRANADA.
Por cuyo motivo le manifiesta, en nombre del Sindicato que preside y en el suyo propio, su más sincero deseo de amistad y colaboración.

4

ME GUSTARÍA que asistieras a la fiesta de cumpleaños que celebraremos el día 23 de enero, martes, en mi domicilio, a partir de las ocho de la noche.

CONFIRMA, POR FAVOR, TU ASISTENCIA.

3

Alonso Sánchez Martín
Isabel Vega Castro

Junto con nuestros padres, nos complacemos en participarles nuestro enlace matrimonial, que tendrá lugar el día 29 de marzo próximo, a las 19 horas, en la iglesia de Santa María, en Santo Ángel.

Santo Ángel, marzo de 1983.

5

El Rector
de la Universidad de Alcalá de Henares

Tiene el gusto de invitarle al ACTO DE INAUGURACIÓN del Curso Académico 1985-86, que se celebrará en el SALÓN DE ACTOS de la Universidad, a las 11,30 de la mañana.

Después del Acto Académico se ofrecerá un aperitivo a todos los asistentes.

Alcalá de Henares, 25 de septiembre de 1985.

2 Lee de nuevo las invitaciones anteriores. ¿Qué frases consideras que son «fórmulas de cortesía» o «formulismos sociales»? Anótalas. Pregunta al profesor si tienes dudas.

3 Selecciona una de las invitaciones anteriores y confirma tu participación por escrito.

*El Presidente
del
Sindicato de Actividades Varias
Saluda*

*A don Severiano Ojeda y Cantón y se complace en comunicarle que, después de constituida esta Entidad, ha fijado su domicilio en calle San Ramón, 5, 8.º C, 18044 GRANADA.
Por cuyo motivo le manifiesta, en nombre del Sindicato que preside y en el suyo propio, su más sincero deseo de amistad y colaboración.*

4 Usa tus ideas.

Piensa en algo importante para ti.

a) Invita a algunos amigos para celebrar el éxito.

b) Invita a tus superiores, como agradecimiento.

c) Invita a los compañeros de trabajo que están a tus órdenes.

2. Extracción de información puntual, anotando las fórmulas de cortesía o formulismos. Puede hacerse con la participación de toda la clase, escribiendo las sugerencias en la pizarra. Algunos registros más notables: **«Os esperamos. Se complace en... Nos complacemos en... Me gustaría que... Confirma, por favor, tu asistencia. ...tiene el gusto de invitarle a...».** No es preciso agotar el tema en su totalidad.

3. Reacción ante una de las invitaciones anteriores, a elección de cada alumno. Éste debe redactar una respuesta confirmando o no su aceptación. Luego se expone/lee a la clase.

4. Esta actividad implica el poner en práctica lo adquirido a lo largo de esta sesión, en un contexto que cada cual ha de imaginarse o crear. Puede hacerse oralmente o por escrito, o en ambas modalidades. Luego se lee/expone a la clase. Puede corregirse un modelo en la pizarra, si el profesor lo considera oportuno.

5. Lo hecho anteriormente se perfeccionará ahora reconstruyendo esta carta-modelo. Es una carta formal, pero aparte de la persona en que escribe el interesado, no existen variedades de importancia en los elementos lingüísticos utilizados. La corrección se hará luego para toda la clase.

Texto:

Muy señor mío:

Desde hace muchos años **estoy** interesado **en** ofrecer al Estado un bosque de 35 hectáreas de **extensión** en las afueras de Madrid, a unos 10 **kilómetros** de la carretera de Andalucía. En estos momentos estoy decidido a **hacer** efectiva la donación, si el Estado está dispuesto a aceptar mis **condiciones.**

El bosque-parque tiene agua propia y está poblado de una **gran** variedad de árboles y arbustos. Parte de **él** está convertido en parque.

Con el fin de concretar los términos de la **donación,** le ruego me indique día y hora para una posible **entrevista.** Estoy a su entera disposición para la misma. Confiando en recibir pronto su **respuesta,** quedo de usted suyo afectísimo.

6. Práctica escrita, activando la reacción de cada uno frente al ofrecimiento de la carta anterior. La respuesta debe ser también formal. El profesor puede ayudar iniciando el formato de la carta-respuesta en la pizarra.

7. Actividad de corrección ortográfica y gramatical. La detección de los errores posibles obliga a concretar la atención no sólo en la forma, sino también en el uso correcto de las formas y en el significado (que quedaría distorsionado con algunos de los errores).

Texto correcto:

▶ **¿Harías** el favor de decirme dónde viven tus padres?
▷ Con mucho **gusto.** En la calle de enfrente, en el número 4.
▶ **¿Sería** usted tan amable de indicarme dónde está la estación?
▷ ¡No faltaba más! Debe usted seguir hacia adelante, girar a la derecha en el semáforo y luego **a** la izquierda. Allí ya la verá usted.
▶ **¿Puedes** decirme qué hora es? No llevo reloj.
▷ Naturalmente, **son** las siete menos veinte.

Completa esta carta-invitación. **5**

Cantoblanco, 2 de marzo de 1986

Don Casimiro Oreja
Dirección General del Medio Ambiente
Calle Los Cardos, 46
28009 Madrid

Muy Señor Mío:

Desde hace muchos años _____ interesado _____ ofrecer al Estado un bosque
de 35 hectáreas de _____ en las afueras de Madrid, a unos 10 _____
de la carretera de Andalucía. En estos momentos estoy decidido a _____
efectiva la donación, si el Estado está dispuesto a aceptar mis _____.
El bosque-parque tiene agua propia y está poblado de una _____ variedad de árboles y arbustos. Parte de _____ está convertida en parque.
Con el fin de concretar los términos de la _____ le ruego me indique día y
hora para una posible _____. Estoy a su entera disposición para la misma. Confiando en recibir pronto su _____, quedo de usted suyo afectísimo.

Jaime de Las Hoces
Marqués de la Gran Cruz

Escribe una nota breve contestando a don Jaime de Las Hoces. **6**

¡Atrévete! **7** 🔘🔘

Escucha y corrige los errores del texto.

▷ ¿Hacías el favor de decirme dónde viven tus padres?
▶ Con mucho gusto. En la calle de enfrente, en el nú-
mero cuatro.
▷ ¿Serías usted tan amable de indicarme dónde está la
estación?
▶ ¡No faltaba más! Debe usted seguir hacia adelante, gi-
rar a la derecha en el semáforo y luego en la izquier-
da. Allí ya la verá usted.
▷ ¿Podes decirme qué hora es? No llevo reloj.
▶ Naturalmente. Es las ocho menos veinte.

57

8 ¡Más difícil!

Te acuerdas de alguna palabra que empiece por *ll*... Escribe todas las que recuerdes. Pregunta a tu compañero y completa tu lista.

9 ¡Todavía más difícil!

LOS HIJOS DEL FUTURO

Lee y anota la respuesta que creas correcta.

a) El padre y la madre tienen el pelo castaño:

— Sus hijos tendrán el pelo castaño.
— Sus hijos tendrán, probablemente, el pelo castaño.
— Sus hijos no tendrán el pelo castaño.

b) Ambos padres tienen sus ojos negros:

— Los ojos de sus hijos serán negros.
— Los ojos de sus hijos pueden ser negros.
— Los ojos de sus hijos ciertamente no serán negros.

c) El padre es alto y la madre pequeña:

— Los hijos serán altos.
— Los hijos serán pequeños.
— El hijo será alto y la hija pequeña.
— Los hijos no serán ni altos ni pequeños.

d) La madre es morena, pero el padre es rubio:

— Sus hijos serán rubios y sus hijas morenas.
— Sus hijos no serán ni rubios ni morenos.
— Los hijos pueden ser rubios o morenos.
— Probablemente todos los hijos serán rubios.

8. Se insiste de nuevo en la grafía **ll**. Anteriormente se insistió en el sonido que le corresponde. A la vez, esta actividad servirá para ampliar algo el léxico.

9. El texto, con opciones múltiples, debe incitar a los alumnos a la utilización integral del español. No importa mucho el acertar o no con la opción correcta (que en algunos casos es imposible predecir). La actividad se ha planteado para activar la expresión oral mediante la discusión y contraste de soluciones sugeridas.

10. Cada alumno tomará nota, por escrito, de lo sugerido en este ejercicio. Se utilizará este material en la Sesión III.

III. Su intimidad al descubierto

1. Ejercicio de lectura, basado en una encuesta real. Hágase notar el uso de formas posesivas y *lo que* (referido a algo global, como conjunto).

Visita a algún pariente o amigo que sea motivo de interés para ti en estos momentos. En casa anota todo lo que recuerdes de la conversación:

- ¿De qué temas hablasteis?
- ¿Cuál era su reacción en cada caso?
- ¿Qué fue lo más interesante de todo?

III. Su intimidad al descubierto.

Lee. Las preferencias íntimas de un personaje famoso. **1**

Rasgo principal de mi carácter.	La voluntad.
Cualidad que prefiero en el hombre.	La lealtad.
Cualidad que prefiero en la mujer.	La belleza inteligente.
Mi principal defecto.	Tendencia al voluntarismo.
Ocupación preferida en los ratos libres.	Lectura y deporte.
Mi sueño dorado.	Dedicarme a la literatura.
Mis escritores favoritos.	Octavio Paz y G. Green.
Mis pintores favoritos.	Luis Fernández y Goya.
Mis músicos favoritos.	Vivaldi y Beethoven.
Comida y bebida que prefiero.	Pescado. Vino blanco.
Lo que más detesto.	La humillación de la gente.
Lo que desearía tener.	Memoria sin fallos.
Cómo quisiera morirme	Con plena conciencia del momento.
Estado actual de mi espíritu	Paz en el fondo.
Faltas más indulgentes.	Las que se originan en la miseria.

2

a) **Con la ayuda de tu compañero transforma los datos anteriores en una entrevista real con el famoso. Añade o inventa lo que creas necesario.**

b) **Grabad en casa la entrevista.**

3

Copia el gráfico o formato de la página anterior y rellénalo con tus gustos y preferencias íntimas.

Después pregunta a los compañeros de tu grupo y encuentra dos personas cuya personalidad y carácter se parezcan a las «declaraciones íntimas» del famoso.

4

Puesta en común.

Reunido con tu grupo, infórmale sobre el personaje que entrevistaste fuera del aula. Cuéntales su biografía «íntima».

2. Actividad a realizar por parejas. Uno hará de entrevistador y el otro de entrevistado. Se debe retocar el texto anterior adaptándolo a la forma de entrevista.

Luego, una o dos parejas expondrán su entrevista a la clase.

Si se puede grabar en casa, se escuchará al día siguiente en clase.

3. El formato de la entrevista de **1** debe ahora ser contestado por cada uno de los alumnos.

Hecho esto, se entablará un diálogo entre compañeros (no sólo uno, sino varios). Cada cual decidirá luego quién de los alumnos se parece más al famoso cuya entrevista se ofreció en **1**. El desarrollo de la actividad debe implicar un intenso intercambio de información.

4. Utilización de la información recogida en **II.11.** Actividad en grupo; cada uno de los miembros contará la biografía de su personaje. Insístase en que deben dejarse de lado las posibles inhibiciones para hablar, especialmente si es por miedo a cometer errores.

AHÍ TE QUIERO VER

Véase el procedimiento en el *Prólogo.*

El resultado debe consistir en una recapitulación de lo adquirido a lo largo de la unidad en relación con la redacción de cartas formales para invitar.

La actividad puede hacerse en grupos, con la participación de todos sus componentes.

Posteriormente se leerá/escribirá en la pizarra una o dos de las cartas escritas.

Queridos amigos:

Os envío mis mejores saludos desde mi ciudad natal. A pesar de las distancias, os tengo siempre presentes.

En este lugar hay bahías y muchos barcos que viajan al interior del país. Entre las islas viven muchos animales marinos. En la ciudad viven muchos tipos de personas y razas, con diferentes costumbres. Nuestras casas son sencillas, pero para nosotros muy bonitas. Nos divertimos todos los días, de diversas formas: estudiamos, jugamos y conversamos entre amigos. En los fines de semana nos divertimos todavía más porque, además, vamos a la iglesia, que para muchos es una diversión. También vamos a la playa, al baile y hacemos otras muchas cosas.

Bueno, creo que ya está bien por hoy. Me despido de vosotros con muchas ganas de volver a escribiros. Un abrazo y adiós.

Olga Bermúdez

El Club de Amigos de tu ciudad ha programado este año un «Plan de ayuda a los niños del Tercer Mundo». Organizáis un variado programa de actividades para los niños de cada ciudad elegida. El próximo mes les toca a Olga y a sus amigos.

Para que Olga y sus amigos puedan disfrutar de esas actividades, debéis enviarle una carta-invitación, junto con el programa de actividades. ¡Manos a la obra!

61

La posesión

- Las formas más usuales para expresar «posesión» pueden ir antes o después del nombre (**Mi.../Mío:** *Mi libro. El libro es mío,* etc.). (Ver ANTENA 1, Apéndice.)

- También puede expresarse «posesión» haciendo referencia a algo mencionado o conocido mediante las formas del artículo seguidas de **de**:

  El/La/Los/Las + de:

  El de mi madre (= el *bolso* de mi madre) es muy bonito.

- Podemos referirnos a un conjunto o todo global «poseído» poniendo **lo** delante de **mío**:

  Lo mío es ir de fiesta.

Para pedir algo:

¿Puedes prestarme un bolígrafo?
¿Me prestas el libro? } **Informal**

¿Harías el favor de prestarme tu vestido?
¿Serías tan amable de prestarme cien pesetas? } **(Parcialmente) formal**

Para acceder a esa petición:

— *Aquí lo tienes.*   — *Con mucho gusto.*
— *¡No faltaba más!*   — *¡Ni que decir tienes!*
— *¡Cómo no! Toma.*   — *Por supuesto/Naturalmente.*

Para negar esa petición:

— *Lo siento, pero me hace mucha falta.*   — *No, no es mío.*
— *Lo siento. Sólo tengo éste.*   — *No, nunca presto dinero.*
— *No, porque se estropea.*

Para invitar:

Os esperamos el día 26 de marzo.
Me gustaría que asistieras. } **Informal**

Nos complacemos en participarles...
El rector tiene el gusto de invitarle...
Don Severiano... se complace en comunicarle... } **Muy formal**

Aguileño	Detestar	Íntimo
Arbusto, el	Disposición, la	Mando, el
Asistente, el	Donación, la	Matrimonial
Atrevido	Efectivo	Miseria, la
Atrevimiento, el	Enlace, el	Moreno
Complacer(se)	Especie, la	Ópera, la
Conciencia, la	Espíritu, el	Originar(se)
Concretar	Extrovertido	Tímido
Condición, la	Honesto	Usual
Confiar	Humillación, la	Vistosidad, la
Danza, la	Indicar	Voluntad, la
Defecto, el	Indulgente	Voluntarismo, el

OBJETIVOS GENERALES:

ÁREA TEMÁTICA: Descripciones. Vida y sociedad.

FUNCIONES: Describir. Relacionar partes de un texto o información mediante conectores.

Aspectos estructurales y gramaticales: Algunas perífrasis (seguir...). Relativos. Conectores de frase y párrafo *(porque, sin embargo, pero, por otra parte...).*

Puntos específicos: Sonido correspondiente a las letras **v** y **b**.

I. Asómate a la inmensidad

1. Identificación y discriminación del sonido [b] en contexto. Hágase notar que este sonido se puede escribir con **v** o con **b**. Aunque algunos hablantes diferencian la una de la otra, ésta no es la norma.

Texto:

El avión todavía volaba alto sobre las llanuras del Brasil. Pero ya habíamos dejado el Océano Atlántico muy detrás de nosotros. Dentro de una hora y media llegaríamos a Buenos Aires. Todos disfrutábamos mirando por la ventanilla y viendo la selva brasileña. Era enorme, una gran mancha de verde sin límites. El avión empezó a bajar; estábamos cerca de la capital. Comenzaba la aventura sudamericana.

6 | *Un hermoso volcán dormido*

I.   Asómate a la inmensidad.

a) Escucha y trata de contar las veces que oyes el so-   **1**
nido [b].

b) Escucha de nuevo y escribe las palabras con este mismo
sonido.

2   **Anota lo que sepas sobre Hispanoamérica.**

Completa esa información preguntando a tus compañeros:

1. El clima en Hispanoamérica.
2. Las culturas anteriores a la conquista.
3. Los ríos.
4. Las zonas montañosas.
5. Las grandes llanuras.
6. El trabajo en las minas.
7. Los indios todavía existentes.
8. Los monumentos de la cultura azteca.
9. Las islas protegidas y reservas para los animales.
10. La cría de ganado.

3   **Escucha y completa.**

Los caballos, las vacas, _____ avestruces y los hombres corren _____ por estas inmensas llanuras _____ Argentina. Muchos hombres _____ y dependen de ella. La vida es dura, las _____ frías, la cama es con frecuencia la silla del _____ o el duro suelo. Es una _____ casi deshabitada, donde los caballos _____ seguir siendo salvajes y los hombres _____ encontrándose solos ante la naturaleza.

4   **Hace poco contemplaste un paisaje maravilloso. Describe tu experiencia en varias frases y cuéntaselo a tus compañeros.**

5   **Escucha el texto y di a qué imagen corresponde cada descripción.**

64

2. Introducción al tema de la unidad, centrando la información en Hispanoamérica. A las ideas que cada cual tenga, se añaden las que resulten de las preguntas sugeridas.

La información puede recopilarse trabajando la clase en grupos, e informando luego cada uno de ellos sobre los resultados obtenidos.

3. Ejercicio de comprensión, reconstruyendo también parte de la información, referida a la Pampa argentina. Luego el profesor da la versión del texto original.

Texto:

> Los caballos, las vacas, **las** avestruces y los hombres corren **todavía** por estas inmensas llanuras **de la** Argentina. Muchos hombres **viven** y dependen de ella. La vida es dura, las **noches** frías, la cama es con frecuencia la silla del **caballo** o el duro suelo. Es una **tierra** casi deshabitada, donde los caballos **pueden** seguir siendo salvajes y los hombres **siguen** encontrándose solos ante la naturaleza.

4. Con los conocimientos que los alumnos ya tienen del español, podrán iniciar la función de describir algo. Se trataría de lograr que cada uno escribiera algunas frases referidas a alguna de sus experiencias en torno a un paisaje, una foto, un lugar, etc. Luego las exponen en clase.

5. La actividad anterior ha servido de introducción a la práctica de las descripciones. Ahora escuchan cuatro descripciones cortas. La comprensión es incentivada mediante el «reto» de identificar la foto que corresponde a cada paisaje o lugar descrito: cataratas del Iguazú, pirámides de los aztecas, minas de Colombia, isla de los Galápagos (Perú). Tratándose también de que el alumno exponga su oído al español hablado, basta con que la comprensión sea globalmente correcta.

6. El texto oído anteriormente deben ahora leerlo y adivinar en cuál de los países indicados se encuentra cada uno de los paisajes descritos: Galápagos, en Perú; minas, en Colombia; las pirámides aztecas, en Méjico; las cataratas del Iguazú, en Argentina.

7. Actividad centrada en el léxico que más incide en la capacidad descriptiva: identificación de adjetivos.

8. Utilizando adjetivos de la lista anterior, pídase que se describa la foto de los Andes. El trabajo puede hacerse en grupos y luego exponerlo a la clase.

Lee ahora el texto y adivina en qué países se encuentra cada uno de los lugares descritos.

a)

Los animales viven aquí a sus anchas. Nadie les molesta, nada les contamina su tierra ni su agua. Muchos de ellos son antiguos. El tiempo los ha hecho lentos, perezosos. Como si la vida no les exigiese mucho.

b)

Las grandes culturas han querido siempre dejar grandes monumentos, como esta pirámide situada en la llanura de Tenayuca. La fuerza y la ciencia, la astronomía y los saberes ocultos se han unido para dejar una obra grande y ostentosa, sólida y eterna a quienes la contemplen en los siglos sucesivos.

c)

Sudamérica es como una selva virgen en gran parte de su extensión. Grandes bosques ocupan todavía algunos de los territorios de este continente. Y como las selvas, las aguas pueden ofrecer también un espectáculo poco usual. Estas cataratas siguen reflejando el estado salvaje de grandes cantidades de agua que parecen perder su control al caer desde las alturas.

d)

Las riquezas del suelo siguen siendo en Sudamérica una de sus grandes reservas. Las montañas, las tierras del «Nuevo Continente» contienen todavía muchos minerales que mueven la industria del mundo de la tecnología. Pero no se quedan aquí estas riquezas. De ellas se aprovechan los países industrializados. Luego volverán parcialmente aquí en forma de productos acabados.

Subraya todos los adjetivos del texto anterior.

Utiliza los adjetivos antes subrayados para describir esta otra imagen.

Colombia • México • Perú • Argentina

65

9 Probablemente tú conservas otras imágenes de Hispanoamérica. Descríbelas con un máximo de cincuenta palabras.

10 Fuera del aula. **Charla con alguien que haya visitado Hispanoamérica. Anota todos los nombres, datos y descripciones que te facilite.**

II. Hispanoamérica más de cerca.

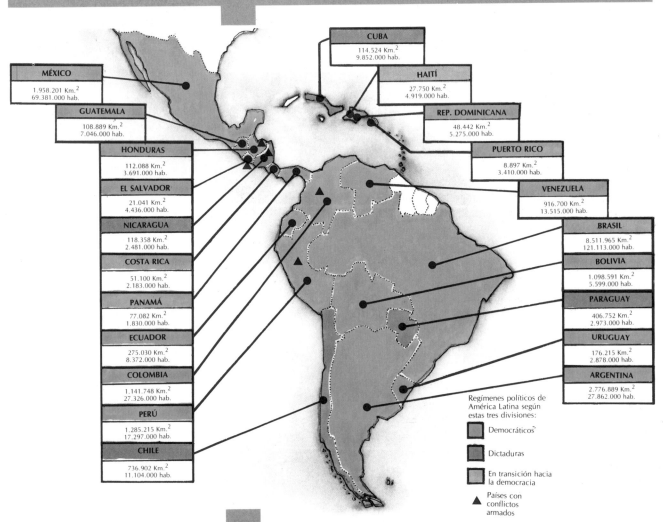

MÉXICO
1.958.201 Km.²
69.381.000 hab.

GUATEMALA
108.889 Km.²
7.046.000 hab.

HONDURAS
112.088 Km.²
3.691.000 hab.

EL SALVADOR
21.041 Km.²
4.436.000 hab.

NICARAGUA
118.358 Km.²
2.481.000 hab.

COSTA RICA
51.100 Km.²
2.183.000 hab.

PANAMÁ
77.082 Km.²
1.830.000 hab.

ECUADOR
275.030 Km.²
8.372.000 hab.

COLOMBIA
1.141.748 Km.²
27.326.000 hab.

PERÚ
1.285.215 Km.²
17.297.000 hab.

CHILE
736.902 Km.²
11.104.000 hab.

CUBA
114.524 Km.²
9.852.000 hab.

HAITÍ
27.750 Km.²
4.919.000 hab.

REP. DOMINICANA
48.442 Km.²
5.275.000 hab.

PUERTO RICO
8.897 Km.²
3.410.000 hab.

VENEZUELA
916.700 Km.²
13.515.000 hab.

BRASIL
8.511.965 Km.²
121.113.000 hab.

BOLIVIA
1.098.591 Km.²
5.599.000 hab.

PARAGUAY
406.752 Km.²
2.973.000 hab.

URUGUAY
176.215 Km.²
2.878.000 hab.

ARGENTINA
2.776.889 Km.²
27.862.000 hab.

Regímenes políticos de América Latina según estas tres divisiones:

■ Democráticos
■ Dictaduras
■ En transición hacia la democracia
▲ Países con conflictos armados

1 Lee los datos de este mapa y haz dos listas.

a) Ordena los distintos países de acuerdo con su extensión.

b) Ordena los países de acuerdo con el número de habitantes.

66

9. Transferencia de la función descriptiva a otros contextos similares. Cada uno elige su imagen o experiencia. El profesor puede suministrar alguna imagen/foto en caso de que los alumnos no dispongan ellos mismos de información o medios al respecto. La descripción será escrita y corta. Luego se escribe un modelo en la pizarra para proceder a la elaboración y corrección del mismo con la participación de todos los alumnos.

10. Actividad para realizar en caso de que sea posible hablar con alguien que ha visitado Hispanoamérica. En caso contrario podría recurrirse a la información proporcionada por una enciclopedia.

II. Hispanoamérica más de cerca

1. Actividad introductoria que tiene como fin una información básica sobre los píses americanos de habla hispana.

2. La información recogida en el esquema, en torno a la situación política de los países hispanoamericanos, se contrastará con el compañero. Así no solamente se consolidará y ampliará la información, sino que se practicará la expresión oral en torno a los datos del mapa anterior.

3. Actividad de ampliación léxica sobre el mismo tema.

Las denominaciones son: colombiano, argentino, peruano, chileno, brasileño, venezolano, boliviano, mexicano, ecuatoriano, nicaragüense, cubano, hondureño, uruguayo, guatemalteco y panameño.

4. *a)* Actividad similar a la anterior, referida a las monedas.

El peso es utilizado en Argentina, México, Colombia, Bolivia, Cuba, República Dominicana y Uruguay. En Perú, el sol. En Nicaragua, la córdoba. En Paraguay, el guaraní. En Venezuela, el bolívar. En El Salvador, el colón. El Panamá, la balboa. En Guatemala, el quetzal. En Costa Rica, el colón. En Honduras, la lempira. En Chile, el escudo. En Ecuador, el sucre.

Describe la situación política de Sudamérica y América Central. Luego, une tu descripción con la de tu compañero. **2**

PAÍSES	DICTADURA	DEMOCRACIA	REPÚBLICA	MONARQUÍA

Completa según el modelo. **3**

Colombia .... *Colombiano*
Argentina ....
Perú ....
Chile ....
Brasil ....
Venezuela ....
Bolivia ....
México ....
Ecuador ....
Nicaragua ....
Cuba ....
Honduras ....
Uruguay ....
Guatemala ....
Panamá ....

Ejemplo:

«La moneda de Argentina es el peso».

a) **Asocia cada moneda con su país (algunas monedas corresponden a varios países).** **4**

 Argentina

 Chile

Colombia

Perú

Bolivia

Uruguay

Paraguay

Venezuela

Cuba

peso
colón
escudo
sucre
quetzal
lempira
córdoba
guaraní
balboa
sol
bolívar

El Salvador

Panamá

Nicaragua

Guatemala

Costa Rica

Honduras

República Dominicana

México

b) Fuera del aula. **Consulta la tabla de cambios en el periódico del día y calcula la equivalencia de alguna de estas monedas en tu país.**

5 Ordena estas palabras según el acento. Luego pronúncialas y pon el acento gráfico donde corresponda.

nacion • politica • pais • iberoamericana • Mexico • visitar • territorio • vacio • habitante • habitado • moneda • millones • extension • republica • democracia • poseer • conquistador • regiones.

6 Lee y completa los huecos con la partícula *que.*

Estamos viendo la mitad sur del continente americano. La parte _____ descubrió Colón creyendo _____ llegaba a las Indias. Cuando llegaron los conquistadores españoles, no había naciones, sino tribus e imperios. Ahora es un área _____ está formada por veintiuna naciones, veinte si exceptuamos México. La parte _____ forma la mitad norte sólo está constituida por dos países, Estados Unidos y Canadá. ¿Por _____ tanta diferencia? La historia de la colonización es lo _____ explica muchas de las interrogantes.

b) Utilizando las equivalencias en el cambio, aprovéchese para revisar las estructuras de comparación.

5. Ejercicio para practicar la asignación del acento gráfico. Ver también Unidad 3. Las agrupaciones serán: **nación, país, visitar, extensión, poseer, conquistador. Iberoamericana, territorio, vacío, habitante, habitado, moneda, millones, democracia, regiones. Política, México, república.**

Nótese que todas las esdrújulas llevan acento gráfico.

6. Texto con lagunas para llamar la atención sobre el *que.* No existe ninguna dificultad en hacerlo. Así será fácil concentrarse también en la comprensión lectora.

7. Hecho lo anterior, los alumnos tratarán los distintos *que*s con que han rellenado las lagunas. Seguramente pedirán ayuda al profesor. Éste explicará sobre todo el *que* con valor de relativo, es decir, haciendo referencia a una palabra o frase que le precede. Puede empezarse ejemplificando con la frase «La parte *que* descubrió Colón...», en la que es fácil ilustrar la regla. A continuación sigue un *que* completivo, usado con verbos para expresar opinión: **«Creo, opino *que*...».** O deseos: **«Quiero *que*...».** Finalmente, nótese el uso de *qué,* con acento, en la pregunta **«Por qué».**

8. Ejercicio para ejercitar lo analizado y formulado anteriormente. Es aconsejable que los alumnos revisen los textos de la unidad y escriban unas pocas frases con «que». Luego algunas se escriben en la pizarra. La actividad no debe consumir mucho tiempo. Procúrese que las frases escritas estén siempre debidamente contextualizadas, no forzadas para «servir a la regla».

9. En los textos descriptivos abundan los «conectores» de frase: **porque, que, cuando, sino, como si, como, luego,** etcétera. El trabajo servirá también para releer los textos de manera más atenta y analítica. Puede hacerse en grupos, comunicando luego los resultados a la clase. El profesor puede explicar brevemente el significado y función de las principales partículas: **«porque»** (causal), **«como»** (comparación o equivalencia...).

10. Los alumnos tratarán de recopilar información sobre un país de habla hispana. La utilizarán en la Sesión III.

Lee de nuevo el texto anterior y explica las diferencias que observes entre los *ques* que has escrito. Pide ayuda a tus compañeros o al profesor. 7

Haz frases según los modelos. 8

- Colombia, **que** es un país pobre, tiene más de dos veces la superficie de España.
- Quiero **que** visites Argentina.
- ¿Por **qué** hay tanta selva?

Lee todos los textos de la unidad y subraya las partículas que unan dos frases. Luego haz una lista. 9

Ejemplo: porque

Fuera del aula. **Lo que más te gustaría saber de un país de habla hispana. Búscalo en una enciclopedia y toma notas.** 10

Escribe luego un resumen para explicarlo a tus compañeros.

69

III. En contacto con la realidad.

1

a) **Después de lo que has leído y oído en esta unidad, ¿sabes algo más sobre los temas de I.1? Escribe seis frases.**

1 _____
2 _____
3 _____
4 _____
5 _____
6 _____

b) **Sin embargo, si tuvieras que describir la realidad de Hispanoamérica en estos días, dirías que...**

1. Actualmente *sigue* aumentando la pobreza *en* Bolivia.
2. _____
3. _____
4. _____
5. _____
6. _____

c) **Une todas las afirmaciones anteriores en un solo párrafo incluyendo las partículas del margen.**

en un principio ● también ● y sobre todo ● sin embargo ● por otra parte ● ni... ni ● en conclusión.

III. En contacto con la realidad

1. Activación de la expresión oral, de carácter descriptivo. Se vuelve de nuevo a los temas de **I.1** (inicio de la unidad). Primero se escriben frases descriptivas. Luego se pueden leer a la clase.

En *b* se pretende contrastar la situación descrita con la situación que existe actualmente, en el año en curso. Para ello se sugiere el uso de una perífrasis: ***seguir*** + **gerundio.** Explíquese que esta estructura señala que la acción permanece todavía, continúa realizándose.

c) La actividad acabará refundiendo cada alumno todas las frases anteriores en un texto, mediante conectores (como los extractados anteriormente). Luego se lee algún modelo a la clase. O se corrige en la pizarra.

2. Actividad de comprensión lectora, aplicada a un país (al Perú). Luego se aplica el mismo modelo a otros países, debiendo para ello preguntar a los compañeros y transmitir/recibir información oralmente.

3. Juego-concurso. Para llevarlo a cabo, todos deben haber recopilado la información solicitada en **I.8, II.4.** *b* y **II.10.** Vigile el profesor para que participen todos los componentes de cada grupo en el concurso. Obsérvese que la actividad puede ser muy provechosa y motivadora, ya que las preguntas formuladas requieren tener información y consultarla con frecuencia. Por otro lado, es un excelente ejercicio para recibir/transmitir información en español. No se insista en la corrección de errores y prímese la expresión más fluida.

a) **Éstos son algunos consejos para viajar al Perú. Lée-los, coméntalos con tu compañero.**

CÓMO IR

No hay vuelos chárter para ir a Perú. Deberá viajar en línea regular. Si quiere ahorrarse dinero, vuele, por ejemplo, vía Miami o Nueva York. Le informarán las agencias de viaje.

QUÉ COMER

Perú tiene muchas y variadas comi-das y a precios realmente bajos. No se olvide de comer *ceviche* (pesca-do macerado con limón, cebolla y ají). Y por supuesto, *pisco sour*, be-bida ya famosa en todo el mundo. Hay dos restaurantes en Lima que merecen la pena: *El Tambor de Oro* y *Las Trece Monedas*.

QUÉ COMPRAR

Artesanía de todo tipo y de mucho valor. Jerseys de lana de alpaca, buenos y muy baratos. La plata, también barata, pero no muy buena ni elaborada.

b) **Pregunta a algunos compañeros y trata de rellenar este gráfico.**

PAÍS DE HISPANOAMÉRICA	CÓMO IR	QUÉ HACER	QUÉ COMPRAR
Argentina			

Puesta en común.

Lee de nuevo la información que recopilaste en **I.8**, **II.4b** y **II.10**.

a) **Escribe siete preguntas sobre aspectos concretos de la vida en Hispanoamérica. ¡No muestres tus preguntas y respuestas a tus compañeros!**

b) **Forma con tus compañeros de clase tres grupos: A, B y C.**

c) **¡Empieza el concurso!**

Instrucciones: Formula una pregunta al grupo B; si éste la acierta, consigue 10 puntos; de lo contrario, pasa la pregunta al grupo C. Si éste la acierta, conseguirá cinco puntos. Si nadie lo sabe, ¡veinte puntos para vuestro grupo! ¡Buena suerte!

Consulta al profesor o estudia por ti mismo — **Pág. 73**

Ahí te quiero ver...

... Todos los animales se mueven aquí libremente, porque cercamos nuestros campos. Sembramos tomates, cebollas, patatas, yuca, nueces, café, caña de azúcar, maíz y bananos, todo revuelto y en el mismo pedazo de tierra. A nosotros no nos molestan los insectos porque se comen entre ellos y no nuestras siembras...

Estas notas fueron tomadas por un famoso viajero europeo. Durante su estancia en esta aldea quedó maravillado por la exuberancia del paisaje, el carácter de sus gentes y el curioso ritmo de vida diario de aquella comunidad.

Este pueblo es real y está ubicado en algún punto del subcontinente Hispanoamericano. La revista mensual *El Aventurero* te ha pedido que le envíes el resto de la descripción para publicarlo próximamente.

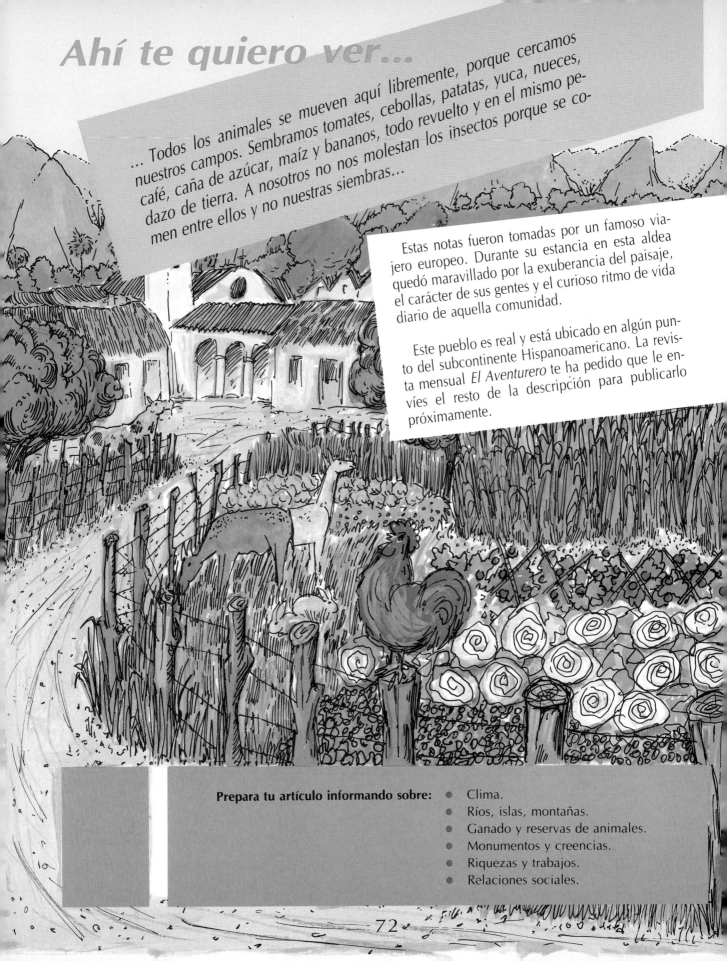

Prepara tu artículo informando sobre:

- Clima.
- Ríos, islas, montañas.
- Ganado y reservas de animales.
- Monumentos y creencias.
- Riquezas y trabajos.
- Relaciones sociales.

AHÍ TE QUIERO VER

Véase el procedimiento en el ***Prólogo.***

El resultado debe ser la redacción de un reportaje o texto descriptivo, de acuerdo con la temática de la unidad. De hecho, una buena redacción en este caso demostraría un buen nivel de aprendizaje de lo presentado en la unidad.

1. La forma **que** puede funcionar de varias maneras:

   ● Como *relativo:* hace referencia a algo que precede y que se ha mencionado. No cambia de forma, aunque el nombre al que se refiera sea masculino o femenino, singular o plural:

     *Colombia, **que** es un país pobre, tiene más de...*
     *Son grandes cantidades de agua **que** parecen perder su control...*

   ● Como *conjunción,* uniendo frases:

     *Quiero **que** visites Argentina.*

   ● Como forma interrogativa:

     *¿**Qué** riquezas hay en Sudamérica?*

2. **Perífrasis: seguir + gerundio:**
   Esta perífrasis expresa la continuidad de una acción ya iniciada:

   ***Sigue aumentando** la pobreza en Bolivia.*

3. Nótese que **porque** (causal) se escribe en una palabra, mientras que con función interrogativa se separan los dos componentes: **¿Por qué...?.**

Para relacionar partes del texto se utilizan formas especiales o «conectores de frase»:

***En un principio** Hispanoamérica era un gran paraíso. **También** hoy es muy hermosa, **pero** con muchos problemas, **sobre todo** políticos...*

En la descripción de algo pueden participar todo tipo de estructuras lingüísticas, debiéndose prestar especial atención a la correspondencia de tiempos verbales entre oraciones principales y subordinadas. (Ver **Unidades 12, 13 y 15**).

Aldea, la	Cría, la	Merecer la pena
Área, el/la	Chárter	Mina, la
Astronomía, la	Deshabitado	Montañoso
A sus anchas	Depender	Nación, la
Avestruz, el	Elaborado	Ostentoso
Azteca	Espectáculo, el	Parcialmente
Bosque, el	Fuerza, la	Riqueza, la
Caballo, el	Ganado, el	Saber, el
Catarata, la	Indio, el	Salvaje
Cercar	Industrializado	Selva, la
Con frecuencia	Inmenso	Sembrar
Colonización, la	Interrogante, el	Sucesivo
Contaminar	Isla, la	Tecnología, la
Conquista, la	Lana, la	Territorio, el
Conquistador, el	Lento	Tribu, la
Constituir	Libremente	Vaca, la
Contemplar	Llanura, la	Variado
Continente, el	Macerar	

I. El buen ciudadano a prueba.

1

a) **Relaciona cada dibujo con la expresión que le corresponde.**

NO PISAR EL CESPED.

NO FUMAR.

PROHIBIDA LA ENTRADA A TODA PERSONA AJENA A LA OBRA.

RESPETE LAS FLORES.

CIERREN LA PUERTA, POR FAVOR.

NO CRUCE CON EL SEMAFORO EN ROJO.

CONDUZCA POR LA DERECHA.

NO SE ADMITEN PERROS EN ESTE LOCAL.

b) **¿Qué tienes/no tienes que hacer en relación con cada prohibición anterior?**

Ejemplo: «Tengo que cerrar la puerta».

74

OBJETIVOS GENERALES:

ÁREA TEMÁTICA: Deberes y derechos del ciudadano.

FUNCIONES: Expresar deber, obligación, gustos y deseos.
Autorizar, denegar.

Aspectos estructurales y gramaticales: Algunas perífrasis (seguir + gerundio). Prohibición con *no* + subjuntivo o infinitivo *(no vengas, no pisar). Prohibido...* (asomarse).

Puntos específicos: Acento gráfico en las palabras (esdrújulas).

I. El buen ciudadano a prueba

1. Introducción al área temática mediante la ayuda de elementos visuales. Nótese que las instrucciones se expresan con imperativo, que éste utiliza las formas del subjuntivo en algunas personas **(No cruce...).** También es habitual el *No* + **infinitivo** o *prohibido* + **infinitivo.** Los modelos ofrecen ejemplos de estas tres estructuras. En *b* se revisa una de las maneras, ya vistas en el nivel I, para expresar obligación: *tener que* + **infinitivo.**

2. Transferencia a otros contextos para producir oralmente frases que impliquen expresión de deber u obligación. Utilícese la forma **deber** + **infinitivo,** aunque también pueda hacerse con **tener que** o **haber de.**

3. Si alguien se refiere a lo que algo/alguien prohíbe, debe utilizar una oración completiva con **que** + **subjuntivo.** Esta actividad implica el uso de esta estructura. Los anuncios responden a documentos reales.

a) **Observa.**

b) **¿Qué se debe hacer a la vista de cada una de las señales de tráfico? Escribe las instrucciones adecuadas.**

Ejemplo: «Debemos conducir con precaución».

Observa y explica. ¿Qué prohíben o aconsejan estos letreros?

Ejemplo: «El letrero número uno prohíbe que escribamos en las paredes».

1 NO ESCRIBA EN LAS PAREDES

2 Prohibido fijar carteles

3 Compre antes de que suban los precios

4 APROVECHE LAS REBAJAS DE ENERO

5 NO SE OLVIDE DE HACER SU DECLARACIÓN DE LA RENTA A TIEMPO

6 Su voto decide. VOTE

7 Confirme su reserva antes del día 12

8 CIERRE DESPACIO

9 NO APOYE LAS MANOS EN LA BARANDILLA

10 MANTENGA EL CINTURÓN ABROCHADO

4 Escucha y repite estas expresiones frecuentes.

1. Ven pronto.
2. Respete las señales de tráfico.
3. No corras por las escaleras.
4. Si se va, apague el gas y la luz.
5. Si ha bebido, no conduzca.
6. No abra la puerta a desconocidos.

5 Escucha a esta señora y averigua por qué no consigue hacer de su hijo un joven ciudadano ejemplar. Anota las faltas que Pedrín comete continuamente.

6 *a)* **Lee de nuevo todos los ejercicios anteriores y completa el cuadro.**

PROHIBICIONES	CONSEJOS	RECOMENDACIONES

b) **Con la ayuda de tu compañero escribe listas similares con expresiones comunes en tu país. Traducidlas luego al español con la ayuda del profesor o del diccionario.**

7 Escucha y subraya las palabras que reciben el acento en la tercera sílaba. Luego pon el acento gráfico donde corresponda.

admitido ● boligrafo ● lapiz ● dialogo ● refieren ● repetir ● sentido ● palabra ● politica ● Venezuela.

76

4. Ejercicio de repetición para perfeccionar la expresión oral. Se basa en registros muy usados, que pueden incluso memorizarse mediante la repetición.

5. Actividad de comprensión oral centrada en registros relativos al tema de la unidad. Los alumnos los oirán dos o tres veces antes de anotar lo que implica cada uno de ellos. Ejemplo: **¡No cambiarás!** (= Pedrín suele hacer algo siempre mal). **¡No quiero que se entere tu padre!** (= ha hecho algo mal y la madre quiere mantenerlo oculto a su padre). **¡Qué será de tu futuro!** (= como Pedrín no hace nada bien, su madre tiene miedo ante el futuro del niño), etc.

La explicitación de cada caso ayudará a reconstruir las situaciones y contextos propios de los registros. La solución debe implicar un intercambio de opiniones entre los componentes de la clase.

Texto:

> ¡... no cambiarás!
> ¡... no quiero que se entere tu padre!
> ¡... todo el día sin hacer nada!
> ¡... qué será de tu futuro!
> ¡... no haces más que beber!
> ¡... no sé qué hacer contigo!
> ¡... siempre llevas los pantalones sucios!
> ¡... estás todo el día en el bar!
> ¡... todas las novias te abandonan!
> *(llorando)* ¡... me vas a enterrar!

6. *a)* Recopilación de todos los registros vistos hasta ahora en la unidad. En ocasiones no estará bien delimitada la diferencia entre una prohibición, un consejo o una recomendación. Por ejemplo, **«su voto decide. Vote»,** puede tomarse tanto como una recomendación como un consejo. Esto es así porque el matiz puede ser de carácter subjetivo. En general, un consejo implica mayor «intensidad» o fuerza que una recomendación.

b) Transferencia al contexto de la clase mediante la traducción de expresiones similares de su lengua al español. El profesor puede realzar y analizar los contrastes.

7. Actividad de identificación y discriminación auditiva. Se centra en la identificación del acento tónico primero, para pasar luego a escribir el acento gráfico correspondiente.

***Palabras acentuadas:* bolígrafo, lápiz, diálogo, política.**

8. *a)* Comprensión auditiva. Basta con que los alumnos sean capaces de responder a la pregunta formulada.

b) Se profundiza en la comprensión auditiva, ahora haciendo que cada alumno identifique y escriba los registros que en el diálogo expresen «obligación» o deber.

Texto:

(En una ventanilla de un centro oficial.)

▷ Buenos días. Deseo presentar mi solicitud para una beca.
▶ ¿Para usted o para su hijo?
▷ Para mí.
▶ ¿Qué estudios cursa?
▷ Inglés en la Escuela de Idiomas de la Universidad.
▶ Vamos a ver... La solicitud está bien. Pero faltan papeles.
▷ ¿Cómo?
▶ Que faltan algunos papeles. Tiene usted que traer una fotocopia del libro de familia y una certificación de sus ingresos.
▷ Un momento. ¿Le sirve esto?
▶ No. Esto es una partida de nacimiento. Lo que se necesita es el libro de familia, para justificar su situación familiar.
▷ ¿Y cómo ha de ser el certificado de ingresos?
▶ Basta con una copia de su declaración anual a Hacienda. O bien, vaya usted a la Delegación de Hacienda y pida un certificado de su renta anual.
▷ ¿Tengo que hacer tantas cosas para solicitar una beca de tan poco dinero?
▶ Así son las normas, señor.
▷ De acuerdo, de acuerdo. No sé si vale la pena.
▶ ¡Usted mismo! Vuelva en cuanto tenga todos los papeles arreglados. Hasta luego.
▷ Adiós.

9. Transferencia de la función de «expresar deber, obligación» a contextos paralelos. Es una actividad integral, de interacción oral, a realizar en parejas o en grupo.

a) **Escucha y averigua cuál de estos documentos es necesario para que el señor Pachecho pueda presentar la solicitud de su beca.**

b) **Escucha de nuevo y anota qué debe hacer el señor Pache-co al presentar la solicitud.**

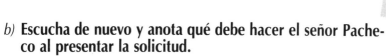

1.
2.
3.

En parejas. **Pregunta a tu compañero lo que debe/tiene que hacer para...**

9

- Conducir un coche.
- Obtener un pasaporte.
- Viajar en avión.
- Hacer un viaje de quince días por el desierto.

1 Al cabo de un mes, Rafael recibe la siguiente carta.

Don Rafael Pacheco
Jaén

Sevilla, 4-10-86

Estimado señor:

En relación con la solicitud de ayuda al estudio enviada por usted, con fecha 1 de septiembre de 1986, lamentamos tener que comunicarle que la misma ha sido denegada por no cumplir todos los requisitos exigidos en la convocatoria.

Atentamente, le saluda,

Epifanio del Campo,
Director General de Promoción Educativa

2 Probablemente, el señor Pacheco cometió algún error al rellenar el impreso de su solicitud. Estudia su currículo y ayúdale a rellenarlo de nuevo.

Rafael Pacheco Pérez. Nacido en Villalobos, provincia de Jaén, el 3 de diciembre de 1943. Estudios universitarios, con licenciatura en Filosofía y Letras, especialidad de Filología Románica. En la actualidad está casado y tiene una hija. Trabaja como profesor de Bachillerato en un centro privado de su pueblo, donde enseña literatura española. Vive en una casita, en la calle El Olivo, 3, y estudia inglés en la Escuela de Idiomas del Ayuntamiento. Además de dar clases, le gusta escribir y tiene publicadas dos novelas. Su próximo proyecto será escribir un libro de relatos antiguos, para lo cual necesita estudiar Historia Medieval en el Departamento de Historia de la Universidad de Granada.

II. Solicitud denegada

1. Ejercicio de lectura y comprensión lectora. Obsérvense los registros formales de una carta (que ya se vieron en unidades anteriores).

2. Esta actividad puede realizarse en grupo o por parejas. El currículo no ofrecerá dificultad en su comprensión. En el impreso ya ha sido completada parte de la información. Si existen dificultades, el profesor puede ayudar. Al final, el impreso se expone a toda la clase, a ser posible mediante retroproyector, con todos los datos cumplimentados.

3. Documentos reales que el señor Pacheco consultó y leyó antes de pedir la beca. El error consiste en que las Escuelas de Idiomas de la Universidad no figuran entre los centros para los cuales se otorgan becas.

La lectura del documento planteará, sin duda, problemas léxicos. Conviene insistir solamente en las palabras más significativas para cada clase en concreto, según el contexto de la misma; no es necesario aprender todas las palabras incluidas. Hágase notar que los estudios en España constan de: EGB (Enseñanza General Básica), de seis a catorce años. BUP (Bachillerato Unificado Polivalente), de catorce a diecisiete años. COU (Curso de Orientación Universitaria), a los diecisiete/dieciocho años, y Universidad. Los cursos de FP (Formación Profesional) son paralelos a los de BUP, pero orientados hacia especializaciones prácticas.

4. La relectura del texto descubrirá algunos otros registros utilizados para expresar obligación. Así, por ejemplo: ... *No podrá exceder... Para obtener... será preciso... Será siempre necesario.* Es suficiente con hacer notar y explicar estas estructuras.

5. Utilización autónoma de las anotaciones anteriores. Cada uno escribirá primero sus propias recomendaciones. Luego las expondrá/escribirá para toda la clase.

Efectivamente, la solicitud del señor Pacheco reunía todos los requisitos menos uno. Lee la siguiente información y encuentra el motivo de su denegación. **3**

● Plazo de solicitud: del 1 de julio al 31 de octubre ● Recogida de Impresos: Estancos ● Entrega solicitudes: Centros docentes respectivos.

Información: Centros docentes respectivos, Servicio de Información y Direcciones Provinciales del Ministerio de Educación y Ciencia ● Servicios Territoriales de las Consejerías de Educación de Comunidades Autónomas ● Gerencias de Universidades ● Subdirección General de Becas y Ayudas al Estudio.

Ministerio de Educación y Ciencia

BECAS 86/87

PARA QUÉ SE PUEDE SOLICITAR UNA BECA O AYUDA AL ESTUDIO.

Para Estudios Universitarios y otros Estudios Superiores.
Para Bachillerato y Curso de Orientación Universitaria.
Para Formación Profesional de 2.º grado.
Para Formación Profesional de 1.er grado.
Para otros Estudios Medios.
Para Preescolar.

REQUISITOS ECONÓMICOS PARA PEDIR BECA.

La renta familiar neta de los solicitantes no podrá exceder, en función del número de miembros computables de la familia, de las que a continuación se indican:

	Estudios Universitarios y Medios (ptas.)	Preescolar (ptas.)
Familias de 1 miembro computable..............................	330.000	165.000
Familias de 2 miembros		

AYUDAS QUE SE PUEDEN SOLICITAR EN NIVELES UNIVERSITARIOS Y MEDIOS.

Ayuda Compensatoria para los alumnos que reúnan los requisitos siguientes:
— Haber nacido antes del 1 de enero de 1971.
— Tener una renta familiar *per cápita* no superior a 118.000 ptas.
— No estar trabajando ni percibiendo subsidio de desempleo.

REQUISITOS ACADÉMICOS PARA PEDIR BECA.

Estudios Universitarios o Superiores.

Para obtener beca en Estudios Universitarios o Superiores será preciso haber obtenido en el curso 1985-86 las calificaciones medias siguientes:

A) Para primer curso de carrera:
— En Facultades y Escuelas Técnicas Superiores:
5 puntos en las pruebas de Selectividad.
Los alumnos que, a pesar de no haber obtenido dicha nota media exigible en los ejercicios de que constan las pruebas de selectividad, consigan el ingreso en la Universidad, aunque no reciban beca, podrán ser considerados becarios a los efectos de exención de las tasas de matrícula. Para gozar de tal exención, será siempre nece-

Lee de nuevo el texto anterior y subraya todas las expresiones que expresen obligación, deber o recomendación. **4**

Para que otros estudiantes no se equivoquen transforma esta información en una lista de requisitos. **5**

Ejemplo: 1. «Los solicitantes deberán/tendrán que presentar su solicitud entre el 1 de julio y el 31 de octubre de 1986, ambos inclusive.»

2. _____

3. _____

79

6 Observa y, con tu compañero, explica qué palabra es distinta en cada grupo y por qué.

queja	hacer	deber	querer	permitir
lamento	llenar	obligar	rechazar	permisividad
gemido	fabricar	tener que	desear	permiso
quehacer	producir	responsabilidad	gustar	permisivo

7 Escribe ocho palabras con el acento en la misma sílaba que *bolígrafo*.

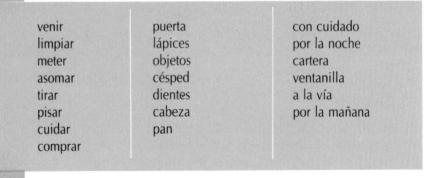

8 Haz frases afirmativas o negativas utilizando un elemento de cada grupo.

venir	puerta	con cuidado
limpiar	lápices	por la noche
meter	objetos	cartera
asomar	césped	ventanilla
tirar	dientes	a la vía
pisar	cabeza	por la mañana
cuidar	pan	
comprar		

9 Inventa frases que reflejen algunas obligaciones habituales en tu comunidad. Compáralas con las de tus compañeros.

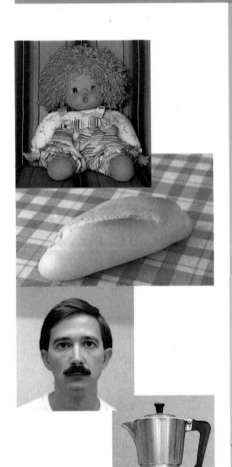

6. Actividad de discriminación léxica, a manera de juego o adivinanza. Las palabras diferentes son: **«quehacer»,** por pertenecer a otro campo semántico. **«Llenar»,** por la misma razón. **«Responsabilidad»,** por ser sustantivo. **«Rechazar»,** por pertenecer a un campo semántico diferente. **«Permitir»,** por ser palabra no derivada, mientras las otras tres derivan precisamente de ella.

7. Ejercicio práctico relacionado con el acento gráfico. Cada uno, o por parejas, escribe ocho palabras. Luego se exponen algunos ejemplos a la clase.

8. La imaginación y capacidad de cada alumno podrá dar resultados o frases muy diferentes. La orientación es que se ciñan al área temática de la unidad. Algunos ejemplos se expondrán a la clase y, en su caso, pueden corregirse.

9. Actividad de transferencia e integral. Cada alumno escribe las obligaciones propias del entorno en que vive. De ahí se pasa a preguntar al compañero por «sus obligaciones» con el fin de intercambiar información.

III. Igualdad de derechos

1. Ejercicio de transformación. Puede hacerse con la participación de toda la clase.

2. Práctica de la expresión escrita dentro del área temática de la unidad. Cada alumno completará su esquema. Luego se escribirán en la pizarra los derechos sugeridos por la clase.

III. Igualdad de derechos.

Usa tu imaginación. | **1**

Cambia estas prohibiciones en derechos.

No compren. No toques. No pongas. No vengas. No firmen. No cruces. No entren. No escribas. No digas. No cierres	1. *Tenemos derecho a comprar a un precio justo.* 2. _____ 3. _____ 4. _____ 5. _____ 6. _____ 7. _____ 8. _____ 9. _____ 10 _____

En parejas. **Escribe tres derechos básicos para cada una de estas personas.** | **2**

LOS PEQUES	LOLI	EL SEÑOR RIBÉ	LOS MARTÍNEZ
1. _____	_____	_____	_____
2. _____	_____	_____	_____
3. _____	_____	_____	_____

3

En grupo. *a)* **Completa este gráfico con los derechos que disfrutan los españoles y los ciudadanos de tu país. Después anota los derechos que les gustaría tener a tus compañeros.**

TEMAS	INFORME SOBRE LOS DERECHOS DEL CIUDADANO		
	Derechos de los españoles	En tu país	Derechos deseados por tus compañeros
1. Educación			
2. Religión			
3. Política			
4. Trabajo			
5. La mujer			

b) **Decidid en qué países del mundo los ciudadanos disfrutamos de estos derechos especiales.**

	PAÍSES QUE SÍ	PAÍSES QUE NO
1. Derecho al autoaprendizaje		
2. Derecho a la soledad		
3. Derecho al trabajo creativo		
4. Derecho al juego y a la cooperación		
5. Derecho a la participación organizada ..		

Consulta al profesor o estudia por ti mismo   *Pág. 84*

3. *a)* Actividad similar a la anterior, pero más compleja y ampliada. El esquema también se expone a la clase y se completa con las sugerencias de todos.

b) Ahora se parte de este esquema y la clase participa completándolo. Como surgirán diferencias, habrá discusión. Algunos temas son ambiguos precisamente para provocar esa discusión e interacción. El profesor puede sugerir otros temas si lo considera oportuno.

AHÍ TE QUIERO VER

Véase el procedimiento en el *Prólogo.*

El resultado debe ser una redacción en que consten los deberes y derechos de los gobernantes, según el tema sugerido. Es aconsejable que la clase se divida en grupos. Cada uno de ellos elaborará un estatuto. Luego se expondrán a la clase todos ellos y se redactará el definitivo, con las sugerencias de todos.

Dentro de muy poco tiempo en todos los carteles de publicidad y en todas las pantallas de televisión del mundo aparecerá esta imagen:

 +  = **LA GALAXIA ES NUESTRA**

Ésta ha sido la primera decisión que ha tomado el Consejo de Sabios del nuevo gobierno que regirá los destinos de nuestro planeta, «La Gran Hermandad Interplanetaria».

Como miembro del futuro Senado Planetario te corresponde elaborar el Estatuto de la Unificación Planetaria que se hará cumplir a los gobernantes de los cinco continentes.

- **Deber** puede expresar obligación, de manera similar a **tener que.** Pero cuando va seguido de la preposición **de**, entonces significa que algo se deduce o supone por una serie de signos o causas que suelen repetirse o darse en tales circunstancias:

  Debe de ser el cartero (deducimos que es el cartero porque él llega siempre a esta hora y toca el timbre dos veces).

- Entre otras estructuras, *no* + **subjuntivo** o **infinitivo** puede expresar prohibición:

  No vengas.
  No fumar.

  También suele usarse la estructura: **Prohibido... (fumar, pisar el césped...).**

Para expresar deber, obligación:

Conduzca por su derecha.
No cruce con el semáforo en rojo.
No pisar el césped.
Los solicitantes deberán/tendrán que/habrán de presentar su solicitud...

Abrochar(se)
Admitir
Ajeno
Apoyar
Barandilla, la
Beca, la
Cartel, el
Computable
Convocatoria, la
Cruzar
Cumplir
Denegar
Desconocido, el

Desierto, el
En la actualidad
Exceder
Exención, la
Fabricar
Gemido, el
Hacienda, la
Lamentar
Lamento, el
Local, el
Llenar
Mantener
Neto

Permisividad, la
Permisivo
Preciso
Quehacer, el
Queja, la
Rechazar
Relato, el
Renta, la
Responsabilidad, la
Semáforo, el
Solicitante, el
Votar

OBJETIVOS GENERALES:

ÁREA TEMÁTICA: Acciones y hechos futuros.

FUNCIONES: Predecir, expresar hipótesis, esperanza, queja, posibilidad/imposibilidad, duda, certeza, contrariedad.

Aspectos estructurales y gramaticales: Contraste en el uso del indicativo y subjuntivo. Registros relacionados con las funciones anteriores: *es posible, quizá, confío en que, dudo que, tal vez, seguro que* + subjuntivo.

Puntos específicos: Secuencias de sonidos («sp + consonante»). Irregularidades en las formas del indicativo/indefinido/subjuntivo.

I. Todavía hay esperanzas

1. Encuesta «personal» para introducir el tema del futuro. La encuesta que ha realizado cada alumno puede compararse con la del compañero, o recopilar los resultados totales en la pizarra y comentarlos. Nótese la diferencia entre **«seguro, tal vez, imposible».**

I.   Todavía hay esperanzas.

¿Crees que el futuro será así dentro de varios años?   1

Marca con una X y calcula el grado de probabilidad de que esto ocurra.

a)   Tu situación económica habrá mejorado ....

b)   Todos los ancianos disfrutarán de nuestro cariño y afecto ....

c)   Los jóvenes estarán ilusionados con su trabajo ....

d)   Estarás más seguro de ti mismo ....

e)   La energía nuclear curará todas las enfermedades ....

SEGURO	TAL VEZ	IMPOSIBLE

2 Escucha esta conversación entre dos viejos amigos y averigua sus...

Nombre ....
Estudios ....
Ocupación actual ....
Ocupación que les gustaría tener ....

3 Escucha de nuevo y lee el texto siguiente. Anota las diferencias entre lo que oyes y lo que lees.

▷ ¡Eh, Pedro! ¿A dónde vas tan deprisa?
▶ Hola. No te había visto. Tengo una entrevista, aquí cerca.
▷ ¿A una entrevista? ¿Por qué?
▶ Pues resulta que me han llamado de la empresa «Ramal». Quizá empiece trabajando en el departamento de economía.
▷ ¡Estupendo! ¡Cómo me alegro! Confío en que te seleccionen. Yo, ya ves: hace dos años que acabé Derecho y no he abierto un libro de leyes...
▶ No te quejes. Lo tuyo está claro. Estudiaste Derecho, pero ahora vives del turismo.
▷ No he tenido suerte. No me ha sido posible encontrar el trabajo que me gusta. El turismo es sólo para pasar el rato.
▶ ¿Para pasar el rato? ¡Si te haces rico! Y además viajas por todo el mundo. Seguro que ya conoces todos los países de Europa.
▷ Casi todos.
▶ ¿Cuál has visitado últimamente? Fue una pena que no fuese contigo.
▷ La semana pasada estuve en Suecia. A los suecos les gusta mucho el sol de España. Pero hay que recordárselo. Si no, con tanta lluvia, se olvidan de que también hay un sol...
▶ Veo que no perdiste el humor.
▷ No hay turismo sin humor. A la gente la convences mejor con simpatía y alegría.
▶ Claro, claro. Bueno, se hace tarde. ¡Deséame suerte!
▷ ¡Suerte, amigo! ¡Ojalá te vea pronto de director de la empresa!
▶ ¡Eso es! Hasta luego.
▷ Adiós. Hasta luego.

1. _____
2. _____
3. _____
4. _____
5. _____
6. _____
7. _____
8. _____
9. _____
10. _____

2. Comprensión auditiva y exposición a la lengua oral. Es suficiente con que la comprensión posibilite rellenar la ficha adjunta. El texto se ofrece por escrito en la actividad siguiente. Pero es preferible que, de momento, los alumnos no lo lean.

3. La comprensión auditiva y lectora se activa y refuerza pidiendo al alumno que identifique las diferencias entre lo que lee y lo que escucha. Puede oírse dos veces.

Texto:

▷ ¡Eh, Pedro! ¿A dónde vas tan deprisa?

▶ ¡Hola! No te había visto. <u>Voy a</u> una entrevista, aquí cerca.

▷ ¿A una entrevista? ¿<u>Para</u> qué?

▶ Pues resulta que me han llamado de la empresa «Ramal». Quizá empiece <u>a trabajar</u> en el departamento de economía.

▷ ¡Estupendo! ¡<u>Cuánto</u> me alegro! Confío en que te seleccionen. Yo, ya ves: hace dos años que acabé Derecho y no he abierto ni un libro de leyes...

▶ No te quejes. Lo tuyo está claro. Estudiaste Derecho, pero ahora vives del turismo.

▷ No he tenido suerte. No me ha sido posible encontrar el trabajo que me gusta. El turismo es sólo para pasar el rato.

▶ ¿Para pasar el rato? ¡Si te <u>estás haciendo</u> rico! Y además viajas por todo el mundo. Seguro que ya conoces todos los países de Europa.

▷ Casi todos.

▶ ¿Cuál has visitado últimamente? Fue una pena que no <u>pudiera ir</u> contigo.

▷ La semana pasada estuve en Suecia. A los suecos les gusta mucho el sol de España. Pero hay que recordárselo. Si no, con tanta lluvia, se olvidan de que también hay un sol...

▶ Veo que no <u>has perdido</u> el humor.

▷ No hay turismo sin humor. A la gente la convences mejor con simpatía y alegría.

▶ Claro, claro. Bueno, se me hace tarde. ¡Deséame suerte!

▷ ¡Suerte, amigo! ¡Ojalá te vea pronto de director de la empresa!

▶ ¡Eso es! Hasta luego.

▷ Adiós. Hasta luego.

4. *a)* Identificación de los registros funcionales señalados. Puede hacerse individualmente o con la participación de toda la clase.

Registros de probabilidad. **«Quizá empiece a trabajar en el departamento de economía. ¡Ojalá te vea pronto de direc-tor!».** *Esperanza:* **«Confío en que te seleccionen...».** *Queja:* **«Hace dos años... y no he abierto un libro. No he tenido suerte. No me ha sido posible... Fue una pena...».** *Duda:* **«Quizá empiece a trabajar** (también de *probabilidad). Certeza:* **«Seguro que ya conoces todos los países de Europa»** (también *probabilidad).* **«Veo que no has perdido el humor.»**

5. Identificación/discriminación de secuencias de sonidos («sp»).

Texto oído:

El estudio del mercado turístico es especialmente importante en España. Vender no es cuestión de suer-te; la suerte hay que buscarla. Esto se aplica a los españoles de manera especial: no basta con hablar y desear, hay que hacer, como ya decía Ortega y Gasset.

6. Identificación de sonidos y práctica de su representación gráfica.

Palabras oídas:

computador • economía • indicativo • contar • cantante • contante • imperativo • confundir • en-contrar • cumplir • importar • incluir.

7. Actividad a realizar con la participación de toda la clase. Las distintas sugerencias deben provocar discusión y acla-ración de dudas. Se trata de asociar cada frase a su correspondiente función:

Lamento: **¡Pobre de mí!**

Hipótesis: **En el supuesto de que apruebe...**

Queja: **Señor alcalde, ¡es una falta...!**

Posibilidad: **Es joven y puede lograr el empleo.**

Predicción: **Si sigue así...**

Imposibilidad: **No es posible que...**

Esperanza: **Confío en que...**

a) **Subraya, en el texto anterior, todas las frases que expresen...** **4**

PROBABILIDAD	ESPERANZA	QUEJA	DUDA	CERTEZA

b) **Compara tus resultados con los de tu compañero y haz una lista conjunta.**

Escucha. *a)* **¿Cuántas veces has oído la palabra *suerte*?** **5**

b) **Escribe las palabras en las que has oído la secuencia de sonidos *sp*.**

Escucha. *a)*

Escucha y escribe las palabras que oigas. **6**

Asocia según el modelo. **7**

Lamento	Confío en que llegará a tiempo para tomar el avión.
Hipótesis	No es posible que éste sea su hermano.
Queja	¡Pobre de mí! ¿Quién me va a ayudar ahora?
Posibilidad	Es joven y puede lograr el empleo.
Predicción	En el supuesto de que apruebe, tendrá el regalo prometido.
Imposibilidad	Señor alcalde, ¡es una falta de responsabilidad! ¡La ciudad está más sucia que
Esperanza	nunca!
	Si sigue así, llegará a ocupar la dirección de la empresa.

8 *a)* **Revisad todas las frases, las del texto y las vuestras, y escribidlas en dos columnas.**

FRASES CON EL VERBO EN *INDICATIVO*	O EN *SUBJUNTIVO*

b) **¿Serías capaz de elaborar una norma general que explicase el uso del subjuntivo o indicativo en estas frases? Ayúdate de la gramática o pregunta al profesor.**

9 En grupo.

a) **Anota cinco situaciones en las que expreses...**

esperanza • imposibilidad • queja • posibilidad • certeza.

b) **Lee el resultado de** *a)* **a la clase y comenta o discute con tus compañeros las dudas o diferencias.**

8. Ejercicio sobre el texto de **3**, que tiene como finalidad la identificación de las formas en indicativo y subjuntivo.

b) Hecho esto y analizando el significado de las frases de cada columna, los alumnos, en grupos, deben intentar deducir una regla general.

Explíquese que el indicativo se usa en oraciones/contextos que reflejan algo real, que ocurre o ha ocurrido. El subjuntivo, en cambio, hace referencia a algo que no ha ocurrido (irreal, posible, hipotético...).

9. Transferencia en el uso de las funciones lingüísticas anteriores. Junto con la situación, cada alumno o grupo puede escribir alguna frase adecuada al contexto. La interacción surgirá al exponer los resultados a la clase y contrastarlos con los de otros grupos.

II. La lotería: La ilusión de cada día

1. Actividad de comprensión lectora. La *lotería* primitiva, de reciente creación en España, es una de las dos formas de juegos de azar patrocinadas por el Estado. Es de frecuencia semanal. El tema se presta a la realización de las funciones programadas para la unidad.

2. Actividad que permitirá a la clase distraerse y relajarse. Es suficiente con seguir el «método sencillo».

II. La lotería. La ilusión de cada día.

Lee e infórmate. **1**

ÉSTA ES LA LOTERÍA PRIMITIVA

PRUEBE SU SUERTE

1. ELIJA SUS NÚMEROS

El juego consiste en acertar una combinación de seis números, del uno al cuarenta y nueve. Tiene que marcar con una X seis números, en uno, en tres o en los seis bloques del boleto. Por tanto, las apuestas que puede hacer serán sencillas o múltiples. Quizá le interese utilizar sólo el bloque uno y realizar varias apuestas: en tal caso deberá tachar un mínimo de seis números y un máximo de doce. Así hace usted varias combinaciones y tal vez aumente su interés... y aumentará también su suerte.

2. NADA MÁS SENCILLO

El día del sorteo —todos los jueves— se extraen de un bombo con cuarenta y nueve números, seis bolas, más una séptima que corresponde al «número complementario». Las seis primeras bolas forman la combinación ganadora (no importa el orden en que hayan sido extraídas). Si usted tachó los mismos números que los de la «combinación ganadora» ¡ha obtenido el primer premio! El segundo premio se forma con cinco números, con tal que hayan aparecido en la combinación ganadora, más el número complementario. En caso de que haya acertado cinco números y el complementario, habrá obtenido este segundo premio.

Los de cinco, cuatro y tres aciertos también cobran. Ganar no es difícil.

3. ADEMÁS HAY BOTE

Quizá no aparezca ningún acertante para el premio primero (seis aciertos). En tal caso el premio se acumula para otro sorteo. Éste es el «bote». Realmente con el bote se puede poner las botas.

Éste es el boleto de la Lotería Primitiva. Lee y rellénalo. **2**

COMO RELLENAR EL BOLETO

Método sencillo: marque con el signo «X» seis números, utilizando los bloques 1.º a 6.º Recuerde que sólo podrá utilizar los bloques uno, uno y dos, uno a tres o uno a seis según quiera formular una, dos, tres o seis apuestas.

Método abreviado o múltiple: pronostique con el signo «X» utilizando únicamente el primer bloque. Por este método podrá tachar de siete a once números, jugando, en cada caso, el número de apuestas que figuran en este impreso a la derecha de los bloques.

RECLAMACIONES

Si considera premiada alguna de sus apuestas con 25.000 pesetas o más y no recibe notificación de ello ni aparece en la lista provisional, formule su reclamación a las oficinas del Organismo Nacional de Loterías y Apuestas del Estado, de la calle María de Molina, 48-50, 28006-Madrid, por carta o telegrama, que ha de recibirse antes de las catorce horas del undécimo día, contado desde el siguiente a la celebración del sorteo. Si el premio es inferior a 25.000 pesetas, el plazo es de treinta días. Infórmese en la Delegación de su demarcación o solicite el impreso de reclamación en cualquier establecimiento.

CADUCIDAD DE LOS PREMIOS

El plazo de caducidad para el pago de los premios será de tres meses, contados a partir del día siguiente al de la fecha de celebración del sorteo.

Este resumen tiene únicamente carácter informativo. Las normas legales aprobadas para el juego se encuentran a disposición del público en establecimientos receptores.

3 Escucha. Éstos son los números premiados. Anótalos.

- Mira tu boleto y comprueba los números que has acertado.

4 *a)* **Pregunta a tu compañero: «Si juegas a la lotería, ¿qué puede ocurrir?». Anota las respuestas.**

b) **Comunica estas respuestas a tu grupo o a la clase.**

5 **Pero ganar en la lotería puede tener efectos negativos.**

En grupo. **Haced una lista de estos efectos negativos. Luego leedla al resto de la clase.**

1.
2.
3.
4.

6 Consuela a los que han perdido eligiendo algunas de las expresiones siguientes.

¡QUÉ PENA!

¡FELICIDADES!

¡ES UNA LÁSTIMA!

¡QUÉ SUERTE TIENES!

¡MALA SUERTE! NO SIEMPRE SE GANA

¡OTRA VEZ SERÁ!

90

3. Rellenado el boleto, la clase oye los números ganadores: **(9, 24, 33, 40, 26 y 11. Número complementario: 37).**

4. Práctica con los registros de probabilidad, posibilidad:

«Quizá compre un coche.»

«Compraré un coche.» «Iré de vacaciones al Caribe», etc.

Provocar la interacción comunicativa haciendo que cada cual pregunte/informe sobre sus preguntas y las del compañero:

«¿Qué harás si...?» —«Si me toca la lotería...».

5. Ampliación en la práctica de las posibilidades, hipótesis, probabilidades, pero en el aspecto negativo. Cada grupo elabora una lista de esos efectos y la lee a la clase. Al final se elabora una lista que recopile todas las sugerencias.

6. Puede hacerse referencia a la actividad **3**. Un alumno felicita/consuela a quien ha acertado/ha perdido en la lotería. También pueden hacerse transferencias a otros contextos.

7. Práctica oral libre.

8. Identificación de las formas del subjuntivo del texto de **1**. La finalidad es relacionar las formas flexivas del subjuntivo con las del indicativo. El profesor puede aprovechar para sistematizar algunas regularidades o irregularidades, pudiendo los alumnos recurrir también a una gramática:

Interese, aumente = interesa, aumenta, etc.

9. Práctica de las formas del subjuntivo en frases ya iniciadas. La realización de este ejercicio dará origen a dudas o errores que servirán para profundizar y consolidar el uso.

10. *a)* Es importante relacionar las formas de los tiempos más usuales. Así se completará la información obtenida en **8**.

¿Conoces algún sistema de lotería en tu país? **7**

Descríbelo y compáralo con la Lotería Primitiva.

Subraya todas las frases con subjuntivo en el texto anterior. **8**

Compara las formas de subjuntivo con las correspondientes de indicativo:

Ejemplo:
  haya → *hay* (haber)

Completa estas frases. Luego compáralas con las de tu compañero. Consultad las dudas con el profesor. **9**

Es posible que
Tal vez
Confío en que
Es mejor que
Es posible que
Quizás
Puede ser que
En caso de que

a) Une las formas de cada columna, según el modelo. **10**

vengo	vine	gane	cerraba
puedo	tuve	tenga	venía
confío	tocó	confíe	tenía
cierro	gané	acierte	podía
toca	pude	toque	acertaba
acierto	confié	venga	confiaba
gano	cerré	pueda	tocaba
tengo	acerté	cierre	ganaba

91

b) **Observa y anota los cambios en las formas de cada tiempo.**

11 **Estudia los cambios en las formas del ejercicio anterior. ¿Puedes deducir alguna regla aplicable a otros verbos? Redáctala y añade algún ejemplo.**

Consulta una gramática si es preciso o infórmate con tu compañero.

12 **¿Puedes decirlo de otra manera...?**

Es posible que venga.	{ *Quizá venga.* *Puede que venga.*

Tal vez acierte.
Confío en que gane.
Es posible que trabaje en la empresa.
Quizá tenga suerte.
Dudo que lo haga.

13 **Fuera del aula.**

Busca un periódico que informe sobre los signos del horóscopo. Copia esa información y llévala a la próxima clase.

92

b) Las diferencias flexivas y ortográficas suelen seguir patrones cuyo conocimiento ayudará a los alumnos: por ejemplo, las formas del subjuntivo (**«venga, pueda...»**) se basan en las del indicativo (**«vengo, puedo»**). Hágase notar que en algunos casos cambia la vocal radical, en otros ésta se desdobla, en otros se introduce una **g**, en otros el acento tónico y gráfico se desplaza (**confiar, confía...**), en otros la **c** cambia en **qu** para mantener el sonido [k] (**tocar - toque**), etc.

11. La información recopilada en el ejercicio anterior debe hacer posible el enunciado de alguna regla (**cerrar - cierra/cierre,** etc. De hecho, todos los puntos mencionados anteriormente son susceptibles de ser enunciados como «regla»). Hecho esto, amplíese el número de verbos que siguen tales reglas, mediante las sugerencias de todos los alumnos.

12. El uso del subjuntivo implica dificultades. Por eso se acaba la sesión con una actividad en la que se trata de practicar el uso de este tiempo en contextos distintos, mediante frases que deben reformularse de otra manera; es decir, utilizando estructuras o elementos distintos, según las sugerencias que se hacen. Pueden escribirse en la pizarra las propuestas de los alumnos.

Ejemplos:

Quizás acierte.
Puede que acierte.
Es posible que acierte.
Puede ser que acierte.
etc.

13. Es importante que esta actividad la realice cada alumno por su cuenta, ya que la información obtenida se utilizará en la sesión siguiente.

III.   La vida es sueño (y...)

1.   Ejercicio de expresión escrita, libre y autónoma.

a)   Rellenar el mismo gráfico con la información del compañero implica que previamente se ha preguntado al mismo; es decir, ha debido haber intercambio previo de información.

2.   Comprensión lectora que debe servir de base a posteriores comentarios. El texto es desenfadado y «ambiguo» para facilitar esos comentarios.

b)   El modelo anterior servirá de base para que cada alumno escriba su horóscopo tomando precisamente la información de la obtenida en la actividad **II.13**. No importa que la información recopilada en casa esté en su lengua materna. Ahora, sin embargo, ha de redactar su horóscopo en español.

III. La vida es sueño (y...)

a) **Rellena este gráfico.** `1`

Quejas sobre tu ocupación actual:
Perspectivas en tu ocupación:
Planes a medio plazo:
Metas para tu vida:

b) **Copia el gráfico y rellénalo con la información de tu compañero.**

En parejas. *a)* **Lee y comenta el futuro de los sagitarios.** `2`

SAGITARIO

—El dúo Sol-Júpiter favorece los negocios inmobiliarios. Posible compra de chalet adosado, con azulejos hasta el techo, con chimenea rusa, en primera línea de la carretera comarcal número 333, de El Tronquillo a Los Pedregales del Páramo.

Para los que han nacido bajo este signo y se encuentran en tratamiento psiquiátrico, tendencia a la depresión, especialmente después de enterarse que su psicoanalista suele comentar con sus amigos los sucesos más dramáticos de su infancia (la de usted, por supuesto).

Período favorable para sus relaciones íntimas; de ello pueden surgir malentendidos al cabo de unos meses, generalmente nueve.

b) **Utilizando la información del periódico (II.13) sobre los signos del horóscopo, escribe un texto similar sobre tu signo.**

93

3 En grupos de siete. *a)* **Formación del gabinete.**

Por sorteo, repartíos estos cargos políticos y empezad a preparad vuestras notas para la próxima reunión:

NOMBRES	EL GABINETE	NOTAS
Don	1. Ministro de Educación e Investigaciones.	
Don	2. Ministro de Cultura y Deporte.	Lista de
Don	3. Ministro de Defensa y Seguridad Ciudadana.	necesidades urgentes
Don	4. Ministro de Bienestar Social.	
Don	5. Ministro de Desarrollo y Cooperación Internacional.	
Don	6. Superministro de Economía y Finanzas.	El presupuesto nacional
Don	7. Presidente del Gobierno.	Obligaciones electorales

b) **El Consejo de Ministros está reunido.**

En esta reunión cada ministro tiene que conseguir que sus propuestas sean aprobadas para mejorar la imagen de eficacia de sus ministerios. El superministro considerará cada proyecto como posible/imposible según su presupuesto general. Corresponde al presidente formular hipótesis de trabajo para llegar a decisiones finales.

Copia este gráfico como ayuda.

PROYECTO/QUEJA	MINISTRO	CONSEJO DEL SUPERMINISTRO	HIPÓTESIS DEL PRESIDENTE

c) **Rueda de prensa informativa.**

Cada grupo informará sobre las decisiones que acaban de tomar.

3. Esta actividad puede consumir toda una clase. Pero exige la preparación y contribución seria por parte de cada grupo. Aunque la actividad y el contexto en que se mueve ya implica la realización de las funciones lingüísticas que constituyen el objetivo de la unidad, el profesor puede hacerlo notar expresamente. Téngase en cuenta que ahora los actores son los alumnos, debiendo el profesor quedar en un «segundo plano», como observador, orientador y promotor del trabajo.

AHÍ TE QUIERO VER

Véase el procedimiento en el *Prólogo.*

El resultado ha de consistir en la reconstrucción de un texto, ya parcialmente ofrecido en la forma de «carta semidestrui-da». El trabajo se realiza en grupos. Luego se lee una carta a la clase o se escribe una propuesta en la pizarra, como modelo.

Jugando un día al escondite, en unas cuevas, un niño encontró un montón de papeles, dentro de un plástico. Los llevó a casa y se los enseñó a su padre, famoso arqueólogo por aquel entonces. Entre los documentos había una carta; la humedad había desfigurado algunas letras y palabras... Era el año 2087. ¿Eres capaz de reconstruir el mensaje del año 1999?

Laguna de Perlas, 25-09...
Señor Delegado de la Pres...

Quisiéramos que nuestro p... el año 2087 tuviera clima... muy alegre por la ciudad... casas fueran... madera y cemento pero... no mucho tráfico... algunas industrias pesqueras y de comercio... los montes... los árboles no fueran cortados... sembraran árboles otra vez... grandes compañías... que no acabaran... fauna... respetaran bahías... los que viven aquí... más escuelas... hospitales... arregl... calles... más diversiones... bailes... discoteca... paz y... alegría... amor.

... Alberto Guerrero

95

- El uso del **indicativo** y **subjuntivo** presenta algunos contrastes básicos:
  — El **indicativo** expresa que ocurre algo, que algo se da como cierto, que algo es real:

  Confío en que llegará (= certeza, seguridad sobre la realidad de algo).

  — El **subjuntivo** hace referencia a algo que todavía no se ha realizado (es, por tanto, irreal) o que es posible que ocurra:

  Confío en que llegue mañana (existen posibilidades de que esto ocurra, pero todavía no es real).

  — Algunas estructuras o inicios de frase exigen siempre el uso de las formas de subjuntivo, porque expresan precisamente algo posible, irreal: **quizá, dudo que, espero que, es posible que, ojalá...:**

  Quizá empiece a trabajar.
  Ojalá te vea pronto.
  Es posible que vaya a México.

Para expresar esperanza: *Confío en que te seleccionen.*
Para expresar imposibilidad: *No es posible que éste sea tu hermano.*
Para expresar lamento: *¡Pobre de mí! ¿Quién me va a ayudar ahora?*
Para expresar posibilidad: *Es joven y puede lograr el empleo.*
Para expresar hipótesis: *En el supuesto de que apruebe, tendrá el regalo prometido.*
Para expresar queja: *Señor alcalde, ¡es una falta de responsabilidad! ¡La ciudad está más sucia que nunca!*
Para expresar predicción: *Si sigue así, llegará a ocupar la dirección de la empresa.*

Acertante, el	Complementario	Ley, la
Acumular	Con tal que	Malentendido, el
Adosado	Chimenea, la	Mínimo
Apuesta, la	Derecho, el	Ministro, el
Aumentar	Depresión, la	Múltiple
Azulejo, el	Deprisa	Período, el
Bloque, el	Dramático	Ponerse las botas
Bola, la	Enterarse	Promocionar
Boleto, el	Extraer	Puntual
Bombo, el	Gestión, la	Psiquiátrico
Bote, el	Humor, el	Sorteo, el
Comarcal	Infancia, la	Tratamiento, el
Combinación, la	Inmobiliario	Últimamente

OBJETIVOS GENERALES:

ÁREA TEMÁTICA: Viajes, medios de locomoción, documentos de viaje.

FUNCIONES: Pedir, dar información. Expresar distancias, describir, lugares, dar referencias temporales.

Aspectos estructurales y gramaticales: Ser/estar. Registros relativos a las funciones: *¿Haría el favor de... A qué hora... hay tren para/a/hacia...? ¿A qué distancia está? Está a... de... a. En tren/A pie.* Revisión de números y horas.

Puntos específicos: Uso del diccionario. Ser y estar.

I. Precaución, amigo conductor

1. Introducción al tema. Los documentos son: pasaporte, carnet de conducir, billete de avión, tarjeta de crédito, mapa-guía de carreteras, guía de hoteles/restaurantes.

I. Precaución, amigo conductor.

Explica. ¿Qué son y para qué sirven? **1**

Pon el nombre adecuado a cada número del dibujo.

carretera
cruce
ferrocarril
curva
recta
arcén
calzada
señal de tráfico
camión
coche
autobús
vía
estación (de ferro-
carril)

3 **Mira de nuevo el mapa anterior y pide información para ir...**

de ——————— a ———————
en coche
en tren
en autobús
a pie

- ¿Está .... muy lejos .... de ....? Quiero ir allí a pie.
- ¿Qué carretera tengo que coger para ir de .... a ....?

Excursiones desde MADRID

EXCURSION	Hora de salida	PRECIO Pesetas
MADRID ARTISTICO (Mañana)	9.30	2.800
MADRID PANORAMICO (Tarde)	15.30	1.850
TOLEDO:		
Todo el día	9.30	4.500
Medio día (Mañana)	8.30	2.700
Medio día (Tarde)	15.00 *	2.700
ESCORIAL - VALLE DE LOS CAIDOS - TOLEDO:		
Todo el día	8.30	5.950
ESCORIAL-VALLE DE LOS CAIDOS:		
Todo el día	9.30	4.500
Medio día (Mañana)	8.30	2.700
Medio día (Tarde)	15.00 *	2.700
AVILA - SEGOVIA - LA GRANJA (Todo el día):		
Menú Turístico	8.30	5.950
Menú Gastronómico	8.30	7.100
TOLEDO - ARANJUEZ (Todo el día)	8.30	5.300
TOLEDO A SU AIRE (Dos días)	9.30	5.900
ARANJUEZ (Tarde)	15.00	2.400
CUENCA (Todo el día)	8.00	8.500
GRAN NOCHE EN SCALA	20.30	8.500
PANORAMICA Y FLAMENCO	22.00	5.700
CENA FLAMENCA	20.30	7.500
NOCHE ESTELAR	22.00	7.200
PANORAMICA Y TOROS	—	4.000

* Del 1/4 al 15/9, salida a las 15.30 h. ● • From 1/4 to 15/9, departure at 3.30 p. m.

									Prestaciones										
E	B	E	D	A					Suplemento				D	E	B	A			
	6	4	6 1		2	5	3		Circulación			1 7		5	4		2	6	3
8 30	12 30	16 00	15 34	16 15					**Madrid-Chamartín**		○A	12 08	14 15	16 42	23 34	20 48			
8 43	12 41	16 11		16 26					Madrid-Atocha (apd.)				13 58	16 30	23 20	20 35			
9 15		16 43							Aranjuez				13 23		22 42				
•	•	•	•	•	23 25	23 25	23 45		**Madrid-Chamartín**		○		•	•	•	•	7 45	7 45	7 52
•	•	•	•	•	•	•	•		Vicálvaro				•	•	•	•			
•	•	•	•	•	0 31	0 31	0 51		Aranjuez				•	•	•	•	6 40	6 40	6 47
9 16		16 44				0 36	0 36	0 54	Aranjuez		○		13 22		22 40		6 35	6 35	6 42
9 56		17 31							Villacañas				12 43		22 02				
10 15		17 50		17 43	1 49	1 49	2 01		Alcázar de San Juan		○		12 26		21 45	19 15	5 29	5 29	5 36
10 16		17 51		17 44	1 58	1 58	2 20		Alcázar de San Juan		○		12 25		21 44	19 14	5 19	5 19	5 24
10 24		18 06			2 07	2 07	2 30		Criptana				12 19		21 38		5 12	5 12	5 17
					2 23	2 23	2 53		Río Záncara								4 59	4 59	5 04

- ¿Haría el favor de decirme si hay autobús de .... a ....?
- Por favor, ¿hay tren de .... a ....?
- ¿A qué hora sale el tren de .... a ....?

2. Ejercicio de revisión y ampliación léxica con la ayuda del dibujo. Es preferible hacerlo con la participación de toda la clase.

3. Actividad para practicar, a manera de revisión, la expresión oral sobre el tema de la expresión de distancias. Obsérvense los registros anotados en el recuadro. Los horarios de tren y autobús servirán de base para las preguntas y respuestas. La actividad puede hacerse en parejas, en grupos o preguntando una mitad de la clase a la otra mitad.

+. identificación y discriminación de palabras en la oración. Es bien sabido que la lengua oral no ofrece pausas entre palabra y palabra. De ahí que resulte más difícil entender la lengua oral que la escrita. Cada alumno anota su solución. Luego se corrige con la participación de toda la clase.

Texto:

1. El tráfico por la carretera nacional es muy denso.

2. No se puede llegar allí en coche.

3. Es preferible que espere usted unas horas.

4. Tome el desvío a El Escorial.

5. Le aconsejamos paciencia hasta llegar a Ávila.

6. La carretera experimenta un tráfico muy lento.

5. Comprensión de un texto oído. La comprensión cumple sus objetivos si los alumnos responden correctamente a lo que se les pide.

Texto:

Hoy, primer día del largo puente de la Inmaculada, las carreteras españolas están a tope. De Madrid han salido unos 150.000 vehículos y de Barcelona más de 100.000. Hasta el momento sólo ha habido tres accidentes, ninguno de ellos con víctimas de gravedad. Para aquellos que todavía no han salido de sus casas les aconsejamos los siguientes itinerarios:

Quienes se dirigen hacia las costas mediterráneas, Alicante o Valencia, deben evitar el paso por Aranjuez, donde hay retenciones de unos 15 kilómetros. Pueden desviarse por la carretera de Toledo o la nacional a Valencia, por Tarancón. También hay retenciones en Albacete ciudad. Les aconsejamos paciencia porque aquí no es posible tomar otras carreteras principales. Quienes se dirigen a Andalucía, además de evitar Aranjuez, tienen largas caravanas de vehículos en Despeñaperros, a partir de Valdepeñas. La carretera de El Escorial está prácticamente bloqueada a la salida de Madrid. Si viaja usted en esta dirección, es preferible que espere todavía unas horas; o bien tome la autopista del Guadarrama y de allí tome el desvío hacia El Escorial.

Las carreteras nacionales hacia el norte y Extremadura tienen un tráfico lento pero fluido. La carretera a Barcelona experimenta retrasos hasta la salida al aeropuerto de Barajas.

6. El texto se escucha de nuevo. Ahora se pide, sin embargo, la captación de información más específica.

Escucha. ¿Cuántas palabras componen cada frase?

4 🔘

1.
2.
3.
4.
5.
6.

Escucha con atención e identifica en el mapa las principales rutas mencionadas.

5 🔘

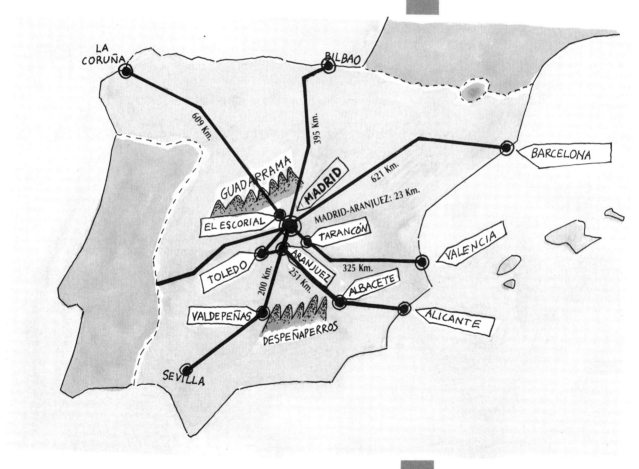

Escucha de nuevo y anota los itinerarios aconsejados para ir...

6

1. De Madrid a Alicante:
2. De Madrid a Galicia:
3. De Madrid a Extremadura:

7 **Aconseja a tu compañero sobre el estado de las carreteras en días festivos y en estos trayectos.**

1. Madrid-Sevilla.
2. Madrid-Barcelona.
3. Madrid-Ávila.

8 **Mira al mapa y practica con tu compañero.**

¿A qué distancia está Madrid de Aranjuez?
Está a 23 kilómetros.

¿Cuántos kilómetros hay de Madrid a Aranjuez?
Veintitrés.

9 **¿Qué decimos en estas situaciones?**

a) **Escucha y anota las expresiones propias de cada uno de los casos siguientes:**

b) **Escucha de nuevo y repite.**

7. De acuerdo con lo transmitido por el texto, los alumnos deben ser capaces de comentar oralmente la información captada sobre itinerarios anotados, incluso con algunas variantes.

8. Ejercicio de consolidación repetitiva. Practíquense brevemente ambos registros utilizando el mapa como referencia.

9. Ejercicio de identificación y comprensión lectora, seguido de reproducción escrita de lo oído. Deberá escucharse cada uno de los textos un par de veces antes de escucharlos de nuevo para escribirlos. Los dibujos ayudarán en la comprensión de los mismos. Al final, con lo escrito por cada uno, se dará la versión correcta en la pizarra y se volverán a escuchar de nuevo.

Textos:

1. **¿Hay un garaje/taller cerca?**
   ¿Sabe usted dónde hay un garaje?
   ¿Dónde está el taller más cercano?
   ¿Hay algún mecánico cerca de aquí?
   Se me ha estropeado/averiado el coche. ¿Dónde puedo arreglarlo?

2. Se me ha estropeado el motor.
   El coche no funciona.
   El coche está averiado en la carretera. ¿Puede arreglármelo pronto?
   ¿Cuánto tardará en arreglarlo?
   ¿Es importante la avería?

3. **¿Dónde está la comisaría más cercana?**
   ¿Podría decirme dónde puedo denunciar un robo?
   Me han robado la cartera del coche. ¿Sabe usted si hay cerca de aquí un cuartel de la Guardia Civil?

4. Quiero denunciar un robo.
   Me han robado la cartera y el pasaporte.
   ¿Y ahora qué tengo que hacer? Estoy sin pasaporte y sin dinero.

10. Práctica integral, libre y autónoma de las funciones de la unidad. El profesor puede añadir otros temas si lo considera oportuno. Insístase en la fluidez más que en la corrección exagerada. Son permisibles algunos errores, si éstos no impiden la comunicación.

II. Disfruta tu tren de vida

1. Comprensión de un documento real. Cada alumno elige su horario. Luego se exponen algunos horarios individuales a la clase. De esta manera se aclararán algunas dudas y se analizará mejor el significado del texto.

2. Actividad similar a la anterior, pero implicando la comprensión de más información escrita.

En parejas. **Pide información a tu compañero sobre estos sitios. Dale explicaciones.**

10

Un restaurante.
Un hospital.
Un museo.
El cuartel de la policía.
Un taller mecánico.
Una farmacia.
Un banco.

II.   Disfruta tu tren de vida.

Tienes que hacer un viaje de Madrid a Cáceres. Éstos son los trenes que puedes coger. Lee el horario y elige el más conveniente.

1

IDENTIFICACIÓN DEL TREN		OMN. 5200	TER 332	TER 594-595	AUTOM. 3226	AUTOM. 2202	EXPRESO 330
Prestaciones	Plazas asiento Cama o litera Restauración Particularidades	2	1-2 ✗ C	1-2 5 ♆ C	2 3	2 E	1-2 ⊟ 2 ☕ E
MADRID-Atocha		9.21	10.15	15.20	18.35		23.10
Torrijos		10.53	11.18	16.25	20.13		0.18
Talavera de la Reina		12.09	11.50	17.02	20.58		1.04
Oropesa de Toledo		12.51	12.16	17.27	21.28		1.28
Navalmoral de la Mata		13.14	12.37	17.48	21.51		1.57
Casatejada		13.24		17.57	22.00		2.07
Palazuelo		14.16	13.28	18.42	22.48		3.10
Cañaveral		14.54	13.57	19.11			3.45
CÁCERES		15.39	14.41	19.55			4.35

SÍMBOLOS UTILIZADOS EN LOS CUADROS HORARIO

ELECT.:	Electrotrén.
Interc. :	Intercity.
EXP. :	Expreso.
RÁP. :	Rápido.
Autom.:	Automotor.
Semid.:	Semidirecto.
Ómn. :	Ómnibus.
	Coche-cama.
	Coche-litera.
✗	Tren con servicio de restaurante (Comidas, cafetería y bar).
☕	Tren con servicio de cafetería (Bebidas frías y calientes, bocadillos y platos sencillos).
♆	Tren con servicio de bar o minibar (Bebidas frías y bocadillos).
A	Trenes sujetos al pago de billete complementario tipo A.
B	Trenes sujetos al pago de billete complementario tipo B.
C	Trenes sujetos al pago de billete complementario tipo C.
D	Trenes sujetos al pago de billete complementario tipo D.
E	Trenes sujetos al pago de billete complementario tipo E.
⋮	Tren sujeto al pago de billete complementario (línea de puntos a la izquierda de las horas).
∿	Tren que no circula todos los días (línea ondulada a la izquierda de las horas).
1	Llamada a pie de página.

Antes de pagar tu billete observa: billetes especiales que RENFE ofrece a sus viajeros. Léelos y decide cuál es el más interesante en tu caso.

2

«CHEQUETRÉN» NOMINATIVOS Y DE EMPRESA | **15%**

Aplicable:
— Cualquier fecha, tren, clase y recorrido.
— Cualquiera de las personas que nominalmente se especifican en el carnet correspondiente (hasta seis, e incluso más en el caso de familia numerosa).
«Chequetrén» es:
— Un abono de viajes individual o familiar con pago adelantado. El usuario adquiere viajes o servicios inherentes al tráfico de viajeros por valor de 35.000 ó 25.000 pesetas.

TARJETA JOVEN | **50%**

Para jóvenes mayores de doce años y que no hayan cumplido los veintiséis, RENFE pone a su disposición la Tarjeta Joven.
Esta Tarjeta, cuyo precio es de 2.000 pesetas, se puede adquirir, exhibiendo el D.N.I. o pasaporte, en las estaciones y Oficinas Viejas de RENFE o en cualquier agencia de viajes autorizada para su venta. Presentándola para adquirir los billetes se disfruta de las siguientes ventajas:
— 50% de reducción sobre los precios de Tarifa General (se abonan los suplementos en su totalidad).

BILLETES INDIVIDUALES DE IDA Y VUELTA | **25%**

Aplicables a:
— Cualquier día del año, excepto domingos y festivos.
— Unidades eléctricas, ferrobuses y ómnibus, en 2.ª clase.
Requisitos:
— La ida y el regreso se efectuarán, necesariamente, en una misma fecha.

TARJETAS DE ABONO | **46%**

Características:
— Validez mensual, para un viaje de ida y vuelta diario, incluso en domingos y festivos, en 2.ª clase.
— Para recorridos no superiores a 75 km. en viaje sencillo, en toda clase de trenes con plazas de 2.ª clase, excepto los sujetos a pago de billete complementario.
Obtención de tarjetas:
— Podrán solicitarse en cualquier estación de la Red o despacho de billetes, con una antelación mínima de ocho días.

3 Lee de nuevo y di qué billetes utilizarían estas personas.

4 Completa con palabras derivadas de...

viajar	*viajero*	*viajante*
escribir		
ordenar		
informar		
caminar		
visitar		
construir		
decir		
robar		
denunciar		

5 Clasifica las palabras anotadas en el ejercicio anterior según los distintos modelos de derivación.

102

3. Activación de la comprensión lograda anteriormente mediante la solución de este pequeño problema. Puede hacerse primero en grupos y luego exponer los resultados a la clase y discutirlos.

4. Ampliación léxica mediante la derivación. Cada alumno, con la participación de toda la clase, sugiere lo que sepa. No es preciso elaborar listas muy largas. Basta con dos o tres ejemplos para cada caso.

Escribir, escritor, escrito...

Ordenar, ordenación, ordenanza, ordenamiento.

Informar, información, informe.

Caminar, camino, caminante.

Visitar, visita, visitante...

Construir, construcción, constructor.

Decir, dicho, dicción.

Robar, robo.

Denunciar, denuncia, denunciante.

5. Con la lista elaborada anteriormente se harán clasificaciones, según el sufijo de cada palabra derivada. De esta manera se llamará la atención sobre la potencialidad de algunas formas para originar nuevos términos: (t)-*or* **(escritor, construc-tor...),** etc.

6. Comprensión lectora de dos textos turísticos, que implican el uso de algunas funciones lingüísticas propias del área temática de la unidad. La identificación de la foto que corresponde a cada texto ayudará a motivar a la clase.

7. Identificación de los registros utilizados para expresar distancia. De esta manera se utiliza el contexto en el que éstos están insertos. Todos participan en las sugerencias: «**A 20 kilómetros... A unos 10 kilómetros... A cinco minutos,** etc.».

8. Ejercicio para motivar el uso del diccionario, monolingüe y/o bilingüe.

9. Breve información sobre el uso de los verbos *ser* y *estar.* Es suficiente con dar una breve aclaración, ya que el tema es inabarcable por su complejidad. *Ser* se utiliza cuando el hablante se refiere a la existencia de algo. *Estar* hace referencia a la manera concreta como algo aparece, a su estado (que puede ser o no transitorio).

Ilústrese con ejemplos como:

Lee estos folletos turísticos y averigua qué foto corresponde a cada texto. **6**

JACA-SAN JUAN DE LA PEÑA (30 kilómetros)

A 20 kilómetros de Jaca, en la carretera N-330, se encuentra una desviación. Por ella, a unos 10 kilómetros, se encuentra el monasterio nuevo de San Juan de la Peña, situado en una espléndida pradera rodeada de bosque. A cinco minutos de aquí, entre pinos y abetos, se halla el Balcón del Pirineo: desde él se puede contemplar un magnífico panorama pirenaico. Desde la explanada mencionada, por un camino asfaltado, se llega hasta el Monasterio Viejo, cuna de la reconquista aragonesa. Está situado a 1.220 metros de altitud y fue construido debajo de una gran roca. Es del más puro estilo románico y uno de los monumentos más importantes de la región aragonesa.

JACA-CANFRANC-CANDANCHÚ (30 kilómetros)

Canfranc, a 22 kilómetros de Jaca, es el principal punto fronterizo de la provincia de Huesca. Canfranc está a 1.190 metros de altitud sobre las márgenes del río Aragón. Hacia la mitad de este recorrido se encuentra Villanúa, importante centro con restaurantes, grutas naturales no acondicionadas (pedir la llave en el Ayuntamiento) y estación de servicio. A siete kilómetros de esta estación internacional de Canfranc se encuentra Candanchú, excelente estación de esquí, a 1.560 metros de altitud.

Subraya, en el texto anterior, todas las expresiones que se refieran o expresen distancia. **7**

Haz una lista de todas las palabras desconocidas en los textos anteriores. Luego búscalas en el diccionario y anota su significado. **8**

Observa. **9**

ser [sér] I. s/m 1. Cualquier cosa que existe: *Las plantas son seres vivientes.* II. *Verbo:* funciones y usos: 1. Función absoluta, o sea sin atributo: *1.* Haber o existir; se usa en lenguaje literario y filosófico: *Dios es.* 2. Ocurrir, suceder: *El accidente fue ayer. El examen era hoy.* 3. Seguido de un partitivo tiene función copulativa: *Ése es de los que han suspendido. Ésta es de las que no se dejan intimidar.* 2. Función copulativa; la función principal es atribuir a un sujeto la cualidad o circunstancia expresadas por un adjetivo o un nombre. *1.* Con sustantivo: **identifica** (*Pedro es el profesor*) o **clasifica** (*Pedro es profesor*). 2. Con sustantivo y preposición (con *de*), clasifica por el origen (*es de Madrid*), indica materia (*es de plástico*), señala posesión (*es de tu hermana*), precio (*es de 200* con que se introduce una disculpa, razón o explicación: *Es que no tengo dinero.* **Lo que sea,** cualquier cosa: —*¿Qué quieres tomar? —Lo que sea.* **Más eres tú,** frase con la que dos personas que riñen se reprochan algo, achacándose mutuamente las mismas cosas. **No ser nada,** no tener importancia. **No ser para menos,** expresión enfática con que se encarece el valor de algo: *Se disgustó mucho, pero no es para menos: hacía cinco días que estaba de vacaciones y no había llamado todavía por teléfono.* **No ser quién para una cosa,** no tener autorización para hacer algo. **O somos o no somos,** expresión con la que se anima a otros a tomar una decisión o a hacer algo que exige cierto valor. **Por si era (fuera) poco,** expresión con la que se indica un nuevo inconveniente o contrariedad: *No*

es·tar [estár] I. *v/intr* 1. Permanecer o hallarse algo o alguien con cierta estabilidad en un lugar, condición, situación, etc.: *Yo estoy aquí. La mesa está en el comedor. Estamos muy mal.* 2. Con ciertos adjetivos, se usa para expresar que el sujeto se halla en la condición que indican esos adjetivos: *Estamos muy contentos. El agua está azul. Esta sopa está rica.* 3. Cuando acompaña a verbos en forma reflexiva sirve de indicación de proximidad a la acción que esos verbos expresan: *Está ahogándose. Estaba muriéndose.* 4. Con verbos en gerundio también indica lo instantáneo de la acción expresada por éstos: *Está comiendo. Ahora está escribiendo una carta.* 5. También se usa para acompañar verbos en forma pasiva cuando éstos expresan decisión: *Está sentenciado a muerte. Está visto que no podremos comprarlo.* 6. Referido a prendas de vestir, etc., se usa para indicar cómo le sienta algo a alguien: *Ese sombrero te está muy bien. Esa chaqueta me está ancha.* II. REFL(-SE) Permane-

Baedeker
SGEL

España

Incluye MAPA de CARRETERAS

Una completa guía ilustrada

10 **Completa con la forma adecuada de *ser* o *estar*.**

1. Jaca ‗‗‗‗‗ en la provincia de Huesca.
2. A 30 kilómetros de esta ciudad ‗‗‗‗‗ Candanchú.
3. El Monasterio de San Juan de la Peña ‗‗‗‗‗ de estilo románico.
4. ¿A cuánto ‗‗‗‗‗ El Formigal de Jaca?
5. ‗‗‗‗‗ a 64 kilómetros.
6. El monasterio ‗‗‗‗‗ debajo de una gran roca.
7. La villa de Jaca ‗‗‗‗‗ ya en el Pirineo, cerca de la frontera.

11 Fuera del aula. **Elabora una lista con diez sitios de interés turístico de tu región. Anota toda la información que encuentres sobre ellos.**

III. Viajar es descubrir.

1 *a)* **Ayuda a este turista a encontrar el camino correcto.**

Ordena estas frases y encontrarás la solución.

1. Está usted en la Puerta del Puente, al lado de la Mezquita.
2. Camine unos metros de frente y luego gire a la derecha.
3. Siga la calle Cardenal González.
4. Tome luego la calle Don Rodrigo y siga por ella hasta que vea a su izquierda la iglesia de San Pedro.
5. Al llegar a la calle Caldereros, gire a la derecha.
6. Girando a su izquierda por la calle Ancha Magdalena, verá usted la antigua iglesia de la Magdalena.
7. Póngase frente a la iglesia de San Pedro y desde allí, a su derecha, coja la calle Alfonso XII.
8. Cruce la plaza La Alhóndiga y siga de frente.
9. Ha llegado usted a donde deseaba.
10. Siguiendo por esta calle encontrará a su izquierda la calle Ancha Magdalena.
11. Tome luego la calle Lineros, y sígala, pasando por delante del museo Julio Romero de Torres.

El prado está verde (porque es primavera. En verano no lo está porque la hierba está seca). **El negro es un color sucio** (porque las manchas destacan mucho; es decir, no es algo circunstancial, sino inherente a ese color), etc.

10. *Solución:*

1. está.

2. está.

3. es.

4. está.

5. Está.

6. está.

7. está.

11. Mediante esta actividad de recopilación de información se practicará lo iniciado con los modelos de la actividad **II.6**.

III. Viajar es descubrir

1. Ejercicio para hacer en grupo o con la participación de toda la clase. En la pizarra se van escribiendo las sugerencias de los alumnos hasta llegar a la solución. La solución es sencilla siguiendo las instrucciones sobre el plano.

b) Transferencia de lo realizado anteriormente. Utilícense registros como los señalados.

2. Una vez que cada alumno ha rellenado su ficha, se recopilan los datos de toda la clase, antes de pasar a *b*.

3. La actividad se realiza preferentemente en grupos. Cada uno de ellos redacta un documento/guía similar al sugerido en el esquema. Luego lo leen a la clase. Los demás pueden hacer preguntas pidiendo más información sobre alguno de los lugares sugeridos, etc.

b) En parejas. **Eliges un lugar del plano anterior. Sitúate en un punto determinado del mismo. Luego pregunta a tu compañero cómo se va de un lugar a otro.**

▷ ¿Sabes dónde está...?
▷ ¿Cómo se va de... a...?
▷ No sé dónde está... ¿Puedes indicarme el camino?

En grupo. **2**

a) **Toma notas sobre las ventajas e inconvenientes cuando viajamos en...**

	PROS	CONTRAS
* Metro		
Autobús		
* Avión		
Barco		
* Automóvil		
Tren		

b) **¿Qué opinas sobre los viajes?**

Pregunta a tus compañeros y elabora una «Guía Turística» para tu región. **3**

NOMBRE DEL SITIO	MOTIVO DE INTERÉS	AGUA-VEGETACIÓN	ACCESOS	RECOMENDACIONES

Consulta al profesor o estudia por ti mismo **Pág. 107**

La agencia de viajes Intercont, S. A., va a celebrar su LXXV aniversario. Con tal ocasión ha preparado un viaje excepcional. Así pretende conservar su imagen de empresa de vanguardia. El viaje incluirá la visita y descanso en los lugares más exóticos del planeta y su satélite.

Intercont, S. A., ha organizado un concurso de ideas para el proyecto. Quienes deseen participar deben enviar su proyecto e ideas para la «Super-Gira». El ganador y su acompañante podrán disfrutar del viaje con todos los gastos pagados.

Al enviar tus sugerencias, incluye detalles sobre:

- Fechas del viaje.
- Itinerarios (rutas, distancias, medios de transporte).
- Lugares y su descripción.
- Actividades en cada uno de los lugares.
- Precio aproximado.

AHÍ TE QUIERO VER

Véase el procedimiento en el ***Prólogo.***

El resultado final debe ser la redacción de un texto descriptivo, similar a los modelos vistos en la unidad.

Uno de los grupos escribe su texto en la pizarra o informa oralmente al resto de la clase sobre lo que ha escrito.

El uso de **ser** y **estar** presenta muchas dificultades debido a la complejidad de las reglas que lo definen y al alto grado de subjetividad que existe en la aplicación de las mismas.

En general:

— **Ser** hace referencia a algo permanente, esencial, especialmente si se atribuye como cualidad de personas, animales o cosas:

Es un día espléndido.
Es una buena persona.

— **Estar,** por el contrario, expresa que algo es más bien transitorio, no esencial:
Juan está enfermo.
El bosque está verde.

Pero junto a estas «reglas» generales existen muchos otros usos, idiomáticos o no, que exigen un aprendizaje puntual.

Recuérdese también que a veces el carácter de «esencial, transitorio» es aplicado subjetivamente por el hablante *aunque no sea una cualidad esencial de aquello a lo que nos referimos. En estos casos es el contexto el que sugiere el significado preciso.*

Para pedir información:

Informal
- ¿Qué carretera tengo que coger para ir de... a...?
- ¿Sabes dónde está...?
- ¿Cómo se va de... a...?
- ¿Puedes indicarme el camino?

Formal
- ¿Haría el favor de decirme si hay autobús de... a...?
- Por favor, ¿hay tren de... a...?

Para expresar distancias:
- Madrid está a 23 kilómetros de Aranjuez.
- A unos 10 kilómetros de la desviación de Jaca se encuentra un monasterio nuevo.

Para describir lugares:
- El monasterio de San Juan de la Peña está situado en una espléndida pradera rodeada de bosque.

Para dar referencias temporales:
- A cinco minutos de aquí se halla el Balcón del Pirineo.

Abeto, el	Caravana, la	Evitar	Panorama, el
Abonar	Carnet, el	Experimentar	Pino, el
Acortar	Cartera, la	Explanada, la	Pradera, la
Adquirir	Cruce, el	Ferrocarril, el	Preferible
Antelación, la	Cuna, la	Fluido	Reconquista, la
A partir de	Curva, la	Fronterizo	Recta, la
Aplicable	Denso	Gruta, la	Reducción, la
Arcén, el	Denunciar	Itinerario, el	Retención, la
Asfaltado	Desviación, la	Mensual	Ruta, la
A tope	Desviar(se)	Monasterio, el	Sujeto
Autorizado	Desvío, el	Necesariamente	Taller, el
Averiar(se)	Dirigir(se)	Nominalmente	Tráfico, el
Bloqueado	Especificar	Obtención, la	Validez, la
Calzada, la	Espléndido	Paciencia, la	Vía, la
Camión, el	Estación de servicio, la	Pago, el	Víctima, la

I. Trabajar en el norte, descansar en el sur.

1   Observa y comenta estas imágenes.

 2   Escucha y completa.

Desde hace años ningún turista o visitante _____ sentir extranjero en la Costa del Sol española. Desde Málaga hasta Cádiz, pasando por Torremolinos y Marbella, en las islas Canarias, en Mallorca, en Benidorm, en la Costa Blanca _____ todos los idiomas europeos, _____ periódicos en inglés y _____ que los espectáculos nocturnos se expliquen en dos o tres lenguas. Los hoteles _____ a sus clientes en su propia lengua. Y, naturalmente, quienes ya se han establecido o jubilado en España, _____ organizarse y asociarse. En Alicante _____ hasta un colegio de enseñanza primaria noruego; el rey Olaf _____ una ejemplar hacienda de la Seguridad Social de este país. La Comunidad Valenciana emplea a 60 traductores y edita toda su información turística en cuatro idiomas. España _____ en el «descanso» del europeo.

OBJETIVOS GENERALES:

ÁREA TEMÁTICA: La opinión pública.

FUNCIONES: Expresar/Comentar hechos, opinión. Describir la realidad. Razonar.

Aspectos estructurales y gramaticales: **Se** + verbo («se come, se dice»). Dicen que. *En mi opinión, creo que... Porque, debido a, es consecuencia de...*

Puntos específicos: Ritmo en el discurso (palabra).

I. Trabajar en el Norte, descansar en el Sur.

1. Los alumnos comentan estas imágenes, practicando así la función «descriptiva». Pueden anotarse algunas ideas en la pizarra para fijar el interés y atención.

2. Audición y lectura comprensiva, que se ponen a prueba mediante la reconstrucción puntual de algunos elementos (*verbos* relacionados con la descripción en sentido terciopersonal). Primero lo hacen los alumnos, luego se corrige para toda la clase. Elementos que faltan: *Se puede • Se hablan • Se editan • Es frecuente • Atienden • Empiezan • Existe • Visitó • Se está convirtiendo.*

3. En español la curva entonativa, en la oración, es bastante igual, exceptuando la oración interrogativa y aquellas en las que de manera excepcional se pone el énfasis sobre algún elemento. En circunstancias normales, las palabras no sobresalen mucho unas de otras. Esto contrasta notablemente con lo que ocurre en otras lenguas, como las germánicas (inglés especialmente). Por esa razón los oyentes pueden llegar a la conclusión de que todas las palabras «se oyen igual». Aprovéchese entonces para explicar brevemente las características entonativas del español.

Texto:

— A los europeos les gusta viajar a España.

— Los alemanes prefieren las tapas y el tasqueo.

— Para los franceses la aventura es todavía posible en el Sur.

— Morir en la costa cálida es una ilusión para muchos.

— «Trabajar en el Norte y descansar en el Sur» es la frase de moda.

— Los madrileños son noctámbulos orgullosos.

— ¿Sigue España siendo la España tradicional y torera?

4. Se retoma el tema de la descripción y comentario. Como preparación a la lectura que seguirá, hágase, primero individualmente y luego recopilando las ideas de todos, un esquema de cómo «son» los españoles, ingleses, etc.

5. Comprensión auditiva y lectora. Puede también optarse por escuchar primero el texto y luego escucharlo al mismo tiempo que se lee. El objetivo principal es practicar simultáneamente las dos destrezas. Basta con obtener una comprensión global.

a) **Escucha y repite.** 3

b) **Escucha de nuevo y trata de escribir la palabra que más sobresale en la frase oída.**

Anota tus ideas generales sobre... 4

- Los españoles.
- Los ingleses.
- Los argentinos.
- Los norteamericanos.
- Los árabes.

Escucha. Así ve Europa a los españoles. 5

A los europeos les gusta España: un 50 por 100 de los que viajan fuera de su país toman a España como destino preferente.

Los europeos ya no ven a los españoles solamente como toreros, temperamentales, flamencos o gitanos con la navaja al cinto.

A los franceses les gusta viajar a España «aunque solamente sea porque ya pertenece al Mercado Común» y porque desde 1975 se vive una gran explosión cultural. En general son más exigentes que los demás turistas. Ven en España «vino, toro, caballo, gazpacho y cocido». Air France anuncia sus viajes a España con un magnífico toro negro al que un matador torea con capa de color azul y blanco (los colores de la compañía y bandera francesa...). Otros ven a España como la aventura que está «entre la sensualidad morisca y la Inquisición».

Belgas, suecos y británicos sueñan con retirarse a las costas soleadas de España y pasar allí una vejez tranquila. Sólo los ingleses compran unas veinticinco mil propiedades al año en este país. En algunas provincias del sur existen urbanizaciones ocupadas casi en su totalidad por retirados ingleses, suizos, noruegos, suecos o finlandeses.

España acaba siendo para ellos el dulce «cementerio», un lugar donde pueden acabar los días expuestos a los rayos del sol, durante todo el año.

Los alemanes cantan el tasqueo y las tapas; dicen que los españoles tienen dos casas: su casa y el bar. Hasta se puede telefonear a alguien al mismo bar. Pero a pesar de ello, siguen diciendo que «se come muy tarde en esta tierra de machos».

Los norteamericanos conocen, sobre todo, Madrid. Los madrileños —dicen— sobreviven con un mínimo de sueño; las tascas son el alma de Madrid. Los españoles son para ellos «amantes de la siesta, orgullosos, individualistas, criticones, quijotes y toreros». Su pasión es el cocido, comida de carácter pantagruélico.

109

6 | **Lee el texto anterior y resume en pocas frases cómo ven a los españoles...**

- Los suecos.
- Los ingleses.
- Los franceses.
- Los norteamericanos.

7 | **Revisa el texto de nuevo y haz una lista con todos los adjetivos utilizados para describir a los españoles.**

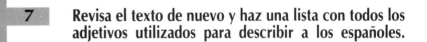

8 | En grupo. **Tenéis que opinar sobre las ideas del texto. Utilizad la lista de adjetivos anteriores.**

Opino ⎫
Creo ⎬ que...
En mi opinión...

9 | **Opina ahora sobre tu país.**

- ¿Cómo lo ven desde el extranjero?
- ¿Cómo lo ves tú?

Anota las ideas de la clase.

110

6. Relectura del texto anterior para extraer y anotar la información solicitada. El resultado se expondrá a la clase o se anotará en la pizarra con la participación de todos.

7. Identificación y extracción de los elementos que más inciden en la descripción: los adjetivos. Servirá este ejercicio para ampliar el léxico. Participa toda la clase y se anotan los resultados en la pizarra.

8. La clase, dividida en grupos y utilizando sobre todo los adjetivos recopilados en **7**, opinan sobre las ideas del texto, especialmente los tópicos, la realidad del turismo, el intercambio de personas... Utilícense a ser posible los registros del recuadro.

9. Transferencia al contexto individual de la capacidad comunicativa en la descripción de hechos, situaciones. Los alumnos exponen sus opiniones y éstas se anotan hasta lograr un «informe», especialmente si todos los alumnos son de la misma nacionalidad.

II. La «movida» española

1. Práctica de la comprensión lectora a través de este documento real. Obsérvese que algunos términos reflejan la influencia del inglés, como ocurre en todo Occidente. La «Vespa» es la marca de una motocicleta muy popular. Los «grises» era el nombre aplicado a la Policía hasta hace poco por llevar uniforme de este color. Los «progres» son las personas de ideas izquierdistas, pero de familias ricas o burguesas. El «seiscientos» era la marca del primer coche (Seat/Fiat) que más popular fue entre los españoles.

2. Toda la clase participa en la respuesta a estas frases, que exigen una cuidadosa relectura del documento anterior.

3. Interacción comunicativa oral. Los comentarios se centran en los años 80 porque son más conocidos por estar más cerca en el tiempo. Tras unos minutos de diálogo por parejas, puede pasarse también a comentarios entre grupos o para toda la clase.

II. La «movida» española.

Lee este gráfico y escribe algunas frases sobre los españoles de los años setenta. **1**

AÑOS	PAÍS DE MODA	MÚSICA	CLICHÉ AMBIENTAL	MASS MEDIA	COLORES	MEDIOS DE TRANSPORTE
60	Londres. París, 1968.	Pop. Grupos. Nacionales: Dúo Dinámico, Brincos, Bravos. Internacionales: The Beatles.	Años simpáticos, donde los jóvenes montan en Vespa, las chicas atrevidas llevan pantalones láster y se organizan, con el consiguiente horror de los papás, fiestas en el salón familiar al ritmo del twist.	Televisión. Introducción del single.	Colores pop (lila, amarillo, bermellón, violeta, fucsia).	Seiscientos (utilitario).
70	Se empieza a viajar. Francia pirenaica (Perpiñán). USA/Inglaterra. India/Nepal.	Rock and roll. Solistas. Nacionales: Serrat, Miguel Ríos. Canción protesta: Paco Ibáñez, Raimon, Lluis Llach. Internacionales: Rolling Stones, Pink Floyd.	Época de contestación. Abundan los progres. Los «grises» corren a cualquier hora detrás de obreros y estudiantes. Asambleas y manifestaciones. ¡Amnistía! ¡Libertad! Pelos largos y buhardillas. La píldora. Aparecen las drogas.	Facultad (manifestaciones callejeras). Tocadiscos estéreo.	Psicodélicos.	Avión. Coche automático.
80	El joven español de los ochenta quiere dar la vuelta al mundo.	Nacional, la «movida»: Alaska y los Pegamoides, Radio Futura. Internacional: Michael Jackson. Los británicos siguen siendo los reyes del ritmo moderno.	Narcisismo, individualismo, look. Los jóvenes ochenta saben perfectamente que la vida está en otra parte. Mientras la encuentran, salen por las noches a contemplar la luna. No existen clases sociales, sino marcas de chaquetas.	Los anuncios. Vídeo, nuevas tecnologías.	Flourescentes. Negro.	Vuelo sin motor. La imaginación.

Lee de nuevo y averigua la verdad de estas afirmaciones. **2**

	V	F

1. En los años sesenta los jóvenes bailaban el twist en fiestas que organizaban en casas particulares.
2. En los sesenta había seiscientos medios de transporte.
3. En la década de los setenta los cantautores estaban de moda.
4. En los setenta los «grises» corrían a cualquier hora a Perpiñán.
5. La generación de los ochenta prefiere ver la televisión más que viajar.
6. La «movida» es la música de los ochenta.

Por parejas. **Comenta tus impresiones sobre los españoles de los años ochenta.** **3**

4 *a)* **Anota tus opiniones sobre estos temas generales.**

- El matrimonio.
- La religión.
- La política.
- El paro.
- La inseguridad.
- La igualdad de sexos.
- Las utopías sociales.

b) **Pregunta ahora a tu compañero y anota sus opiniones.**

5 **Lee este texto y descubre cuál es la actitud de los españoles ante los temas anteriores.**

Todos los países, regiones y hasta personas son víctimas de los tópicos. Pero gracias a Dios, los tópicos también cambian, para que nadie se aburra con ellos. El español de los años ochenta ya no es la persona extremista de la guerra civil, ni el burgués satisfecho con su coche utilitario, ni el revolucionario utópico de los años setenta y de la transición, a la muerte de Franco.

Las encuestas demuestran que los españoles tienden hacia actitudes más tradicionales y conservadoras, pero sin renunciar a la libertad alcanzada, sin renunciar a la tolerancia, más a favor de la igualdad entre los sexos y siendo más realistas en la vida de cada día.

El español de hoy se casa cada vez menos, pero sigue formando parejas estables y monógamas; es menos creyente, pero también menos anticlericalista; no confía demasiado en los partidos políticos, pero prefiere la democracia y vota cuando es su deber hacerlo; se refugia más y más en pequeños grupos de amigos (familiares o íntimos); huye de las masas y el ruido. El español moderno no se siente protagonista de inquisiciones ni utopías sociales o religiosas; es más bien escéptico y cínico. Lo que le preocupa es aquello que le afecta cada día: el paro y la inseguridad. Así que tiende a ser más conservador «de lo que tiene». Como en toda Europa, el «yo» es el protagonista.

6 **Busca estas palabras en el texto anterior y explica su significado.**

- Transición
- Huye de
- No confía (en)
- Actitud
- Cada día
- Gracias a Dios

- Tolerancia
- Sigue formando
- Monógamas
- Renunciar
- Partidos políticos
- Preocupa

4. *a)* Cada uno escribe sus comentarios sobre algunos de los temas propuestos (u otros que el profesor pueda sugerir).

b) Hecho esto, unos alumnos preguntan a otros sobre «sus opiniones» y anotan las respuestas, junto con las suyas. Al final se pueden recopilar en un informe/en la pizarra las opiniones de la clase.

5. Lo recopilado anteriormente servirá para contrastarlo con lo que sobre esos temas dice el texto siguiente. A la comprensión del texto leído debe seguir, pues, un análisis de su significado y la comparación con las opiniones de la clase. Adviértase el frecuente uso de la estructura **se** + verbo, de carácter impersonal, apropiado para comentar los resultados de encuestas.

6. Identificación y explicación de su significado. Participa toda la clase y, si parece conveniente, puede consultarse un diccionario monolingüe.

Note el profesor que analizar el significado de las palabras dentro de un texto tiene la ventaja de estudiarlas dentro de su «contexto».

7. Esta actividad puede hacerse oralmente, por escrito primero y luego oralmente o solamente por escrito. Para ello se puede utilizar la información del documento de **1.** Implica un manejo y uso creativo y autónomo del español para describir. Puede escribirse uno de los modelos elaborados en la pizarra. Si el ejercicio es oral, cuídese el profesor de no interferir demasiado en la expresión de los alumnos, sino más bien de promoverla y guiarla.

8. Ejercicio inverso a lo hecho en **6**: se llega a la palabra a partir de la explicación de su significado. Participa toda la clase.

El orden es: *afectar, conservador, libertad, creyente, igualdad, realista, extremista.*

9. Actividad a realizar en grupo. La finalidad es que los componentes del grupo practiquen la expresión oral a partir de los datos de la encuesta:

«**A los jóvenes de hoy les gusta mucho el cine, pero poco la política. La televisión influye mucho en su cultura**», etc.

**Intenta describir a los españoles de los años sesenta. 7
Utiliza el texto anterior como modelo.**

¿Qué palabra corresponde a cada definición...? 8

● libertad ● conservador ● afectar ● extremista ● creyente ● igualdad ● realista.

● Provocar un efecto determinado, impresionar ....
   Partidario de mantener lo tradicional, en contra de las innovaciones ....
● Estado de libre ....
● Que cree ....
● Quien ve las cosas con sentido práctico, según la realidad ....
● Hecho de ser consideradas las personas de la misma manera, aunque sean de
● distintas categorías sociales ....
● Que es muy exagerado y extremado en todo ....

Observa y comenta con tu grupo. 9

También los jóvenes cambian.

TIENEN INTERÉS POR...	%
Cine	49
Deporte	38
Literatura	22
Política	9
Sin opinión	6

DÓNDE DEMOSTRAR LA CREATIVIDAD	
Campo creativo. Destacar	**%**
Cine	49
Música moderna	38
Literatura	22
Moda	19
Diseño	17
Pintura	14
Teatro	12
Fotografía	9
Música clásica	9
Arquitectura	8
Escultura	5
Danza	3
Sin opinión	3

SE LLEVARÍA A UNA ISLA DESIERTA	
Objetos	**%**
Vídeo	32
Tocadiscos	28
Televisión	20
Biblioteca	19
Sin opinión	4

RECIBE INFLUENCIAS CULTURALES	
Elementos de cultura general. Influencia	**%**
Televisión	45
Amigos/calle	40
Libros	31
Cine	27
Escuela	25
Familia	23
Viajes	18
Radio	14
Periódicos	11
Conciertos/exposicio-nes	5
Sin opinión	5

113

10 Usa tus ideas. **Mira las estadísticas anteriores y responde.**

¿Por qué...

▷ es la televisión la principal fuente de cultura?
▷ no les interesa la política?
▷ se llevarían a una isla desierta más vídeos que libros?
▷ la familia influye menos que los libros?

> Porque...
> Debido a...
> Es consecuencia de...

11 En grupo. **¿Qué pensaban tus padres sobre esos mismos temas? Anotad las ideas del grupo.**

12 Fuera del aula. **Selecciona los grandes temas de conversación en tu país y busca las distintas razones que utiliza la gente al hablar de ellos.**

10. Práctica de la función de «expresar razones» a partir de los datos de la encuesta. Puede hacerse en parejas, en grupo o para toda la clase. Trátese de responder utilizando los conectores del recuadro.

11. Anotadas las respuestas anteriores, se amplían los comentarios a lo que pensaban «sus padres». Luego se comparan los resultados, exponiéndolos en la pizarra.

12. Este trabajo fuera del aula es necesario para realizar la actividad **2**, de la sesión siguiente. Cada uno debe anotar los temas y las razones que se dan en torno a ellos.

III. Protagonistas de su época

1. Trabajo de expresión escrita, practicando el uso del español a partir de un contexto, de manera autónoma y siguiendo un relato.

La selección final (*d*) se hará después de haber leído cuatro o cinco como mínimo. No es conveniente escribirlos en la pizarra, ya que ello requeriría excesivo tiempo.

III. Protagonistas de su época.

a) **Lee este relato y completa el capítulo 2.** `1`

Capítulo 1

Llegó a Londres. Londres era la ciudad de moda en aquellos años. Todos los jóvenes que querían ver mundo tenían que viajar a esta ciudad. Era el centro de atracción de todos los que protestaban contra la sociedad, de los que no se cortaban el pelo, de los que no se sometían a las leyes de la sociedad. Después de dejar sus cosas en el hotel, fue inmediatamente a la plaza de Trafalgar. Era todo gente y colores. Unos bebían, otros se limpiaban el pelo, otros se refrescaban con el agua de la fuente. Se pasó dos horas observando el ambiente.

Capítulo 2

Capítulo 3

Sus padres tuvieron que viajar a Londres. La policía les había avisado: su hija estaba en un hospital, en Londres. Habían recibido la información de Scotland Yard y debían ponerse en contacto con su hija y con ellos.

La madre lloraba preocupada. Al llegar al aeropuerto, cogieron un taxi y se fueron directamente al hospital. Su hija estaba en la habitación 527.

Capítulo 4

b) **Escribe el final del relato y entrégaselo a tu compañero. Escucha su opinión y modifica tu texto.**

115

c) **Escucha los relatos de los demás compañeros y elige el más original del grupo.**

2 Por parejas.

a) **Enumera los seis temas más importantes en la vida de tu país y descríbelos.**

1.

2.

3.

4.

5.

6.

b) **¿Cuál es la actitud de los jóvenes en cada uno de estos temas?**

c) **¿Cuál es la reacción de los adultos?**

3 En grupos de tres. **El pulso de la nación.**

Piensa en dos personajes relevantes de la vida social de tu país. Dos de vosotros representaréis a estos personajes; el tercero será el entrevistador. Preparad un guión sobre el «estado de la nación» y después grabad la entrevista en un mínimo de doce minutos.

2. Se exponen los temas más importantes de la actualidad del país, recogidos en **II.12**. Luego se comenta la reacción de los jóvenes y adultos en torno a ellos. La actividad provocará discusión y comentarios y ésa es la finalidad que debe favorecerse.

3. Actividad en grupos de tres. Insístase en que se grabe la entrevista. Así todos se verán obligados a preparar un guión. Algunas entrevistas se escuchan luego (o al día siguiente) en clase.

AHÍ TE QUIERO VER

Véase el procedimiento en el ***Prólogo.***

El resultado final ha de ser la confección de una encuesta con el fin de obtener los datos que se piden. Con las ideas y esquemas de los grupos se expondrá el resultado final en la pizarra.

Ahí te quiero ver...

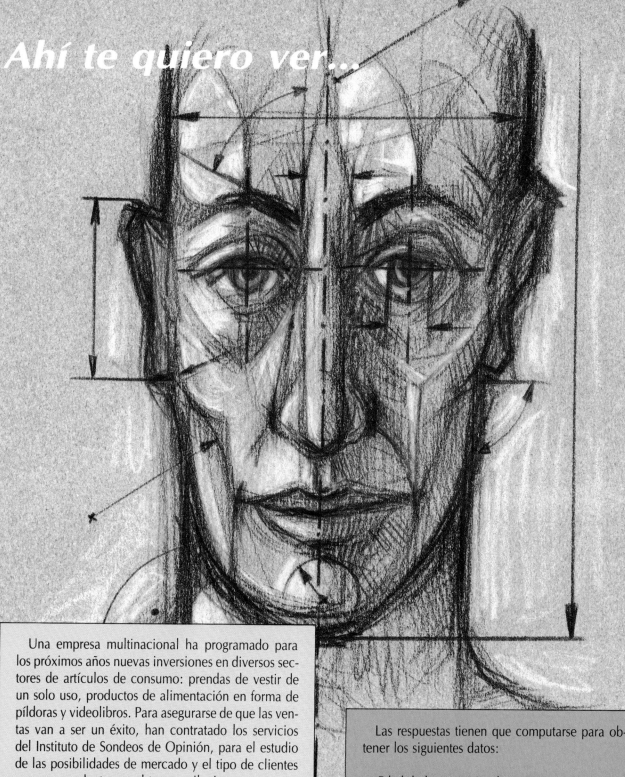

Una empresa multinacional ha programado para los próximos años nuevas inversiones en diversos sectores de artículos de consumo: prendas de vestir de un solo uso, productos de alimentación en forma de píldoras y videolibros. Para asegurarse de que las ventas van a ser un éxito, han contratado los servicios del Instituto de Sondeos de Opinión, para el estudio de las posibilidades de mercado y el tipo de clientes para sus productos en el tercer milenio.

Como miembro de este equipo de sociólogos vas a participar en la encuesta diseñando su formato y escribiendo el orden y texto de cada una de las preguntas.

Las respuestas tienen que computarse para obtener los siguientes datos:

- Edad de los entrevistados.
- Grupo social al que pertenecen.
- Lugar y tipo de vivienda.
- Su opinión sobre estos productos.
- Intención de comprarlos.
- Posibilidades de compra.

Son varios los recursos del español para expresar impersonalidad en la narración.

- El registro más común y neutro es *se* +verbo:
  Se dice que los españoles son menos religiosos.

- Pero también se utilizan otros, como:
  — *Dicen que:*
  Dicen que los españoles comen mucho.
  — La forma de la **2.ª persona singular del verbo:**
  Comes un poco y ya no quieres más.

Para comentar hechos:
— *A los europeos les gusta España y ya no ven a los españoles sólo como toreros, temperamentales, gitanos o flamencos.*
— *Todos los países, regiones y hasta personas son víctimas de los tópicos.*

Para expresar opiniones:
— *En mi opinión, los alemanes viven muy bien en España, pero siguen considerándola una tierra de machos.*
— *Los norteamericanos creen que los españoles son orgullosos, individualistas, criticones, quijotes y toreros.*

Para razonar:
— *Para muchos la televisión es la mayor fuente de cultura debido a la comodidad con que se recibe la información.*
— *Es posible que los jóvenes no tengan interés por la política porque no creen en los políticos.*
— *A consecuencia de estar más tiempo ante la televisión, nuestras relaciones familiares se ven afectadas.*

Aburrirse	Frecuente	Refrescar(se)
A favor de	Gazpacho, el	Refugiar(se)
Alma, el/la	Generación, la	Renunciar
Anticlericalista	Gitano, el	Retirado
A pesar de	Guerra, la	Retirar(se)
Atracción, la	Huir	Revolucionario
Asociarse	Igualdad	Sensualidad, la
Burgués, el	Individualista	Sexo, el
Cantautor, el	Inseguridad, la	Siesta, la
Capa, la	Inquisición, la	Sobrevivir
Cementerio, el	Jubilarse	Soleado
Cínico	Libertad, la	Someter(se)
Cinto, el	Macho, el	Soñar
Cocido, el	Masa, la	Tasqueo, el
Comunidad, la	Matador, el	Tapa, la
Creyente	Monógamo	Temperamental
Década, la	Morisco	Tolerancia, la
Democracia, la	«Movida», la	Torear
Editarse	Navaja, la	Tradicional
Ejemplar	Noctámbulo	Traductor, el
Emplear	Pantagruélico	Transición, la
Escéptico	Pareja, la	Utilitario
Estable	Preferente	Utopía, la
Establecer(se)	Protagonista, el/la	Utópico
Exigente	Protestar	Vejez, la
Expuesto	Rayo, el	Vino, el
Extremista	Realista	Visitante, el/la

118

OBJETIVOS GENERALES:

ÁREA TEMÁTICA: Tópicos sociales y opiniones de la gente.

FUNCIONES: Dar/Responder a opiniones. Concluir algo lógicamente. Ponerse de acuerdo. Discrepar.

Aspectos estructurales y gramaticales: Uso de conectores *(por tal motivo, en consecuencia, no es así, por el contrario, opina/cree/prefiere/dice... que). Estoy de acuerdo* con/en.

Puntos específicos: Ortografía y pronunciación de los grupos **güe, gue, gui**.

I. Los buenos modales

1. Asociación de dibujos con expresiones. Lo hace cada alumno individualmente.

2. Cada alumno pregunta a su compañero por la solución del ejercicio anterior. Se contrastan así posibles diferencias. Hecho esto, se hace el ejercicio con la participación de toda la clase.

I.   Los buenos modales.

Un dibujo para cada expresión.   **1**

Encantado ● ¿Quién llama? ● ¿Cuántos van a tu fiesta de cumpleaños? ● Camarero, más agua ● Hola, querida,¿cómo estás hoy? ● Tiene un hablar divino ●

Pregunta a tu compañero si está o no de acuerdo con la expresión que has atribuido a cada dibujo anterior.   **2**

Escucha y completa con las expresiones del recuadro.

● estoy de acuerdo ● puede ser ● qué opinas ● todo lo contrario
● creo que ● qué más da ● claro que ●

▶ Pues a mí los modales no me preocupan.
▷ Los modales son convenciones sociales, ▃▃▃▃▃▃▃▃▃▃ en eso. Pero ayudan a convivir con otros.
▶ ▃▃▃▃▃▃▃▃▃▃ : ayudan a ser cínico y a aparentar lo que uno no es.
▷ Ceder el asiento a una señora en el autobús es un gesto amable.
▶ ▃▃▃▃▃▃▃▃▃ . Pero, ¿por qué no se lo cede la mujer al hombre? No hay diferencia entre los sexos.
▷ Ceder el asiento a una señora, a un anciano, es pensar en los demás, no ser egoísta.
▶ Pero, ¿por qué es egoísta el que se trata a sí mismo como trataría a los demás?
▷ Y, ¿▃▃▃▃▃▃▃▃ de ir limpio, mal o bien vestido?
▶ También es una convención social. ¿▃▃▃▃▃▃ llevar traje nuevo que viejo?
▷ ¡Pues ▃▃▃▃▃▃ no da igual! Ir limpio significa que no se molesta a los demás con el mal olor. Llevar un traje nuevo causa una impresión agradable en quien nos mira…
▶ ▃▃▃▃▃▃ no tienes razón. Pero, por si acaso, voy a cambiarme de traje…

4 **Lee.**

agua ● aguantar ● llegue ● desagüe ● haga ● averiguar ● vergüenza ● guiño ● paraguas ● guapo ● huevo ● águila ● guerra ● guiar ● juguete ●

oo 5 **Escucha las palabras anteriores y anota. ¿Has observado algún error en tu pronunciación?**

Pregunta al profesor si tienes alguna duda.

3. Comprensión auditiva, lectura y reconstrucción de un texto.

Texto:

▷ Pues a mí los modales no me preocupan.

▶ Los modales son convenciones sociales, **estoy de acuerdo** en eso. Pero ayudan a convivir con otros.

▷ **Todo lo contrario:** ayudan a ser cínico y a aparentar lo que uno no es.

▶ Ceder el asiento a una señora en el autobús es un gesto amable.

▷ **Puede ser.** Pero, ¿por qué no se lo cede la mujer al hombre? No hay diferencia entre los sexos.

▶ Ceder el asiento a una señora, a un anciano es pensar en los demás, no ser egoísta.

▷ Pero, ¿por qué es egoísta el que se trata a sí mismo como trataría a los demás?

▶ Y **¿qué opinas** de ir limpio, mal o bien vestido?

▷ También es una convención social. **¿Qué más** da llevar traje nuevo que viejo?

▶ ¡Pues **claro que** no da igual! Ir limpio significa que no se molesta a los demás con el mal olor. Llevar un traje nuevo causa impresión agradable en quien nos mira...

▷ **Creo que** no tienes razón. Pero, por si acaso, voy a cambiarme de traje...

4. Lectura individual o para la clase de varias palabras, con los grupos **güe, gue** y **gui.** Pídase que cada uno tome nota de «su» pronunciación.

5. Se escucha la pronunciación de las palabras anteriores. Cada cual debe anotar sus posibles errores. El profesor puede explicar brevemente la pronunciación de los grupos señalados, en caso de que exista alguna dificultad.

6. La encuesta se rellena individualmente o en grupo.

7. Recopilación de las respuestas de cada alumno o de todos los grupos. De momento deben anotarse los resultados, sin comentarlos.

Responde a esta encuesta. **6**

LOS BUENOS MODALES

a) ¿Qué dices cuando alguien te presenta a otra persona?

b) Después de cenar en un restaurante, ¿qué pides de bebida?

c) ¿Cierras la puerta de tu casa cuando despides a un invitado, una vez que éste está ya en el ascensor, o no?

d) ¿Cortas el pescado con cuchillo?

e) ¿Cedes el paso a las señoras al salir de un restaurante?

f) ¿Y al entrar?

g) ¿Qué dices al descolgar el teléfono, cuando alguien te llama?

h) Cuando llueve, ¿llevas tú el paraguas o la señora/señorita que te acompaña?

i) ¿Utilizas con frecuencia *querido/querida* como expresiones para con tus amigos/amigas?

j) ¿Dices *buen provecho* a alguien cuando te sientas a la mesa con él?

k) ¿Dices *Jesús* cuando alguien estornuda?

Une las respuestas de tu grupo preguntando a cada uno de ellos por su encuesta. Escribid luego en la pizarra la encuesta de toda la clase uniendo las respuestas de todos los grupos. **7**

Escucha el texto y di si este nuevo ejecutivo se comporta correctamente.

LOS BUENOS NUEVOS MODALES

La buena educación, el comportamiento en sociedad, es decir, los «modales» cambian según los gustos de cada época y según la mayoría que dicta las normas en cada momento. La «nueva sociedad» —formada por nuevos ricos, ejecutivos, funcionarios, tecnócratas, todos ellos influidos por la estética norteamericana— debe ajustarse a nuevos modales.

COSAS QUE JAMÁS HAY QUE HACER

1. Decir «mucho gusto» cuando alguien se presenta o es presentado.
2. Pedir un «bitter» después de la cena o almuerzo. Es típico de un contable la primera vez que participa en una salida de carácter social.
3. Cerrar la puerta en cuanto un invitado está en el pasillo, sin esperar a que entre en el ascensor o baje las escaleras.
4. Utilizar con frecuencia las expresiones o muletillas de moda. Por ejemplo, «alucinante, divino, a nivel de...», etcétera.
5. Responder *¿quién es?* cuando alguien llama por teléfono. Debe decir primero su nombre y apellidos, antes de preguntar por el nombre de quien llama.
6. Cortar el pescado con cuchillo.
7. No utilizar demasiado las palabras «querido/querida». Sería imitar a los demás sin saber por qué.
8. No adoptar la actitud o aspecto sucio propios del aspirante a intelectual incomprendido. Y si se hace, evitar al menos el mal olor.
9. El hombre no debe utilizar calcetines cortos y arrugados.
10. Si alguien estornuda, no diga «Jesús».
11. En la mesa se puede hablar de todo; pero nunca diga «buen provecho» a quienes se sientan a su lado.
12. No llame a los camareros golpeando el vaso o con palmas.

9 **Lee el texto anterior y clasifica los buenos modales anteriores según algunos criterios, como, por ejemplo: urbanidad, limpieza, religión, moral, relaciones con el otro sexo...**

8. Práctica de la comprensión oral. La comprensión global se comprueba en parte respondiendo adecuadamente a lo que representan estos tres dibujos.

Luego puede pasarse a una nueva audición y lectura, simultáneamente.

9. Lectura comprensiva y extracción y clasificación de la información contenida en el texto. Conviene que todos anoten esa clasificación y luego se exponga en la pizarra.

10. La clase se divide en grupos. Cada uno de ellos compara los resultados de la encuesta realizada en clase **(3)** con lo que dice el texto.

Como el texto ofrece una «particular» visión del tema de los modales, surgirán pronto discrepancias y discusiones. Es lo que se pretende con el fin de que los alumnos den, pidan y transmitan información en español.

11. En varias ocasiones a lo largo de este curso se ha recomendado la consulta de una gramática. Ahora se recomienda de nuevo para que cada uno piense en lo que diferencia a estas dos frases.

Como ya se anotó, y en términos generales, el uso del presente señala un hecho que se realiza, que es real, que ocurre.

El subjuntivo, por el contrario, señala una posibilidad; es decir, algo que todavía no es real **(si fueran...).**

II. Tu media naranja

1. Práctica de la comprensión lectora. El texto es leído en clase por varios alumnos.

2. Cada alumno anota las razones por las que uno de los cuatro textos se acerca más a su opinión/gusto. Así se activa la comprensión de lo leído.

En grupo. **Compara la encuesta de la clase con los «buenos nuevos modales» de la lectura anterior. Toma notas y discute las diferencias.**

10

En casa. **11**

¿Puedes explicar la diferencia entre estas dos frases?
- Si son jóvenes, les gusta el cine.
- Si fueran jóvenes, les gustaría el cine.

Consulta una gramática o pregunta al profesor.

II. Tu media naranja.

Lee. Opiniones. **1**

SE BUSCA AL HOMBRE/MUJER IDEAL

a)

Es imposible separar el físico de un hombre de su manera de ser. No me interesan los guapos sin nada detrás. Me fijo sobre todo en las manos, que deben ser grandes y bien formadas, los ojos verdes y la boca... La boca es importante: tiene que saber sonreír bien y a menudo, y tener unos dientes blancos y limpios. Prefiero los hombres altos y bien proporcionados, claro.

b)

Nunca me he parado a pensar cuál es mi hombre ideal. No sé. Me gustan los que tienen los cabellos oscuros, la piel morena y los ojos muy verdes y grandes. Tiene que ser muy alto y delgado, pero, a la vez, fuerte y atlético. Lo primero que me llama la atención son las manos. Me encantan las manos grandes y alargadas, que saben expresar cosas.

c)

Hombre, me encantan las mujeres guapas. ¿Qué es para mí una mujer guapa? Pues, por ejemplo, una chica alta, morena, con los ojos verdes, la boca redondita y muy sensual, y el pelo muy largo y oscuro.

d)

Para que una mujer sea guapa, tiene que tener los ojos grandes, el pelo largo. El color no importa mucho. La nariz recta, bien formada, la boca... bonita. El cuerpo debe ser perfecto. La forma de mirar es muy importante para mí. Me gustan las miradas limpias y decididas. Me desagradan bastante las bocas de labios finos y los cabellos cortos.

¿Cuál de las opiniones se acerca más a tus gustos? **2**

Anota algunas razones.

123

3   **Lee de nuevo el texto anterior y haz una lista.**

CUALIDADES PREFERIDAS POR LOS HOMBRES	POR LAS MUJERES

4   **Explica las razones por las que elegiste a la mujer/hombre con unas cualidades determinadas.**

Este señor/señorita
- opina que...
- prefiere que la mujer/el hombre sea...
- dice que prefiere...

5   **¿Y tu hombre/mujer ideal? ¿Cómo es tu «media naranja»?**

RAZONES

Aspecto físico ....
Gustos y preferencias ....
Actitudes sentimentales y psíquicas ....

6   **Pregunta a tu compañero por su «media naranja». Dialoga utilizando estas expresiones.**

- No es así...
- No estoy de acuerdo...
- Creo que estás equivocado...
- Pienso que tengo razón...
- Ésa no es una razón...
- Por el contrario, sabe más que tú...
- En consecuencia no tiene por qué decirlo...
- De acuerdo. ¡Trato hecho!

3. Lectura para identificar y extraer la información pedida. Se anotan las observaciones por escrito.

4. Apoyándose cada uno en las razones anotadas en **2**, debe ahora explicar oralmente —utilizando los registros del recuadro— por qué prefiere uno u otro tipo de hombre/mujer. Puede finalizarse la actividad anotando las cualidades del hombre/mujer ideal de los componentes de la clase.

5. Ahora anota cada alumno las cualidades de su «media naranja» en los tres aspectos señalados, especificando las razones de sus preferencias.

6. Se activa la práctica de la expresión oral preguntando al compañero/a por su «media naranja» ideal. Las preguntas-respuestas-discusión deben implicar el uso de algunas de las frases señaladas.

7. Para consolidar una correcta comprensión de las frases anteriores, toda la clase participa en la sugerencia de una situación para cada registro:

«No es así» = Alguien hace una cosa al revés de como debía hacerla. Alguien no es como otro dice que es, etc.

8. Es preferible que primero cada uno anote algunos comentarios y que luego se expongan en clase y recopilen en la pizarra. El profesor puede añadir otras opiniones, de acuerdo con las circunstancias del momento.

9. Reconstrucción de un texto escrito. Puede hacerse con la participación de toda la clase.

Texto:

En resumen, ellas prefieren algo más, que un hombre **guapo.** Los guapos, sin más, no **tienen** mucho que hacer. A las mujeres no **les** impresiona el atractivo físico por sí **sólo.** El hombre necesita además de una belleza interior **que** se transmita a través **de los** ojos y la boca. Ojos que **miren** con ternura e inteligencia. Bocas bien formadas que sonrían **bien** y **a menudo,** con dientes **blancos** y sanos.

Ellos las prefieren más bien **morenas,** aunque no hay unanimidad en esto. Les gustan los cabellos largos o cortos, pero no a medias. En lo que todos **están de acuerdo** es en la boca: de labios llenos, carnosos y sensuales. En los **ojos,** el color no es **importante;** pero han de **mirar** de frente y transmitir calor y cariño. En cuanto al **cuerpo:** ni gorditas ni delgadas. Y **altas** si es posible.

10. Cada grupo hace un informe por escrito y con las aportaciones de sus componentes siguiendo el esquema dado.

En grupo. **Piensa en una situación en la cual puedas decir cada una de las expresiones anteriores.** **7**

¿Cuál es tu comentario ante estas opiniones? **8**

* 1. LOS JÓVENES SE QUEJAN DE LA FALTA DE DINERO.
  2. LOS ADULTOS CARECEN DE TIEMPO.
  3. A LOS VIEJOS LES PREOCUPA LA SALUD.
  4. EL VERANO ES LA ESTACIÓN PREFERIDA POR LA GRAN MAYORÍA.
  5. EL SÁBADO ES EL DÍA FAVORITO DE LA SEMANA.

Completa con los elementos del recuadro. **9**

de los • tienen • sólo • les • guapo • bien y a menudo • miren • importante • morenas • están de acuerdo • altas • cuerpo • que • blancos • ojos • mirar •

En resumen, ellas prefieren algo más que un hombre _____ . Los guapos, sin más, no _____ mucho que hacer. A las mujeres no _____ impresiona el atractivo físico por sí _____ . El hombre necesita además de una belleza interior _____ se transmita a través _____ ojos y la boca. Ojos que _____ con ternura e inteligencia. Bocas bien formadas que sonrían _____ , con dientes _____ y sanos.

Ellos las prefieren más bien _____ , aunque no hay unanimidad en esto. Les gustan los cabellos largos o cortos, pero no a medias. En lo que todos _____ es en la boca: de labios llenos, carnosos y sensuales. En los _____ el color no es _____ ; pero han de _____ de frente y transmitir calor y cariño. En cuanto al _____ : ni gorditas ni delgadas. Y _____ , si es posible.

En grupo. **¿Estás de acuerdo con los hombres/mujeres-tipo del texto anterior? ¿Cómo describirías a los hombres y mujeres ideales para las gentes de tu región?** **10**

Ellos:

Ellas:

ESTÁS DE ACUERDO	NO ESTÁS DE ACUERDO

III.   El hombre del futuro.

1   **Inventa una conclusión lógica para estos razonamientos.**

1. Desde el momento en que nacemos ya nos visten. Primero con ropas sencillas. Luego, de mayores, con traje, camisa, corbata, calcetines, zapatos...

2. A las mujeres les gustan sobre todo los hombres altos, fuertes, con ojos grandes y claros, boca con dientes sanos... e inteligentes...

3. Las reglas de comportamiento en la sociedad varían según los tiempos. Antes se respetaba a los mayores. Ahora el protagonista es el joven...

2   Por parejas. **Informe. El ciudadano medio.**

a) **Describe al español medio con los datos de este dibujo.**

Le entusiasma que le regalen un coche

Le gustan los sábados y el verano

SÁBADO 21 NOVIEMBRE

Traje azul

Le gusta la paella y la naranja

No tiene tiempo

Zapatos del 39

126

11. Transferencia a otros contextos. Si fuera conveniente, esta actividad puede realizarse también en clase, para practicar la expresión oral.

III. El hombre del futuro

1. Ejercicio para utilizar conectores que impliquen deducción, razonamiento a partir de unas premisas. Es preferible que primero anote cada cual sus propios razonamientos. Luego se recopilarán los más lógicos y adecuados en la pizarra.

2. Cada pareja describe al español «medio» con los datos del dibujo/encuesta. Luego informan a la clase exponiendo su punto de vista. Deben utilizarse los registros del recuadro. Una vez que se han expuesto varios informes, cada pareja ultima y perfecciona el suyo. También puede acabarse con la selección y exposición de un informe-modelo.

3. Esta actividad «en cadena» o en secuencias sucesivas debe combinar el uso de la lengua oral y escrita. La dinámica del grupo debe ser parecida a la apuntada en otras actividades similares.

b) **Informa sobre tu punto de vista.**

- Creo que...
- (No) estoy de acuerdo con/en que...
- Por tal motivo/por el contrario... en consecuencia...

c). **Termina tu informe.**

En grupos de cuatro. **El cafetín de los artistas.** **3**

a) **¿Cuáles son los nuevos tópicos de vuestra comunidad? Anotad vuestras opiniones sobre estos temas:**

1. El hombre.
2. La mujer.
3. Tipo de empleo.
4. Los modales.
5. La vivienda.
6. El tiempo libre.
7. Los viajes.

b) **Repartíos los siguientes papeles, que corresponden a artistas famosos de vuestro país, y conversad según vuestro punto de vista.**

A. Un cantante.
B. Un pintor.
C. Un intelectual.
D. Un actor.

c) **Poneos de acuerdo sobre los tópicos ideales que definirán al hombre del futuro. Anotad vuestras opiniones y escuchad las de los otros grupos.**

Consulta al profesor o estudia por ti mismo

Pág. 129

Ahí te quiero ver...

No hace falta ir a los barrios extremos de Nueva York para oír hablar español o para encontrar familias enteras de emigrados de cualquier país centroamericano, México o el Caribe. Tanto en Nueva York como en Los Ángeles, solamente es preciso salir a la calle para oír hablar una mezcla de inglés-español —que los especialistas llaman «spanglish»— y para darse cuenta de la cantidad de hispanos que hay en Estados Unidos. Las estadísticas dicen que el 6,4 por 100 de la población norteamericana es de origen hispano. Son los más pobres del país. También los hay ricos, claro está. Pero abundan sobre todo en las capas sociales más pobres. Por eso sufren no sólo las enfermedades más comunes, sino también los efectos de la depresión y de la discriminación.

Muchos tienen miedo de decir que son hispanos. Porque saben que los tratan de modo distinto. Los chinos o los italianos han logrado crear un grupo social unido y reconocido socialmente. Los hispanos todavía no han logrado ese reconocimiento social. Algunos hasta cambian su apellido para que sea «más inglés»; así se oye que alguien quiere llamarse «Ohida» en vez de *Ojeda* o «Bob» en vez de *Roberto*. Y los españoles que visitan Nueva York y acuden a alguna fiesta deben aclarar que son «spanish», pero de Europa...

Ha llegado un gran momento para la historia de la humanidad: se habrá restablecido, finalmente, el orden natural. En efecto, los gitanos, el último grupo marginado, se integra definitivamente en la sociedad.

Como secretario de la Asociación Internacional de las Sociedades Marginadas, debes pronunciar un discurso, vía satélite, a todo el mundo, explicando el último éxito de la asociación y anunciando su disolución.

Prepara tu discurso con estas ideas:

- Situación actual de los gitanos (número de ellos, escuelas bilingües, barrios donde viven, integración en la sociedad, etc.).
- Qué opinaba la gente de entonces, quién se oponía a su integración.
- Cómo llegaron a un acuerdo con los payos (= los que no son gitanos).

AHÍ TE QUIERO VER

Véase el procedimiento en el *Prólogo.*

Siguiendo los objetivos trabajados a lo largo de esta unidad, el resultado consistirá en la redacción de un informe que habrá de servir de «discurso».

El informe puede inspirarse parcialmente en el texto sobre los «hispanos» en Estados Unidos.

Al final se selecciona y lee el mejor informe-discurso.

- Los verbos utilizados para «comentar, expresar opiniones, preferencias…» suelen tener una característica común: van seguidos de oraciones introducidas por la conjunción **que**:

    Opino que es mi hombre ideal.
    Prefiere que el hombre sea alto y fuerte.
    Dice que el físico no le importa.

- El registro utilizado para «expresar acuerdo/desacuerdo» puede regir las preposiciones **con** o **en**:

    *Estoy de acuerdo **con** lo que dice.*
    *(No) estoy de acuerdo **en** nada de lo que dice.*

Para dar opiniones:
— *Este señor opina que es imposible separar el físico de un hombre de su manera de ser.*
— *Este señor dice que la prefiere alta, morena y con el pelo largo.*
Para concluir algo lógicamente:
— *El español medio no es demasiado alto y es moreno; por lo tanto…*
— *A mí me gustan los hombres altísimos y rubios. Por tal motivo / En consecuencia, el español medio no es mi tipo.*
Para ponerse de acuerdo:
Estoy de acuerdo en eso.
No estoy de acuerdo en que los españoles sean altos.

Aguantar
Águila, el/la
Ajustar(se)
Alargado
Alucinante
A medias
Anciano
Arrugado
Ascensor, el
Asiento, el
Atlético
Averiguar
Cariño, el
Carecer
Carnoso
Ceder

Comportamiento, el
Contable, el
Convención, la
Convivir
Cualidad, la
Decidido
Desagüe, el
Descolgar
Dictar
Divino
Egoísta
Ejecutivo, el
Escalera, la
Estética, la
Estornudar
Guiar

Guiño, el
Impresión, la
Incomprendido
Intelectual, el
Inteligencia, la
Modales, los
Muletilla, la
Olor, el
Por si acaso
Proporcionado
Sensual
Tecnócrata, el
Ternura, la
Transmitir
Unanimidad, la
Vergüenza, la

129

I. Dieta equilibrada.

1 Escribe una lista con nombres de cosas que sirvan de alimento al hombre.

OBJETIVOS GENERALES:

ÁREA TEMÁTICA: Salud y alimentación.

FUNCIONES: Expresar condiciones, concesión y consecuencia.

Aspectos estructurales y gramaticales: Si/Aunque + subjuntivo o indicativo. Conectores: *De ahí que, en consecuencia.*

Puntos específicos: Grafía **que**. Uso del diccionario.

I. Dieta equilibrada

1. Revisión y ampliación del léxico relacionado con la alimentación.

2. Ejercicio de identificación auditiva relacionado con el área temática de la unidad.

Texto oído:

1. Los huevos contienen mucho hierro.

2. La vista mejora con la vitamina A.

3. Contra las infecciones, limones.

4. El calcio ayuda al crecimiento de los huesos.

5. Los niños deben tomar mucha leche.

6. Con la vitamina E no se envejece tan pronto.

3. Con el fin de consolidar el vocabulario de **1**, la clase hace sugerencias sobre lo que cada uno sepa en torno a los alimentos y las vitaminas que éstos proporcionan.

4. Comprensión auditiva de un texto. Se escucha dos veces para que los alumnos puedan responder correctamente. Se exponen los resultados a toda la clase y se contrastan las respuestas: así quedará más claro el significado y se podrán solucionar dudas de comprensión.

Escucha y señala las frases que oyes. 2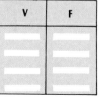

a) — Los huevos contienen mucho hierro.
— El huevo contiene mucho hierro.
— Los huevos son ricos en hierro.

b) — La vitamina A mejora la vista.
— Los alimentos con vitamina A son buenos para la vista.
— La vista mejora con la vitamina A.

c) — Para combatir las infecciones, limones.
— Contra las infecciones, limones.
— Los limones son buenos contra las infecciones.

d) — El calcio ayuda al crecimiento de los huesos.
— Nada como el calcio para los huesos.
— El crecimiento de los huesos necesita del calcio.

e) — Los niños deben tomar mucha leche.
— Tomar leche es bueno para los niños.
— Los niños necesitan tomar mucha leche.

f) — Si tomas vitamina E, retrasas el envejecimiento.
— Con la vitamina E no se envejece tan pronto.
— Sin vitamina E se envejece más pronto.

En parejas. ¿Qué vitaminas tienen algunos alimentos de la lista anterior? Anota lo que sepas. 3

Escucha y comprueba. 4

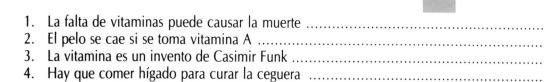

	V	F

1. La falta de vitaminas puede causar la muerte ....
2. El pelo se cae si se toma vitamina A ....
3. La vitamina es un invento de Casimir Funk ....
4. Hay que comer hígado para curar la ceguera ....

131

5 **Escucha de nuevo y subraya las frases del recuadro que hayas identificado.**

- Lo que significa es bastante reciente...

- Si lo que comemos no contiene...

- De ahí que los investigadores analicen...

- Por tanto, ya se sabía...

- Pero, claro, la realidad ya era conocida...

- Mas, aunque esas sustancias son necesarias,...

- Si el esfuerzo físico aumenta...

Aunque la palabra «vitamina» es muy popular en nuestros días, el descubrimiento de este término y lo que significa es bastante reciente: se usó por primera vez en 1911, por el químico polaco Casimir Funk. Pero, claro, la realidad ya era conocida desde hacía muchos siglos. Los egipcios sabían que la ceguera se podía curar comiendo hígado (el hígado es rico en vitamina A). Y en el siglo XVIII el médico de un barco demostró que el escorbuto se podía evitar tomando limones. Por tanto, ya se sabía, mediante la práctica, que algunos componentes de los alimentos eran necesarios para el equilibrio de la dieta. Sólo si los alimentos son equilibrados, si el organismo humano no carece de ciertas sustancias, la salud está garantizada. Mas, aunque esas sustancias son necesarias, hay que tomarlas con precaución y en pequeñas cantidades. Si el carecer de ellas puede provocar incluso la muerte, tomarlas en exceso es también perjudicial. De ahí que los investigadores analicen con cuidado qué necesita nuestro cuerpo en cada momento y en cada situación.

El exceso de vitamina A puede provocar la caída del pelo; si el esfuerzo físico aumenta, aumenta la necesidad de vitamina B_1; si se tiene fiebre, se necesita más vitamina C y A.

Algo semejante hay que decir sobre los minerales que precisa nuestro cuerpo. Si lo que comemos no contiene todos los que necesitamos, se hace necesario tomarlos aparte. ¿Quién no sabe que el calcio es indispensable para el crecimiento de los huesos?

Defendamos lo nuestro.

"En el libro de cocina más antiguo que se conoce, ya se recomienda el aceite de oliva español".

Profesor Blázquez.

6 *a)* **¿Crees que son efectivos estos remedios naturales?**

La manzana ayuda a hacer la digestión.
La naranja cura el resfriado.
La zanahoria mejora la vista.
La miel baja las hinchazones.
La miel suaviza los catarros.
La tila calma los nervios.
El ajo es bueno para el reúma.
El perejil limpia el riñón.
El limón baja la tensión.
La cebolla elimina el colesterol.

b) En grupo. **¿Qué remedios naturales se utilizan en tu región?**

5. El mismo texto se escucha de nuevo y al mismo tiempo se lee. A lo largo de dos lecturas debería ser posible identificar la mayor parte de las frases extractadas y ofrecidas en el recuadro. Nótese que esta actividad implica cierta rapidez de reflejos en las destrezas de comprensión oral e identificación escrita.

6. Ampliación del tema a otros contextos y alimentos. En *b* se hace una transferencia al contexto de la clase. Pueden anotarse las sugerencias en la pizarra.

7. Identificación auditiva y realización gráfica de los sonidos. Préstese especial atención al sonido [k] escrito con la secuencia «qu + e/i» o escrito con «c + o/a/u». Contrástese con la grafía «c + e/i» (= [θ]).

Texto:

que • comen • quejarse • meca • dique • requeté • quemar • contener • mecanizar • máquina • preocupar   inquebrantable • queso • quiso • cuota

8. Presentación de registros con valor concesivo, condicional, causativo e instrucciones/órdenes. Participa toda la clase en la asociación de dibujo-texto correspondiente.

9. *a)* Cada alumno completa individualmente estas frases, de índole condicional o concesiva.

b) La comparación entre los compañeros tiene una doble finalidad: notar las diferencias y proceder a la clasificación que se señala en el esquema.

Realidad: **Si tomas vitamina A.**
Si dices que...
Aunque tomas...

Posibilidad/No realidad: El resto.

Nótese que «aunque» puede ir seguida de indicativo o subjuntivo, según se refiera a algo real o no.

Escucha y escribe.

Asocia cada expresión con su dibujo. 8

A. ¡Cuídate!
B. ¡No engordes!
C. Aunque bebas una cerveza, no te sentará mal.
D. Si comes demasiado, te dolerá el estómago.
E. Por tanto, tienes que estar en ayunas.
F. ¡Ten cuidado con el alcohol!

En parejas. *a)* **Trata de completar estas frases con tu compañero.** 9

Aunque comas menos

Si tomas vitamina A

EXPRIMELO.

Alimentos de España
DISFRUTALOS.

Si fuera necesario para la salud _____

Si dices que _____

Aunque tomes muchos limones _____

Aunque tomas muchos limones _____

Si tomaras más leche en el desayuno _____

Aunque me aconsejes _____

b) **Comparad las frases anteriores y haced dos grupos.**

LAS QUE EXPRESAN ALGO REAL, QUE OCURRE	LAS QUE SE REFIEREN A ALGO POSIBLE, NO REALIZADO
Si dices	Si tomaras

10 En grupo.

a) **Pregunta a tus compañeros sobre sus preferencias alimenticias.**
b) **Hazles alguna sugerencia sobre estos hábitos.**

II. No por mucho comer se vive más años.

1 *a)* **¿Qué importancia tiene para ti la comida? ¿Cuáles son los alimentos básicos de tu alimentación?**

10. Práctica de la expresión oral en intercambio libre de información. Cada grupo puede tomar nota de su lista de preferencias y exponerla luego a la clase, o contrastarla con la de otros grupos.

II. No por mucho comer se vive más años

1. Consolidación del léxico referido a la alimentación. Con las sugerencias de todos se recopilará una lista en la pizarra.

b) Luego se lee el texto siguiente. La comprensión se reforzará comprobando los gustos de cada uno con los que demuestran tener los españoles en la encuesta. Insista el profesor en que se razonen las respuestas para practicar las funciones propuestas en la unidad (consecuencia).

2. Con la información de los recuadros se cumplimentan las instrucciones de *b* y *c.* La actividad puede hacerse o bien anotando cada uno lo que se le pide o bien preguntando unos a otros.

b) **Lee este texto y compara tus gustos con los de los españoles. Razona las diferencias.**

No por mucho comer, se vive más años. Aunque comiendo poco, se vive, ciertamente, menos tiempo.

Los españoles, como todos los habitantes del Mediterráneo, se cuidan mucho de pasar por esta vida disfrutando de la comida. Mientras en los países nórdicos abundan las grasas para combatir el frío y no se gasta mucho tiempo dando gusto al estómago, en los países del Mediterráneo, buena parte del día se dedica a consolar nuestros cuerpos mediante la selección de manjares abundantes y exquisitos.

Los españoles se gastan cada día unos 360.000 millones de pesetas en comer. Aunque no todos se gastan lo mismo. Mientras en Galicia cada habitante consume más de 10.000 pesetas por persona y mes, en Murcia cada habitante gasta unas 6.500 pesetas, también por persona y mes. Quizá por eso los gallegos son más fuertes y suelen estar más gordos que los murcianos. O puede que la diferencia se deba a que los habitantes de Murcia son más bajos de estatura...

Los alimentos son variados. El 21 por 100 de los gastos en alimentos se dedica a la carne, un 9,7 por 100 a las frutas, un 7,6 por 100 a las hortalizas y un 7,3 por 100 al pescado. Los productos derivados de la leche merecen un 13 por 100 del total gastado.

Con esta alimentación, pronto los españoles alcanzarán a los nórdicos, incluso en altura.

a) **Observa.** **2**

LA ALIMENTACIÓN DE LOS ESPAÑOLES

Alimentos preferidos

Leche	9,80 l. al mes
Frutas	9,30 kg. al mes
Hortalizas	8,90 kg. al mes
Pan	5,20 kg. al mes
Carne	4,30 kg. al mes
Pescado	1,48 kg. al mes
Azúcar	1,10 kg. al mes
Arroz	0,83 kg. al mes

DÓNDE COMPRAN LOS ESPAÑOLES

Tiendas	54,4% de las compras
Supermercados	25,0% de las compras
Hipermercados	2,21% de las compras
Venta ambulante y domiciliaria	1,66% de las compras
Huertos propios	2,14% de las compras

b) **¿Cuáles serían tus hábitos si fueses un ama de casa española?**

c) **¿Y si tú vivieras en España, dónde y qué comprarías para preparar tus comidas?**

3 **Lee de nuevo el texto anterior (1.b) y anota todas las frases...**

CON SUBJUNTIVO	CON INDICATIVO

4 *a)* En grupo. **Tratad de redactar una o dos reglas gramaticales que expliquen el uso del verbo en subjuntivo o en indicativo, en las frases anotadas anteriormente.**

b) **Comparad las reglas elaboradas con las de los demás grupos y discutidlas con ejemplos. Resolved las dudas preguntando al profesor o consultando una gramática.**

5 **Adivina.**

El que vende es *vendedor.*
El que compra
El que consume
El que caza
El que bebe
El que conduce
El que mata
El que limpia
El que escribe
El que instala
El que persuade

3. Identificación de las formas y frases con indicativo y subjuntivo. Mediante esta llamada de atención se reforzará la consolidación de este tipo de estructuras, a nivel de uso y de comprensión analítica del problema que plantean.

4. Trabajando en grupo y con la información que ya deben poseer de unidades anteriores, deben tratar los alumnos de redactar alguna regla que refleje el comportamiento en el uso del indicativo o subjuntivo, pero ciñéndose a los ejemplos anotados en **3**. Luego se contrastan los enunciados de un grupo con el resto. El profesor intervendrá al final para corregir errores o afinar conceptos, aunque sin caer en excesivas explicaciones teóricas.

5. Ampliación del léxico a través de la derivación. Nótese que el sufijo **-(d)or** tiene variantes en **(t)or** y **(s)or** (**conductor, escritor, persuasor**).

Participa toda la clase. La lista puede ampliarse, si el profesor lo considera oportuno.

6.   Práctica similar a la anterior, pero utilizando cualquier tipo de sufijo que origine derivados (adjetivos o sustantivos, aunque aquí se pone el énfasis en los derivados sustantivos).

Ejemplos:

Engordar, engorde, engordamiento.

Comer, comida.

Gastar, gasto.

Beber, bebida.

Elaborar, elaboración.

Comprar, compra.

Vender, venta.

Consumir, consumo.

7.   Con la lista obtenida antes, se procederá a clasificar los términos derivados siguiendo algún criterio: nombres/sustantivos, tipo de sufijo (**-or, -o,** etc.).

8.   Reconstrucción de frases poniendo el énfasis en el elemento verbal:

1. crece.

2. tiene.

3. dice.

4. venga.

5. comiera.

6. se quede.

7. es.

8. fuera.

9.   Práctica con variantes de elementos o estructuras que expresan concesión. Es suficiente con que los alumnos realicen transferencias similares al modelo con cada una de las cuatro frases aportadas.

Como complemento, puede comentarse el valor de *si, **aunque,*** leyendo la información de un diccionario.

Completa con todas las palabras derivadas que sepas. 6

Ejemplo:

Alimentar: *alimentación, alimento, alimentario.*

Engordar
Comer
Gastar
Beber
Elaborar
Comprar
Vender
Consumir

Clasifica la lista anterior según los distintos modelos de derivación. 7

Ejemplo:
Alimento
Gasto,
etc.

Escucha y completa con el verbo adecuado del recuadro de la derecha. 8

1. Si el niño _____ , debe tomar calcio.
2. Por tanto, no _____ por qué quejarse de los alimentos.
3. Aunque lo _____ el médico, no es verdad.
4. Aunque _____ a pedírselo de rodillas, no hagas caso.
5. Si no _____ tanto, no estaría tan gordo.
6. Está enfermo, por consiguiente es mejor que _____ en cama.
7. Si la alimentación _____ buena, la salud es buena.
8. Aunque _____ el mejor médico del pueblo, no confiaría en él.

- tiene
- venga
- crece
- fuera
- dice
- es
- comiera
- se quede

Dilo de otra manera. 9

Ejemplo:

Aunque gastes mucho dinero, comprarás pocas cosas.
Por mucho dinero que gastes, podrás comprar pocas cosas.
Gastarás mucho dinero, pero comprarás pocas cosas.

sí |sí| **I.** *pr* Forma reflexiva de la tercera persona del *pronombre personal.* Funciona como complemento con preposición: *Nunca piensa en sí mismo.* **II.** *adv* Se usa, generalmente, para responder afirmativa o enfáticamente en enunciados afirmativos e imperativos: —*¿Te diviertes?* —*Sí.* **III.** *s/m* (Con el artículo *el*) Expresa consentimiento, permiso: *Aún no me han dado el*

137

1. No aprobarás, aunque estudies toda la noche.
2. Si me dices la verdad, te perdonaré.
3. Aunque me llamaras a medianoche, no me molestarías.
4. Si me acompañas a casa, te invitaré a tomar algo.

10 Fuera del aula. **Haz una lista con los alimentos que causan enfermedades si se toman en exceso.**

III. Más vale prevenir.

1 *a)* **Completa el diálogo.**

▷ Pues, sí, Alejandro. Los que saben más comen mejor.

▶ Sí. Pero no porque _____ más, sino porque tienen más dinero. También yo comería mejor si _____ más dinero.

▷ Pero hay muchos que tienen dinero y _____ mal. Aunque _____ rico no por ello sabes comer mejor.

▶ Pero si no puedes comprar cosas, ¿cómo _____ comer?

▷ Es que no debes confundir la calidad con la cantidad. A veces puedes comer bien con poco dinero. _____ que saber elegir.

▶ O sea, que también _____ estudiar para comer.

▷ Es posible que _____ así. Porque quien está mejor educado sabe más cosas sobre lo que precisa el cuerpo, _____ el gusto más refinado…

▶ Y el pobre, como no _____ dinero, no _____ buena educación, no _____ nada…

▷ ¡Claro, por eso come peor!

▶ ¡Pobres pobres! ¡Encima eso!

b) **¿Crees que es ésta la relación entre salud y educación? Escribe por qué estás o no de acuerdo.**

10. Refuerzo del vocabulario alimentario. Es de esperar que cada alumno sea capaz de elaborar una lista muy completa.

III. Más vale prevenir

1. Reconstrucción de un texto.

Texto:

▷ Pues, sí, Alejandro. Los que saben más comen mejor.

▶ Sí. Pero no porque **sepan** más, sino porque tienen más dinero. También yo comería mejor si **ganase** más dinero.

▷ Pero hay muchos que tienen dinero y **comen** mal. Aunque **seas** rico no por ello sabes comer mejor.

▶ Pero si no puedes comprar cosas, ¿cómo **es posible** comer?

▷ Es que no debes confundir la calidad con la cantidad. A veces puedes comer bien con poco dinero. **Hay** que saber elegir.

▶ O sea, que también **hay que** estudiar para comer.

▷ Es posible que **sea** así. Porque quien está mejor educado sabe más cosas sobre lo que precisa el cuerpo, **tiene** el gusto más refinado...

▶ Y el pobre, como no **tiene** dinero, no **tiene** buena educación, no **tiene** nada...

▷ Claro, por eso come peor.

▶ ¡Pobres pobres! ¡Encima eso!

Obsérvese que se trata de formas verbales, objetivo gramatical de importancia en esta unidad.

En *b* se trata de comprobar y activar la comprensión del diálogo mediante la pregunta formulada.

2. Cada pareja elabora una lista de lo que haría en cada uno de los supuestos sugeridos. Esto implicará un intercambio de información oral.

3. Igualmente, completar este esquema en grupo exigirá que los componentes del mismo intercambien información, obligándose a la práctica de la expresión oral. Como es habitual en estos casos, insístase en la desinhibición y en la fluidez más que en la perfección gramatical.

En parejas. **¿Qué medidas tomarías para mejorar la salud de la población de tu país si fueses...** **2**

- un médico?
- el ministro de Sanidad y Consumo?
- un maestro?
- el director de un hospital?
- el jefe de Programación de Televisión?

En grupo. **Elabora una dieta diaria para llevar una vida sana.** (Consulta tu lista de **II.10.**) **3**

PREVENIR ES SABER			
	ALIMENTOS	CANTIDAD	VITAMINAS	ENFERMEDADES QUE SE EVITAN
Desayuno				
Almuerzo				
Cena				

Consulta al profesor o estudia por ti mismo **Pág. 141**

AZUL CELESTE

Distribuir a la población en el momento de volver a casa.

TRANQUILOS

- Han sido efectuados los controles necesarios: podéis volver a vuestras casas porque no existe ningún peligro.
- Antes de comer, lavaos bien las manos, la verdura y la fruta.
- No comáis alimentos no fácilmente lavables o que hayan estado expuestos al aire libre.
- No deis forraje fresco al ganado.

EL PLANETA ESTÁ SITIADO

Esta mañana el planeta ha amanecido cubierto por un manto blanco. Se cumplen, de esta forma, las amenazas de ataque a la Tierra. Lo único que sabemos de este enemigo desconocido es que intenta destruir la salud de los ciudadanos.

Colabora con Protección Civil y anuncia por la radio las instrucciones que evitarán el riesgo de posibles enfermedades.

Dirige tus medidas a:
- Los no afectados (si están en casa, viajando, en el campo/la ciudad, etc.)
- Los afectados (aunque se aprecien síntomas utilizarán remedios caseros).
- Alienta a los ciudadanos con la ilusión de que las consecuencias no serán fatales para la humanidad.

AHÍ TE QUIERO VER

Véase el procedimiento en el *Prólogo.*

La actividad resultará en la redacción de un conjunto de recomendaciones. Sin lugar a duda, surgirá, se practicará y se consolidará el uso del subjuntivo e indicativo en registros que impliquen dar instrucciones, concesión, condicionalidad y consecuencia. Se expondrá, como de costumbre, un modelo a toda la clase.

● Las oraciones condicionales o concesivas pueden formularse con el indicativo o el subjuntivo. La diferencia en el uso de uno u otro tiempo depende del hecho de que nos refiramos a una acción real o que se toma como tal ·*(indicativo)* o solamente posible, irreal o no realizable *(subjuntivo)*:

> *Si el niño crece, debe tomar calcio* (se constata un hecho).
> *Si el niño creciera, debería tomar calcio* (se hace referencia a algo no real, solamente posible).

● **No por mucho comer** equivale a *aunque coma mucho.*

● **El que/La que** (vende…) equivale a *quien (vende…).*

Para expresar condición:
— *Si la alimentación es buena, la salud es buena.*
— *Si no comiera tanto, no estaría tan gordo.*

Para expresar concesión:
— Aunque lo dice el médico, no es verdad.
— Aunque venga a pedírtelo de rodillas, no hagas caso.
— Aunque fuera el mejor médico del pueblo, no confiaría en él.

Para expresar consecuencia:
— *Está enfermo, por consiguiente es mejor que se quede en cama.*
— *Los alimentos son de muy buena calidad y están en perfecto estado; por tanto no tiene por qué quejarse de ellos.*

Abundar	Dieta, la	Merecer(se)
Alimentación, la	Digestión, la	Molestar
Calcio, el	En ayunas	Nórdico
Catarro, el	Envejecimiento, el	Organismo, el
Ceguera, la	Equilibrio, el	O sea
Colesterol, el	Escorbuto, el	Perjudicial
Combatir	Estómago, el	Provocar
Componente, el	Exceso, el	Refinado
Confundir	Exquisito	Retrasar
Consolar	Garantizado	Reúma, el
Contra	Grasa, la	Selección, la
Crecimiento, el	Hierro, el	Semejante
Cuna	Hígado, el	Suavizar
Dedicar(se)	Hinchazón, la	Sustancia, la
Derivado	Hortaliza, la	Tensión, la
De rodillas	Hueso, el	Tila, la
Descubrimiento, el	Manjar, el	Zanahoria, la

I. El mensaje está en el aire.

1 ¿Cuál es el anuncio que más te llama la atención? Anótalo.

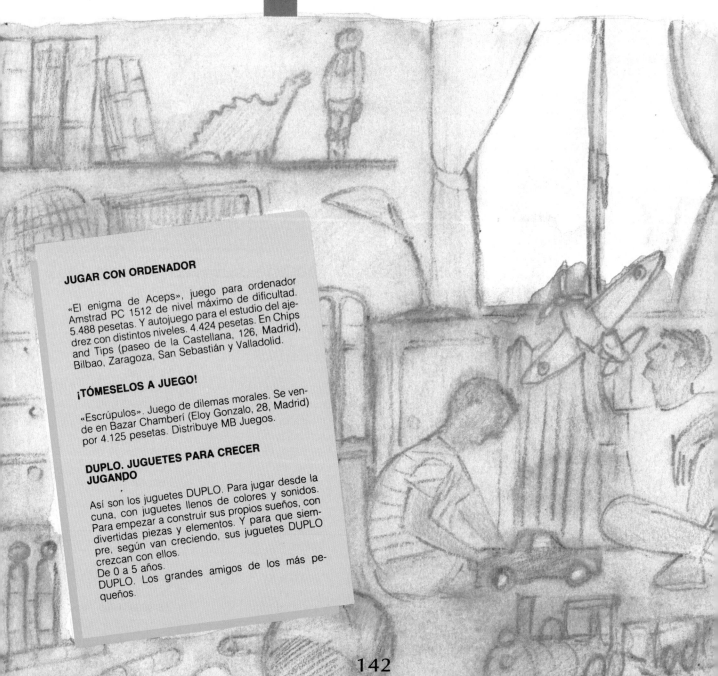

JUGAR CON ORDENADOR

«El enigma de Aceps», juego para ordenador Amstrad PC 1512 de nivel máximo de dificultad. 5.488 pesetas. Y autojuego para el estudio del ajedrez con distintos niveles. 4.424 pesetas. En Chips and Tips (paseo de la Castellana, 126, Madrid), Bilbao, Zaragoza, San Sebastián y Valladolid.

¡TÓMESELOS A JUEGO!

«Escrúpulos». Juego de dilemas morales. Se vende en Bazar Chamberí (Eloy Gonzalo, 28, Madrid) por 4.125 pesetas. Distribuye MB Juegos.

DUPLO. JUGUETES PARA CRECER JUGANDO

Así son los juguetes DUPLO. Para jugar desde la cuna, con juguetes llenos de colores y sonidos. Para empezar a construir sus propios sueños, con divertidas piezas y elementos. Y para que siempre, según van creciendo, sus juguetes DUPLO crezcan con ellos.
De 0 a 5 años.
DUPLO. Los grandes amigos de los más pequeños.

142

OBJETIVOS GENERALES:

ÁREA TEMÁTICA: La publicidad.

FUNCIONES: Anuncios. Comprender información pública. Persuadir. Expresar satisfacción.

Aspectos estructurales y gramaticales: **Que** + adjetivo/sustantivo/adverbio. Oraciones con *cuando..., para* + infinitivo. Revisión del imperativo.

Puntos específicos: Entonación y ritmo.

I. El mensaje está en el aire.

1. Actividad para realizar con la participación de toda la clase y que servirá para iniciar el tema de la publicidad.

2. Comprensión oral de un texto publicitario.

a) La identificación de estas palabras y las veces que aparecen en el texto oído tienen como finalidad principal el concentrar la atención del alumno en la audición.

b) Escuchado el texto un par de veces, los alumnos hacen sugerencias sobre el mensaje que implica el anuncio. Se anotan en la pizarra y luego se selecciona y elabora la propuesta más acertada.

Texto:

Desde que nacen hasta los cinco años, **Gopa** los acompaña. Porque hay un juguete **Gopa** adecuado a sus habilidades en cada etapa del desarrollo.

Con *Gopa* su hijo aprenderá jugando, combinando piezas de acuerdo con su crecimiento, para formar las figuras que desee. Así, su sonajero de bebé se puede combinar con ladrillos básicos de construcción, y con éstos formar modelos tomados de la vida real. El único límite es su fantasía.

Gopa es un sistema único de juego para estimular la imaginación y, sobre todo, para divertirlos. Por eso **Gopa** siempre está en juego. Creciendo cuando ellos crecen. **Gopa, para aprender jugando.**

3. Audición y discriminación fonética. En este caso el objetivo es que los alumnos observen la línea entonativa que diferencia a las oraciones afirmativas o interrogativas.

Texto oído:

a) A los niños les gustan los juguetes.

b) ¿Les gustan los juguetes a todos, niños y niñas?

c) ¿Este libro de dibujos también se lo regalas?

d) La contaminación no tiene fronteras.

e) ¿Que Madrid es una ciudad tranquila?

f) Son muchos los autobuses que funcionan a gas.

g) ¿Y trabajan en estas condiciones?

4. Actividad similar a la anterior, en dos etapas:

a) Primero el alumno tratará de captar las palabras que reciben más énfasis en cada frase oída. (Véase Unidad **11.I.3** sobre este tema).

b) Luego volverán a escuchar las mismas frases y tratarán de marcar la línea entonativa. Basta con que sean capaces de señalar la direccionalidad.

Texto:

Los anuncios llaman la atención. Por eso las empresas se anuncian y por eso la gente los lee. Aparentemente nadie hace caso de los anuncios. Pero no es verdad. Éstos quedan en el interior, en el subconsciente de cada uno. Allí donde se toman las decisiones.

5. El texto de **4** contiene algunas afirmaciones sobre los anuncios. La comprensión del mismo se comprueba respondiendo a estas preguntas y da origen a un intercambio de opiniones. Cada grupo discute unos minutos y luego exponen su opinión a los demás.

a) **Escucha este anuncio y anota cuántas veces se repiten estas palabras.**

Gopa: ⬚⬚⬚⬚⬚⬚⬚⬚⬚⬚⬚⬚⬚⬚⬚⬚ Crecer: ⬚⬚⬚⬚⬚⬚⬚⬚⬚⬚⬚⬚⬚⬚⬚⬚

Juego: ⬚⬚⬚⬚⬚⬚⬚⬚⬚⬚⬚⬚⬚⬚⬚⬚ Aprender: ⬚⬚⬚⬚⬚⬚⬚⬚⬚⬚⬚⬚⬚⬚

b) **¿Cuál es el mensaje del anuncio?**

Escucha y señala las frases que sean preguntas. 3

1.
2.
3.
4.
5.
6.
7.

a) **Escucha este texto y anota las palabras con más relieve en la entonación.** 4

b) **Escucha de nuevo y copia. Luego marca la curva de entonación de cada frase.**

DUPLO. JUGUETES PARA CRECER JUGANDO

Así son los juguetes DUPLO. Para jugar desde la cuna, con juguetes llenos de colores y sonidos.
Para empezar a construir sus propios sueños, con divertidas piezas y elementos. Y para que siempre, según van creciendo, sus juguetes DUPLO crezcan con ellos.

CON MÁS PIEZAS QUE NUNCA

De 0 a 5 años.
DUPLO. Los grandes amigos de los más pequeños.

En grupo. 5

¿Crees que la información del texto anterior es correcta?

¿Cuál es la actitud de vuestro grupo ante los anuncios?

«Escrúpulos». Juego de dilemas morales. Se vende en Bazar Chamberí (Eloy Gonzalo, 28, Madrid) por 4.125 pesetas. Distribuye MB Juegos.

SE OFRECEN LOCALES

EN FUTURO CENTRO
COMERCIAL
DE 15.000 METROS
CUADRADOS
ZONA CÉNTRICA DE MADRID

Interesados escribir al Apartado de
Correos número 23948

1

CUANDO LO VEA,
LE IMPRESIONARÁ A USTED
CUANDO LO CONDUZCA,
IMPRESIONARÁ A LOS DEMÁS
Es único en todo; incluso en el
consumo. Y también usted será
único entre los demás

3

6 Escucha. ¿A qué tema se refiere cada anuncio?

TEMAS

- Venta de automóviles.
- Oferta de artículos en grandes almacenes.
- Oferta para instalación de empresas en Madrid.

¿HA PENSADO YA QUÉ VA A REGALAR ESTA NAVIDAD?

Le ofrecemos más de
100.000 ideas

De todas las marcas, de todos los precios y para todas las edades. Y para cuidar hasta el último detalle, en nuestro departamento especial de empaquetado, envolvemos su regalo con la presentación que
USTED ELIJA

2

7 Lee los anuncios anteriores. ¿Qué palabras o expresiones te han sugerido la elección del tema de que tratan? Anótalas.

8 Lee de nuevo y anota las frases que...

	1	**2**	**3**
Presentan el objeto			
Persuaden			
Sugieren la adquisición			
Llegan a la conclusión			

9 Ordenando estas frases resultará el texto del anuncio que escuchaste al comienzo de esta unidad.

1. El único límite es su fantasía.
2. Desde que nacen hasta los cincos años, *Gopa* los acompaña. Porque hay un juguete *Gopa* adecuado a sus posibilidades en cada etapa del desarrollo.

144

6. Práctica de la lectura y comprensión oral. Los textos se oyen primero y se oyen y leen después. La correcta asociación de cada texto a uno de los temas será prueba suficiente de que se ha comprendido.

7. Identificación más detallada de registros y palabras. Primero, cada alumno anota lo que le ha sugerido el tema. Luego se exponen los resultados a la clase y se comparan. Será una buena ayuda para la ampliación y retención del léxico.

8. Se detalla todavía más la identificación y discriminación léxica. El trabajo se puede iniciar individualmente o bien desarrollarlo con la participación de toda la clase.

Ejemplo: ***Presentación del objeto:*** **«Se ofrecen locales. Le ofrecemos... Es único en todo...».**

Es de esperar que haya dudas en la selección de las frases. Esto activará el intercambio de comunicación oral.

9. Reordenación de información ya trabajada anteriormente. Se hace individualmente o con la participación de toda la clase, recopilando las sugerencias en la pizarra. Al final se puede acabar leyendo o escuchando el texto auténtico.

10. Si la ordenación anterior se ha hecho individualmente, ahora cada uno expone los resultados a la clase, explicando las razones de su ordenación, en especial cuando no todos estén de acuerdo con su propuesta.

11. Los anuncios que el alumno debe recortar en casa pueden estar en su lengua materna o, si fuera posible, en español.

II. La publicidad le comunica con su público

1. Lectura comprensiva de anuncios reales. Con una comprensión global puede responderse a las preguntas.

3. *Gopa*, para aprender jugando.
4. *Gopa* es un sistema único de juego para estimular la imaginación y, sobre todo, para divertirles.
5. Con *Gopa* su hijo aprenderá jugando, combinando piezas de acuerdo con su crecimiento, para formar las figuras que desee.
6. Por eso *Gopa* siempre está en juego. Creciendo cuando ellos crecen.
7. Así, su sonajero de bebé se puede combinar con ladrillos básicos de construcción y con éstos formar modelos tomados de la vida real.

Explica a tus compañeros cómo has ordenado tu anuncio. 10

Fuera del aula. **Recorta/Graba los anuncios más interesantes de tu país.** 11 ✎

II. La publicidad le comunica con su público.

Lee estos anuncios y averigua quién se anuncia y qué anuncia cada uno. 1

145

2 Observa de nuevo los textos de los anuncios y compáralos con los de la página 144. Anota las semejanzas y diferencias en el tratamiento del lenguaje. ¿A qué público están dirigidos unos y otros?

3 Escucha y completa este texto.

UN SEGURO DE VIDA COLECTIVO EN INMEJORABLES CONDICIONES

Contrariamente a lo que muchos _____ el seguro de vida empieza a disfrutarse en el momento de su contratación. Por encima de sus _____ fiscales y trato especial en la Ley de Sucesiones, _____ que valorar la tranquilidad y confianza _____ aporta a su poseedor y a _____ familia. Tranquilidad en el _____ y enorme _____ en el futuro.

4.200.000 pesetas en caso de fallecimiento por _____ o invalidez permanente absoluta, sin exclusión de _____ tipo, causada por enfermedad. 8.400.000 pesetas en caso de fallecimiento por accidente _____ pesetas en caso de _____ permanente absoluta causada por accidente.

NOVEDAD

4 Completa este anuncio con las palabras del recuadro.

- Limpia
- Hay
- Gas
- Contaminación
- Se hace
- Se está haciendo
- Baja
- Ciudades
- Como
- Humos
- De

MADRID BAJA LOS HUMOS A LA CONTAMINACIÓN

_____ ciudades donde la _____ tiene muchos humos. Y ciudades, _____ Madrid, que han decidido bajar los _____ a la contaminación. A través _____ una solución eficaz y _____: la utilización de butano en transporte urbano colectivo. Como _____ en muchos países. Como _____ actualmente en muchas _____ españolas. Madrid _____ los humos a la contaminación. ¡Menudo respiro!

5 En grupo. *a)* **Anuncia este secador en tu lengua.**

Ya puedes tener tu propio secador tipo «profesional», con un diseño supermoderno, pensado para secar tu pelo sin dañarlo, aunque lo uses a diario. El nuevo AIRE seca con más rapidez y menos temperatura. Tiene, además, cinco velocidades, para que vaya «a tu marcha», a tu tipo de pelo y peinado. Su doble aislamiento lo hace seguro. A toda prueba. AIRE, el mejor amigo de tu cabello.

2. Esta actividad implica un mínimo de análisis lingüístico (sintaxis y vocabulario) y la práctica de la expresión oral.

En cuanto a comparar estos textos con los de **1**, es aconsejable cifrarse en los tipos de oraciones que distinguen a cada uno. Por ejemplo, longitud de las mismas, complejidad. De esta manera se podrán establecer diferencias entre el lenguaje burocrático, administrativo y formal y el lenguaje más coloquial y directo. En cualquier caso, el análisis que se realice ha de ser **práctico,** referido al uso, no teórico.

De igual manera se puede proceder en la comparación del léxico.

De esta manera se ampliará la adquisición de elementos lingüísticos.

3. Reconstrucción de un texto publicitario. Se hará escuchándolo. Luego se escribirán las respuestas en la pizarra, para toda la clase.

Texto:

Contrariamente a lo que muchos creen, el seguro de vida empieza a disfrutarse en el momento de su contratación.
Por encima de sus ventajas fiscales y trato especial en la Ley de Sucesiones, hay que valorar la tranquilidad y confianza que aporta a su poseedor y a su familia. Tranquilidad en el presente y enorme confianza en el futuro.

UN SEGURO DE VIDA COLECTIVO
EN INMEJORABLES CONDICIONES

CAPITAL
GARANTIZADO

NOVEDAD

4.200.000 pesetas en caso de fallecimiento por enfermedad o invalidez permanente absoluta, sin exclusión de ningún tipo, causada por enfermedad.
8.400.000 pesetas en caso de fallecimiento por accidente
8.400.000 pesetas en caso de invalidez permanente absoluta causada por accidente.

4. De nuevo se trata de reconstruir la información, pero ahora eligiendo entre los elementos del recuadro. Se hace con la participación de toda la clase.

Texto:

MADRID BAJA LOS HUMOS A LA CONTAMINACIÓN

Hay ciudades donde la **contaminación** tiene muchos humos. Y ciudades, **como** Madrid, que han decidido bajar los **humos** a la contaminación. A través **de** una solución eficaz y **limpia**: la utilización de **gas** butano en el transporte urbano colectivo. Como **se hace** en muchos países. Como **se está haciendo** actualmente en muchas **ciudades** españolas. Madrid **baja** los humos a la contaminación. ¡Menudo respiro!

5. Naturalmente, para anunciar el secador en su lengua, la clase deberá previamente comprender lo que se dice en este texto. El anuncio puede elaborarse individualmente o en grupo, exponiendo luego los resultados a la clase.

b) Transferencia: traducción y adaptación de uno de los anuncios elegidos en casa a la lengua materna.

En conjunto, esta actividad es un ejercicio «encubierto» de traducción.

6. Cada uno de los micro-diálogos tiene la finalidad de persuadir o expresar satisfacción:

1. Persuade.

2. Persuade.

3. Señala satisfacción.

4. Expresa satisfacción.

5. Expresa satisfacción.

En la solución que se dé participa toda la clase, analizando el texto y contrastando ideas.

7. Transferencia de la expresión de satisfacción a otros contextos, sugeridos por las frases presentadas. Puede hacerse en parejas o con la participación de toda la clase.

b) **Elige uno de los anuncios que seleccionaste en I.11 y anúncialo en español.**

Lee y decide. ¿Qué hacen: persuaden o expresan satisfacción? **6**

Estoy indeciso. No sé si comprarlo o no.
Te aseguro que a mí me ha dado buen resultado.

Lo mires como lo mires, es lo mejor que hay en el mercado.
Creo que tienes razón.

¿Te convences ahora?
Sí. ¡Nunca había pensado que pudiera estar tan alegre!

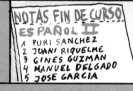 

Es excelente. Además, se adapta a las necesidades del niño, no se rompe.
¿Y también habla?

¿Cómo quieres que no llore de alegría?
Sí, has tenido una gran suerte.

Practica con tu compañero. **7**

Reacciona según los modelos, expresando satisfacción o alegría:

▶ Has ganado un premio de 2.000.000 de pesetas.

▶ Te ha tocado un viaje para dar la vuelta al mundo.

▶ Has tenido el primer hijo.

▶ Un familiar se ha salvado de un accidente.

▶ Te han nombrado director de un banco.

▶ Te has casado con un/una millonario/a.

- ¡Qué suerte!
- ¡Qué alegría!
- ¡Qué bien!
- ¡Qué feliz y contento estoy!
- ¡Es fantástico!

8 Tu amigo no tiene vídeo en casa. Quieres convencerlo para que compre uno, porque tú quieres ver películas en su casa.

- El vídeo es...
- Con el vídeo...
- Si quieres...
- Para vivir en nuestro siglo...
  Etc.

9 Estos mensajes incompletos están tomados de la publicidad española. Complétalos de acuerdo con la información que quieras comunicar al público.

a)

1. _____ que compren más.
2. _____ si el autobús llegará a la hora.
3. _____ que Madrid es una ciudad muy hospitalaria.
4. _____, España será un gran país.
5. _____, también nosotros podemos ayudar a otros.
6. _____, para que la familia esté también tranquila.

b)

1. Si quiere usted comprar barato, _____
2. Siempre que se acercan las fiestas _____
3. Si todos deciden ir de vacaciones a la playa _____
4. La reunión se celebrará _____
5. Está comprobado que _____
6. Para que su hijo crezca feliz, _____

10 En grupo. ¿Cómo le comunicarías al público estos productos o informaciones? Inventa frases de publicidad para cada uno de ellos.

8. Transferencia: práctica de la expresión oral en contexto sugerido y con registros del recuadro. El profesor puede también sugerir otros temas. La actividad se realiza por parejas, pudiendo luego recopilarse algunas propuestas-modelo en la pizarra.

9. Reconstrucción de frases relacionadas con el tema de la unidad. Primero cada alumno escribe su propuesta y luego se exponen y corrigen los resultados para toda la clase.

10. Actividad integral, que implica la utilización autónoma de lo adquirido a lo largo de la unidad. Los resultados de cada grupo se exponen en clase.

III.   Anuncios por palabras

1.   Actividad en forma de juego. Los anuncios ya están iniciados y pueden completarse de muy distintas formas. Las propuestas se exponen y analizan en clase, seleccionando las más adecuadas y «premiando» las más económicas.

2.   Actividad en parejas. Primero cada pareja debe comprender bien el texto que describe lo que deben hacer y las características que definen la personalidad de cada uno. Pueden acabar escribiendo un pequeño guión con sus intervenciones. El profesor pedirá luego que alguna pareja interprete sus intervenciones.

3.   Actividad escrita creativa, autónoma e integral. Alguno de los diálogos escritos se leen a la clase. Tenga en cuenta el profesor que debe darse preferencia a la comunicación del mensaje, sin caer en un excesivo afán de corregir todas y cada una de las faltas «gramaticales» que puedan darse.

Recuérdese el principio de que lo que más importa es la fluidez en la comunicación y que todos los componentes de la lengua han de estar subordinados a la consecución de este objetivo.

III.   Anuncios por palabras.

Completa estos anuncios antes de enviarlos al periódico local. ¡Recuerda que solamente te quedan 3.000 pesetas y cada palabra nueva cuesta 50 pesetas! **1**

Para estar alegre y alegrar a los demás.
Una fiesta debe ser entretenida, amena, interesante, movida _____

Porque poner una etiqueta es sencillo. Pero hacer que cada botella de NON PLUS ULTRA sea un NON PLUS ULTRA exige mucha atención. Sólo la mejor cosecha de uva, la mejor selección de los líquidos, la adecuada fermentación en las cavas y _____

Hay lavados y lavados. Lavar no es sólo hacer dar vueltas a la ropa. Hay que hacerle dar vueltas con suavidad, _____

En parejas. Cita en el bar. Consigue convencer a tu compañero y soluciona esta situación. **2**

A

Llegas de un largo viaje y estás esperando a un amigo de un amigo para que solucione tu difícil situación.
Convéncelo para que te preste algún dinero.
Y, por supuesto, ¡tienes que alojarte en su casa!
La amistad se demuestra en estas ocasiones.

B

Acabas de mudarte a un piso pequeñito que has comprado con los ahorros que te quedaban. Casi no recuerdas a este conocido y tu mujer no te perdonaría si lo invitaras a tu casa.

Usa tus ideas. **3**

En grupo. Escribid un diálogo en el que utilicéis algunas de estas expresiones.

- ¡Qué bien!
- Estoy encantado/a.
- ¡Estupendo!
- ¡Es lo que esperaba!
- ¡Es fantástico!
- ¡Qué suerte!

Consulta al profesor o estudia por ti mismo   *Pág. 151*

Ahí te quiero ver...

anuncios no por FAVOR

Las agencias internacionales de publicidad tienen serias dificultades para promocionar los artículos de sus clientes, puesto que la mayoría de los gobiernos han decidido prohibir los anuncios que antes aparecían en los medios de comunicación. Esta decisión obedece a la puesta en marcha del Plan de Desarrollo del Poder Mental.

Sin embargo, la agencia La Omnipresente está descubriendo nuevas formas de anuncio indirecto y menos agresivo. Para experimentar nuevas estrategias que lleguen al público mundial, La Omnipresente lanza su primera campaña de publicidad «anunciando» el nuevo automóvil que funciona con energía nuclear.

Participa en esta campaña diseñando estas estrategias:

- Reportajes en la prensa.
- Entrevistas en la radio.
- Documentales en televisión (así como patrocinar competiciones deportivas y ser noticia en los «Telediarios»).

150

AHÍ TE QUIERO VER

Véase el procedimiento en el **Prólogo.**

El trabajo de cada grupo debe acabar en la redacción de anuncios y reportajes para promocionar y vender el producto que se señala. Alguna propuesta se expone y analiza en clase.

- Las oraciones subordinadas introducidas por **cuando** pueden ir seguidas del verbo en subjuntivo o indicativo. El uso de uno u otro tiempo depende de las mismas circunstancias ya mencionadas anteriormente (referencia a algo real o no. Ver Unidad **12**):

  Cuando lo vea, le impresionará.
  Cuando ve a Pedro, siempre le saluda.

- Nótese que la expresión de satisfacción y alegría suele iniciarse con la partícula **que**:

  ¡Qué suerte!, etc.

- Lo mires cómo lo mires equivale a:

  De cualquier manera que lo mires...

Para persuadir:

- *Cuando lo vea, le impresionará a usted.*
- *Cuando lo conduzca, impresionará a los demás.*
- *Es único en todo; incluso en el consumo.*
- *Y también usted será único entre los demás.*

Para expresar satisfacción:

- *¡Qué suerte!*
- *¡Qué bien!*
- *¡Qué alegría!*
- *¡Qué feliz y contento estoy!*
- *¡Es fantástico!*

Adaptar(se)	Crecer	Líquido, el
Aislamiento, el	Dañar	Marca, la
Aparentemente	Desarrollo, el	Movido
Básico	Eficaz	Peinado, el
Bebé, el	Empaquetado, el	Pieza, la
Butano, el	Entretenido	Profesional
Cabello, el	Envolver	Respiro, el
Cava, la/el	Estimular	Secador, el
Colectivo	Etapa, la	Solución, la
Combinar	Fermentación, la	Sonajero, el
Construcción, la	Habilidad, la	Subconsciente, el
Consumo, el	Imaginación, la	Transporte, el
Contaminación, la	Ladrillo, el	Urbano
Cosecha	Lavado, el	Velocidad, la

I. Evasión en casa.

1 ¿Cómo se encuentran los miembros de esta familia?

Descríbelos utilizando estos adjetivos:

• indiferente • contento • nervioso • preocupado • excitado •
sorprendido • cansado • desilusionado •

OBJETIVOS GENERALES:

ÁREA TEMÁTICA: Emociones y estados de ánimo.

FUNCIONES: Expresar indiferencia, excusarse. Expresar desilusión, decepción.

Aspectos estructurales y gramaticales: Registros para expresar las funciones anteriores: *Me da igual, es igual, ¡qué más da! Es una pena. ¡Con lo que yo lo quería! Lo siento.* Revisión en el uso de *me, te, se, nos, os.*

Puntos específicos: Letra **h**.

I. Evasión en casa

1. Los adjetivos del recuadro definen algunos estados de ánimo: la hija al teléfono está sorprendida; el hijo que habla está muy nervioso; el padre que lee está indiferente; el niño que juega está contento; la madre y la otra señora viendo la TV parecen desilusionadas.

Caben, probablemente, otros matices. Precisamente a través de estas opciones diversas se profundizará en el significado de cada término.

2. Ahora se trata de relacionar cada uno de los estados de ánimo anteriores con las expresiones que se ofrecen:

No puede ser: sorprendido.

¡Déjame en paz!: nervioso, excitado.

Estoy cansada de este concurso: cansado.

Por favor, tienes que entenderlo: preocupado, nervioso.

Siempre tenemos la misma suerte: desilusionado.

¡Corre, corre!: contento, excitado por el juego.

3. Presentación de términos relacionados con los afectos. La aclaración y consolidación se hace con la participación de toda la clase, explicitando el significado de los dibujos.

4. Comprensión oral de cuatro textos. Cada uno de ellos ha de ser asociado a lo que expresan cuatro de los dibujos anteriores:

Texto:

1. ▷ Me gustaría estar siempre contigo, de día y de noche.

   ▶ Sólo sueño contigo, amor mío.

2. ▷ No te soporto. Eres lo más indigno que conozco.

   ▶ Es verdad. Prefiero que me arranquen una muela antes que verte a ti.

3. ▷ A lo mejor te gustaría ver una película. He sacado dos entradas para el **Rex.** Ponen «Más allá del amor».

   ▶ Eres muy amable. Pero esta tarde tengo ya un compromiso. Discúlpame. Otro día será.

4. ▷ Cuando llego yo, tú nunca estás en casa. Y si estás en casa siempre pones mala cara.

   ▶ Es que tú tampoco estás contenta con lo que hago yo. ¡No haces más que echarme en cara mis defectos!

   Texto 1: *Se aman.*

   Texto 2: *Se odian.*

   Texto 3: *No le gusta.*

   Texto 4: *No se llevan bien.*

¿Qué estarán pensando en este momento cada uno de ellos? Completa el dibujo anterior con estas expresiones.

2

NO PUEDE SER

¡DÉJAME EN PAZ!

¡ESTOY CANSADA DE ESTE CONCURSO!

¡SIEMPRE TENEMOS LA MISMA SUERTE!

¡Por favor, tienes que entenderlo!

¡CORRE, CORRE!

Observa. **3**

1. Se aman.
2. Se quieren.
3. Se odian.
4. Le gusta.
5. No se llevan bien.
6. No se pueden ver.

CINE
HOY DOMINGO
"EL ZORRO"

Escucha y anota el estado de ánimo de quienes hablan, de acuerdo con los dibujos anteriores.

4

a)
b)
c)
d)

153

5 Pregunta a tu compañero cómo son las relaciones en casa de algún amigo o conocido.

6 Escucha.

a) Trata de identificar y contar las palabras que se escriban con *h.*

b) Escribe esas palabras.

7 Ordena estos dibujos y cuenta la historia de estas dos amigas: Luisa y Esperanza.

5. La pregunta que se sugiere ahora debe entenderse de manera tal que nadie se sienta herido por «invadir su intimidad». El objetivo es expresar oralmente algunos de los estados de ánimo mencionados hasta ahora y dentro del contexto propio del alumno.

6. Identificar y contar, mediante la audición, todas las palabras que empiecen por **h** implica asociar lo oído a su correspondiente grafía. Tras un par de audiciones, los alumnos escribirán las palabras con **h** precisamente al mismo tiempo que las oyen. De esta manera se llama la atención sobre esta peculiaridad ortográfica y «fonética» de algunas palabras españolas: la **h** no se pronuncia.

Texto:

Había llegado la hora de ordenar sus cosas. Era un desahogo para todos. ¡La habitación estaba tan sucia! Era un desastre. Había mucho que hacer. Empezaría con los armarios. ¡Qué pereza! Estaban llenos de ropa amontonada. Pero, ¿por qué trabajar ahora? ¿Por qué no más tarde, a la hora de la siesta?

7. Los dibujos, una vez ordenados, corresponden a la siguiente historia-secuencia:

Luisa se aburre cierto día. Entonces llama a una amiga por teléfono. Cogen el autobús y van al centro de la ciudad. Delante de un cine, leen la cartelera, con el ánimo de pasar la tarde viendo una película. No les gusta ninguna. Se acercan al teatro, pero comprueban que éste está cerrado por descanso del personal (probablemente es lunes). Deciden dar un paseo por un parque cercano. Al cabo de un rato vuelven a casa y acaban la tarde escuchando el último disco que han comprado.

En la reconstrucción del texto lo importante es que se dé discusión, abundancia de opiniones e intercambio de puntos de vista. La versión definitiva y reconstruida se anota en la pizarra.

8. Acabada la reconstrucción de la historieta, todos escuchan un texto-modelo referido a la secuencia de dibujos anteriores. Hecho esto, se compara lo realizado en **7** con esta versión. Se acabará escuchando y leyendo el texto, simultáneamente.

9. Identificación de información subrayando los registros que expresan los estados de ánimo mencionados. Por ejemplo:

¡Qué desilusión! Nada interesante. Tenían mala suerte...

Se hace una lista con las sugerencias de todos.

10. Asociación entre registros funcionales y situación que les es propia. He aquí las sugerencias más lógicas (aunque no las únicas).

Pisas involuntariamente a un desconocido: **Lo siento.**

Vas a coger el tren...: **Es igual. Ya cogeré otro.**

Compras un billete...: **¡Qué mala suerte!**

Confiabas en recibir un premio...: **¡Otra vez será!**

No te han dado el trabajo...: **De todos modos no me interesaba...**

No has podido acudir a una cita: **Lo siento, pero me fue imposible.**

Escucha la historia real y compárala con la que has contado anteriormente. 8

Hoy no tenía ganas de hacer nada: ni de estudiar, ni de leer, ni de ver la televisión. Cogió el teléfono y llamó a su amiga Esperanza. Luisa y Esperanza eran amigas desde hacía muchos años. Suelen salir juntas muy a menudo; pasean, van al cine, se cuentan sus cosas. Las dos trabajan en una empresa de informática y tienen jornada de mañana. Hoy han ido en autobús al centro de la ciudad. Es donde están todos los cines. Leen una cartelera. ¡Qué desilusión! Nada interesante. Se acercan a otra sala de cine. Esperaban poder ver una película de evasión. Tampoco; era un mal día o tenían mala suerte. A Luisa le gustaba mucho el teatro. Hoy era lunes y no había sesión de tarde. ¡Qué mala suerte! Cerca vivía una antigua compañera de estudios. Van a su casa. Pero nadie responde al timbre. Desde luego eran poco afortunadas esta tarde. Lo mejor sería dar un paseo por el parque de al lado. Quizá verían a algún conocido... Tampoco. Las dos amigas se miraron al cabo de un rato. ¿Por qué no vamos a mi casa?, dijo Esperanza. Escucharemos un disco que me compré ayer.

Lee el texto anterior y escribe las expresiones que expresen desilusión o decepción 9

¿Qué dirías en cada caso? 10

- ¡Cuánto lo siento!
- Es igual. Ya cogeré otro.
- ¡Qué mala suerte!
- ¡Otra vez será!
- De todos modos no me interesaba.
- Lo siento, pero me fue imposible.
- ¡Qué pena!

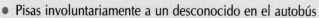

- Pisas involuntariamente a un desconocido en el autobús
- Vas a coger el tren y ya ha salido
- Compras un billete de avión y cancelan el vuelo
- Confiabas en recibir un premio y ni siquiera te han nombrado
- No te han dado el trabajo que solicitabas, pero realmente no estabas muy interesado en él
- No has podido acudir a una cita con tu amigo

1 Lee los consejos de la señora Engracia y averigua a cuál de estos lectores están dirigidos.

1

Querida amiga:

La vida todavía está comenzando para ti. No te desanimes. El árbol tierno sufre con los vientos fuertes; pero también se hace más resistente. A ti te está ocurriendo lo mismo, hija mía: el desprecio de la persona a quien amas no es más que una señal de que esa persona no merece tu amor. No te quiere. Así ocurre en la vida: unas veces acertamos y otras no. Crece como el arbolito, poco a poco, resistiendo los fríos y las heladas. Y pronto aparecerá otro amor en tu camino.

2

Sí, hija mía, tienes toda la razón. Hay personas que juegan con los sentimientos más nobles, como el amor. Al final descubriste que él estaba casado... Tu amor era puro y desinteresado, aunque él era tu jefe y te pagaba diez mil pesetas más cada mes. Tu ingenuidad fue muy grande: con ese dinero solamente quería que estuvieses a su servicio, como una vulgar amante. En la vida es preciso tomar decisiones duras. Te aconsejo que dejes el trabajo y a tu jefe y pases por la Oficina de Empleo lo antes posible.

3

Estimado Roberto:

Tu caso, hijo mío, no es ni raro ni complicado. Ocurre a menudo que cuando ya tenemos algo seguro, nos apetece lo ajeno. En el amor también hay limitaciones. ¿Cómo podrías, además, querer y dedicarte por entero a dos personas a la vez? Las leyes de la sociedad reflejan las leyes de la naturaleza. Debes pensar siempre en esto. Josefina es sólo la impresión pasajera de lo que es nuevo. No debes dejarte engañar por lo que brilla. Tampoco la conoces. Tienes que ser un caballero: no puedes hacer esperar a Nieves bajo la lluvia mientras tú estás divirtiéndote con Josefina. ¿Te gustaría que te lo hicieran a ti?

Hijo mío, conserva lo seguro y recuerda el refrán: «Más vale lo malo conocido que lo bueno por conocer».

II. Consultorio sentimental

1. Práctica de comprensión lectora.

Primero se leen los tres textos. Luego se sugieren y discuten las propuestas de los alumnos, razonándolas con pruebas extraídas de cada uno de los textos.

El primero se refiere a un joven adolescente.

El segundo a una joven secretaria.

El tercero a un joven de unos treinta años.

Pero más que la solución correcta, lo que importa es llegar a ella a través del intercambio de información en español.

2. Para responder a estas tres preguntas es preciso releer los textos y clarificar bien su significado.

En **1** el joven no es correspondido por aquella a quien ama.

En **2** la joven secretaria se ha enamorado de un hombre casado.

En **3** Roberto tiene novia, pero no sabe qué hacer porque también le gusta otra amiga.

3. Reconstrucción de un texto. Los alumnos colaboran con sus propuestas:

Texto:

Estimada señora Engracia:

Llevo muchos días pensando en escribirle. Pero soy un poco **tímido** y me cuesta decidirme. Antes de nada, la felicito por su **programa.** Realmente está ayudando a mucha **gente.** Yo también confío en sus consejos. Mi caso es un poco complicado. Resulta que creo que me he **enamorado** de dos chicas a la **vez.**

Hasta hace poco salía con Nieves. Me gusta estar con ella. Tenemos **gustos** semejantes. Yo la quiero y ella me **quiere.** Ella no piensa más que en mí. Cuando salgo del trabajo siempre está **esperándome,** aunque haga frío, nieve o llueva.

Pero hace unos días **conocí** a Josefina en una fiesta de amigos. Fue algo repentino. En cuanto la vi, un «no sé qué» recorrió **todo** mi cuerpo. Ya no hice otra cosa en la fiesta que **buscarla** con la mirada. Y observé que ella hacía lo mismo. En cuanto yo dejaba de **mirarla,** ella trataba de mirarme a mí. Me paso todo el día pensando en ella. No sé si llamarla. Porque **llevo** tanto tiempo con Nieves. ¡Y ella me quiere tanto! Pero creo que también estoy enamorado de Josefina. ¿Qué **debo** hacer?

4. Éstas son las palabras con las que se completaba el texto anterior. Su significado se consolidará y aclarará más al tener que elegir entre dos opciones:

Enamorado: que ama a otra persona.

Vez: ocasión en que sucede algo.

Gustos: cosas que se hacen por voluntad de cada uno o porque agradan.

Quiere: ama.

Buscarla: encontrarla con intención y esfuerzo.

Mirarla: fijar la vista para verla.

¿Cuál es el problema sentimental de estos tres lectores? 2

Lee y trata de completar el texto. 3

Estimada señora Engracia:

Llevo muchos días pensando en escribirle. Pero soy un poco _____,
me cuesta decidirme. Antes de nada, la felicito por su _____. Realmente
está ayudando a mucha _____. Yo también confío en sus consejos. Mi caso
es un poco complicado. Resulta que creo que me he _____ de dos chicas a la _____. Hasta hace poco salía con Nieves. Me gusta estar con ella. Tenemos _____ semejantes. Yo la quiero y ella me _____. Ella no piensa
más que en mí. Cuando salgo del trabajo siempre está _____, aunque
haga frío, nieve o llueva. Pero hace unos días _____ a Josefina en una fiesta
de amigos. Fue algo repentino. En cuanto la vi, un «no sé qué» recorrió
_____ mi cuerpo. Ya no hice otra cosa en la fiesta que _____ con la
mirada. Y observé que ella hacía lo mismo. En cuanto yo dejaba de _____,
ella trataba de mirarme a mí. Me paso todo el día pensando en ella. No sé si
llamarla. Porque _____ tanto tiempo con Nieves. Y ella me quiere tanto.
Pero creo que también estoy enamorado de Josefina. ¿Qué _____ hacer?

Éstas son las palabras para completar el texto an- 4
terior. Elige el significado que mejor se aproxime
al del texto.

Enamorado	que ama a otra persona o siente amor por ella
	que no puede vivir sin tener lo que desea
Vez	ocasión en que sucede algo
	acto repetido muchas veces
Gustos	sentidos corporales
	cosas que se hacen por voluntad de cada uno o porque agradan
Quiere	ama
	soporta
Buscarla	encontrarla
	esforzárse por encontrarla

157

Mirarla	{ fijar la vista para ver algo o a alguien { ver por casualidad
Llevo	{ conduzco o traslado, llevándola de la mano { he estado con ella durante...
Debo	{ se usa para expresar una obligación { se usa para expresar una posibilidad futura
Esperándome	{ recibiendo a alguien en un lugar { permaneciendo en un sitio hasta que ocurra algo
Conocí	{ comprendí { vi por vez primera
Todo	{ aplicado a cada una de las partes que componen algo tomado como conjunto { aplicado a algo en sentido de arriba hacia abajo o viceversa
Tímido	{ se aplica a la persona con poca seguridad y confianza en sí mismo { se aplica a quien es decidido y valiente en la vida
Programa	{ exposición detallada de lo que alguien debe hacer { emisión de radio
Gente	{ conjunto de personas al mando de uno { conjunto de personas consideradas colectivamente

5 Lee de nuevo la carta de este joven y busca la respuesta de la señora Engracia en la página 156.

6 Pon acento en *que, cuanto, cual, como, quien,* cuando sea necesario.

a) Cuanto más habla, menos come.
b) ¿Que que dice?
c) Son tal para cual.
d) Todavía no sé a cual elige para el cargo.
e) Como no lo haga él mismo, nadie lo hará.
f) No me ha dicho cuanto costaba.
g) Pregunta que como se ha comprado un coche.
h) Quien mucho abarca, poco aprieta.

7 Adivina. ¿Cómo se llevan estas personas, si...

• salen juntos todos los domingos?
• no se hablan desde hace un mes?

Llevo: conduzco o traslado...

Debo: se usa para expresar obligación.

Esperándome: permaneciendo en un sitio hasta que ocurra algo (llegue).

Conocí: vi por vez primera.

Todo: aplicado a cada una de las partes...

Tímido: se aplica a la persona con poca seguridad y confianza en sí mismo.

Programa: emisión de radio.

Gente: conjunto de personas consideradas colectivamente.

5. Revisando las tres cartas presentadas anteriormente, debe especificarse a cuál de ellas corresponde esta respuesta de la señora Engracia. Se trata de la carta de Roberto. Deben darse razones extraídas del texto de ambas cartas.

6. Ejercicio de ortografía con elementos que pueden funcionar en frases interrogativas o no.

Los elementos reseñados llevan acento en *b* (segundo **qué**), *d* (**Cuál**), *f* (**cuánto**), *g* (**cómo**).

7. Práctica de la expresión oral en contextos definidos.

Siguiendo el orden de las situaciones sugeridas:

Se quieren.

No se llevan bien.

Se odian.

No le cae bien/No le gusta.

Se aman/Están enamorados.

Están enamorados.

No se llevan bien.

Naturalmente, caben otros matices en las expresiones utilizadas. Todas las sugerencias se anotan en la pizarra.

8. Ejercicio gramatical para llamar la atención sobre el uso de los pronombres antepuestos al verbo:

a) **Le.**

b) **Nos/les, te, le, os me** (caben todas las posibilidades, menos **se,** al no estar más especificado el contexto). Explíquese esta realidad.

c) **Me.**

d) **Se.**

e) **Te.**

f) **Me.**

g) **Os.**

9. Con la participación y sugerencias de toda la clase se hará una lista de las situaciones en que cada expresión puede decirse.

Las tres primeras señalan indiferencia. La cuarta es una petición de algo más (comida, etc.). Al mismo tiempo se contrastan los posibles significados del verbo **dar** en estos contextos.

159

- no se saludan cuando se cruzan en la calle?
- Susana le hizo un regalo, pero él ni siquiera le ha dado las gracias?
- se abrazan cada vez que se ven?
- no hacen más que mirarse el uno a la otra, estén donde estén?
- cuando están juntos siempre están discutiendo?

Completa con *me, le, se, te, nos, os.* 8

a) A ella no ——— gusta ir al cine.

b) ¿Y quién ha dicho que ——— van a dar el premio? No saben nada del tema.

c) ——— importa muy poco el tema de la guerra fría. Nunca leo el periódico.

d) ——— quedan siempre en casa, aunque haga sol.

e) ¿ ——— acuerdas de lo que ——— dije? Pues ha ocurrido.

f) Dice que ——— tiene miedo a mí. No sé por qué.

g) A ellos se lo comuniqué por escrito, pero a vosotros ——— lo digo de palabra.

En qué situaciones dirías estas expresiones. Pregunta a tu compañero. 9

- ¡Qué más da!
- ¡Da igual!
- ¡Me da lo mismo!
- ¡Dame más!

Me gusta	Nos gusta
Te gusta	Os gusta
Le gusta	Les gusta

10 En grupo. **Descubre el pulso vital de tu grupo. Infórmate sobre sus pasatiempos preferidos. ¿En qué ocupan sus ratos de ocio? ¿Qué sienten en esos momentos? Dialoga con ellos para rellenar este gráfico y escucha después las opiniones de los otros grupos.**

EL PULSO VITAL DEL AULA DE ESPAÑOL

NOMBRE	GUSTOS	CUÁNDO	TIPO DE SENSACIONES

11 Fuera del aula. **Habla con algunos conocidos tuyos y anota después sus problemas personales en tu cuaderno.**

III. Vivamos en armonía.

1 **¿Qué expresión utilizarías en cada una de estas situaciones? ¿Cuál sería tu reacción?**

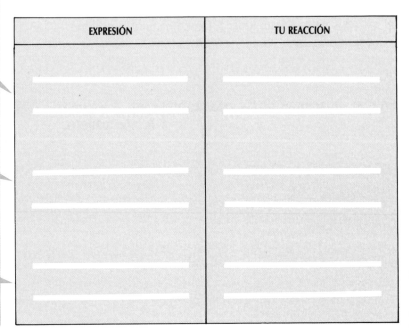

EXPRESIÓN	TU REACCIÓN

160

10. Actividad para la práctica integral y autónoma de la expresión oral reutilizando las funciones para expresar afectos o estados de ánimo.

11. Este trabajo fuera del aula se utilizará posteriormente en la Sesión III. La charla con los conocidos o amigos deberá ser «traducida» posteriormente en un «problema» personal. Por ejemplo: «Está triste porque los jóvenes no se fijan en ella».

III.   Vivamos en armonía

1.   Los alumnos hacen sugerencias y se anota la lista de los resultados.

Ejemplo:

1. Esta persona expresa indiferencia. ***¡Me da igual! ¡Qué más da/Es igual!*** **A mí no me gustan las personas indiferentes.**

2. Se excusa.

3. Expresa decepción con su hijo.

4. Expresa desilusión.

2.   Actividad para practicar la expresión oral preguntando/dando la información solicitada. La comparación con lo expresado por esta encuesta aplicada a los españoles puede hacerse con la participación de toda la clase.

3.   Las notas tomadas «Fuera del aula» al final de la Sesión II dan origen a un juego. Esta actividad debe ayudar a anular el rechazo a hablar español. Implica un mínimo de imaginación por parte de los componentes del grupo para aportar soluciones «raras» o «cómicas».

EXPRESIÓN	TU REACCIÓN

LOTERIA
1º - 34567
2º - 92031
3º - 44244

Este gráfico muestra los sentimientos de los españoles en las fiestas de la Navidad. Prepara las preguntas adecuadas para descubrir qué siente tu compañero en estas fiestas. Compara sus respuestas con la de los españoles.

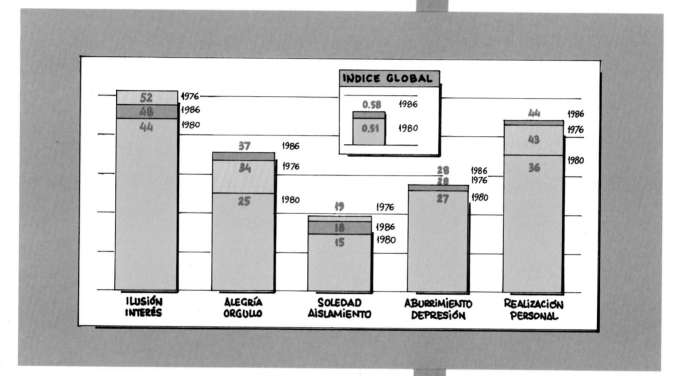

En grupo. **Los disparates de la señora Engracia.**   3

¡Participa en este divertido concurso! Lee de nuevo las notas que tomaste en **II.11.** Inventa soluciones disparatadas para cada uno de los problemas de tus conocidos. Elegid la solución más divertida entre todos los compañeros del grupo.

El grupo que gane tendrá que hacer llegar su atrevida solución a la persona que viva en una situación tan «dramática».

Consulta al profesor o estudia por ti mismo   *Pág. 163*

Ahí te quiero ver...

Se ha inventado un nuevo robot doméstico. Este logro de la técnica consigue no solamente que el robot realice las labores del ama de casa, sino que reacciona también ante problemas de tipo sentimental.

Todos los robots serán programados de la misma manera. Para que no reaccionen de manera anormal, es necesario que todos participen en la creación del banco de datos del nuevo robot.

Envía un listado con los sonidos, palabras y expresiones que reflejan un determinado problema sentimental o afectivo, junto con las reacciones que por parte del robot corresponderían en cada caso.

AHÍ TE QUIERO VER

Véase el procedimiento en el **Prólogo.**

El resultado final será un listado escrito referido a los estados emocionales y afectivos. Los resultados de cada grupo o persona se recopilarán en la pizarra, elaborando así una lista completa.

● Uso de pronombres antepuestos al verbo (ver ANTENA 1, Apéndice).

Nótese que **se** es la forma utilizada tanto para expresar impersonalidad *(se dice...)* como reflexividad *(se aman...)*. Es invariable en singular y en plural. Se usa en las terceras personas y con usted *(usted no se lava a diario...)*.

La forma **le/les**, como complemento indirecto, se usa tanto para el masculino como para el femenino:

> *A él le gusta Josefa.*
> *A ellas les gustan los jóvenes con pelo largo.*

● ***Llevo*** muchos días ***pensando en*** escribirle.

Esta perífrasis equivale a *ya hace muchos días que pienso en escribirle*. Expresa, por tanto, que una acción se ha realizado continuadamente desde un momento en el pasado hasta ahora.

● **Que, cuanto, cual, como, quien** llevan acento ortográfico cuando se dan en oraciones interrogativas o se quieren resaltar o enfatizar:

> *¿Cómo lo hizo?*
> *No sé cómo pudo hacerlo.*

Para expresar desilusión, decepción:

- *¡No puede ser!*
- *¡Estoy cansada de este concurso!*
- *¡Qué desilusión! Nada interesante.*
- *¡Qué mala suerte!*

Para expresar indiferencia:

- *¡Qué más da!*
- *¡Da igual!*
- *¡Me da lo mismo!*

Abandonar(se)	Desde luego	Liberar(se)
Acercar(se)	Desilusionado	Pasajero
Afortunado	En cuanto	Por entero
Al lado	Esclavitud, la	Preocupado
A la vez	Esclavo, el	Refrán, el
Antes de nada	Evasión, la	Secundario
Cartelera, la	Excitado	Sesión, la
Complicado	Herencia, la	Tímido
Conocido, el	Interminable	
Consejo, el	Jornada, la	

I. El atractivo de la «caja tonta».

1 ¿Qué tipo de programas sueles ver en la televisión de tu país?

2 Escucha la emisión del programa de televisión «La tarde es nuestra». ¿En qué orden deberían aparecer estas imágenes?

OBJETIVOS PRINCIPALES:

ÁREA TEMÁTICA: Comunicación por teléfono y televisión.

FUNCIONES: Dar, recibir información. Relatar hechos una tercera persona.

Aspectos estructurales y gramaticales: Se dice... *Dicen* que... *Dice/Dijo/Ha dicho/Había dicho* que... + verbo.

Puntos específicos: Entonación/ritmo. Formas irregulares del indefinido.

I. El atractivo de la «caja tonta»

1. *Nota:* En el lenguaje coloquial y periodístico se hace referencia frecuentemente a la televisión, en sentido peyorativo, con el apelativo de «caja tonta».

Los alumnos exponen brevemente sus gustos y referencias en torno a sus programas favoritos de televisión. Se inicia así el área temática de la unidad.

2. Exposición a la lengua oral y comprensión lectora. La ordenación de las imágenes actuará como «reto» para concentrar la atención e incrementar el interés.

3. Se escucha de nuevo el mismo texto, pero ahora los alumnos lo leen **con algunas variantes,** que han de identificar y anotar. (Véase el original en **2**).

4. Actividad de audición. Hágase especial hincapié en la correcta reproducción del ritmo y la entonación.

Texto:

1. Me dijo que eran las tres de la tarde.

2. Dice que no sabe nada.

3. ¿Dices que no es verdad?

4. Me había dicho que vendría.

5. Dice que es puntual, pero siempre llega tarde.

6. Me dijo que había ido al cine.

7. ¿Te dijo que lo haría ella?

5. Reproducción mediante la audición. Ya se habrá notado que las oraciones que escuchan los alumnos presentan todas ellas la estructura del «estilo indirecto». Pero procure el profesor no comentar todavía el tema. Lo que se pretende es que los alumnos se familiaricen un poco con estas estructuras lingüísticas mediante la audición y el uso.

Texto sugerido:

Dice que (nunca ve la televisión).

Ha dicho que (es un día importante para su hija).

Dice que (vengas).

Dijo que (su profesor le había suspendido).

Dijo que (vendría pronto).

Se dice que (mañana no será fiesta en la capital).

Había dicho que (no lo haría, pero lo hizo).

6. Práctica de expresión oral, en parejas o en grupos. Ahora el alumno ya puede empezar a utilizar los registros del estilo indirecto y, desde luego, las completivas con **que**.

Escucha y lee el texto de nuevo. Anota las diferencias entre lo que escuchas y lo que lees. **3**

Buenas tardes. De nuevo con ustedes «La tarde es nuestra», un programa por hacer más agradable la sobremesa, para entretenerles en las horas de descanso, antes de salir de nueva para el trabajo. Hoy hemos querido ofrecerles algo diferente, original, nunca oído. ¿Sabían ustedes que los hombres no hablan solamente con la boca? Pues sí, señoras y señores. Y ocurre en España, en las islas. Allí todavía hay personas que hablan... silbando. Han oído ustedes bien, «sil-ban-do». Nos acompaña Alejo Cienfuentes, especialista en esta «idioma» canario.

▷ Buenas tardes, Alejo.
▶ (Alejo contesta silbando.)
▷ ¿Cómo?
▶ (Silba de nuevo lo mismo.)
▷ Ya lo han oído ustedes. Alejo nos dijo «buenas tardes» en su «lengua...».

Escucha y repite. **4**

Escucha y completa. **5**

1. Dice que
2. Ha dicho que
3. Dice que
4. Dijo que
5. Dijo que
6. Se dice que
7. Había dicho que

Describe a tu compañero un programa de televisión que hayas visto recientemente. **6**

- Ocurrió que...
- Vi que...
- Entonces dijo que...
- Y dice que...

7 **Escucha este informe emitido en TVE y comprueba si son ciertas estas afirmaciones.**

	V	F

a) Hay muchos españoles que nunca ven la televisión ....

b) TV-3 es el único canal que ven los catalanes ....

c) La televisión es el opio agradable de los españoles ....

d) Los canales regionales tienen más audiencia que los estatales ....

e) Los españoles dedican cada vez más tiempo a ver la televisión ....

8 **Lee y completa el texto con algún elemento de los recuadros de la izquierda.**

- prefieren
- dedican
- es
- ha dicho
- se ve

- mayor
- diarios
- consumido
- estatales
- escasa
- geográfica

- frecuencia
- televisión
- encuestas
- importancia
- canales
- televidentes

El informe dice que los mayores de catorce años   tres horas y treinta y cinco minutos   a ver la televisión. Con ello los españoles demuestran que   este medio de entretenimiento sobre cualquier otro. Se dice también con   que la televisión es el «opio del pueblo». Debe ser un opio agradable, puesto que el tiempo dedicado a la televisión ha aumentado en relación con   anteriores. Naturalmente, los sábados y domingos, el tiempo   frente a este aparato se incrementa y alcanza las cuatro horas y cuarto.

En España no existe televisión privada y la oferta de canales es   : aparte de las dos cadenas   , existe una tercera en algunas regiones (Cataluña, País Vasco y Galicia), que emite en las lenguas propias de estas zonas. Se   que estos canales son de poca audiencia. Pero la encuesta confirmó que habían aumentado los que preferían estos   regionales a los estatales. Entre ellos, el que más   tiene es la TV-3, de Cataluña. Se constata, por ejemplo, que TV-3   más que TV-2 (canal del Estado) en Cataluña. Esto significa que la proximidad   del emisor tiene también   en la elección de los programas por parte de los espectadores.

Muchos dicen que nunca ven la   . La encuesta también confirma que esto no   así: la ven diariamente más de veinticuatro millones de españoles, es decir, el 87 por 100 de la población de catorce años.

9 **Compara los canales y audiencias de TVE con la televisión de tu país.**

10 Fuera del aula. **Toda la clase. Elegid una película en la programación de televisión de esta semana. Después de verla, anotad los aspectos más interesantes de ésta.**

7. Exposición a la lengua oral y comprensión auditiva. (Ver texto en **8**). Ése es el objetivo de las cinco preguntas formuladas.

8. Los alumnos leen el texto individualmente y tratan de completarlo con los elementos del recuadro. Luego se hace con la participación de toda la clase y con las sugerencias de cada uno.

Texto:

El informe dice que los mayores de catorce años **dedican** tres horas y treinta y cinco minutos **diarios** a ver la televisión. Con ello los españoles demuestran que **prefieren** este medio de entretenimiento sobre cualquier otro. Se dice también con **frecuencia** que la televisión es el «opio del pueblo». Debe ser un opio agradable, puesto que el tiempo dedicado a la televisión ha aumentado en relación con **encuestas** anteriores. Naturalmente, los sábados y domingos, el tiempo **consumido** frente a este aparato se incrementa y alcanza las cuatro horas y cuarto.

En España no existe televisión privada y la oferta de canales es **escasa:** aparte de las dos cadenas **estatales,** existe una tercera en algunas regiones (Cataluña, País Vasco y Galicia), que emite en las lenguas propias de estas zonas. Se **ha dicho** que estos canales regionales son de poca audiencia. Pero la encuesta confirmó que habían aumentado los que preferían estos **canales** regionales a los estatales. Entre ellos, el que más **televidentes** tiene es la TV-3, de Cataluña. Se constata, por ejemplo, que TV-3 **se ve** más que TV-2 (canal del Estado) en Cataluña. Esto significa que la proximidad **geográfica** del emisor tiene también **importancia** en la elección de los programas por parte de los espectadores.

Muchos dicen que nunca ven la **televisión.** La encuesta también confirma que esto no **es** así: la ven diariamente más de 24 millones de españoles, es decir, el 87 por 100 de la población **mayor** de catorce años.

9. La respuesta a lo que aquí se pide requerirá probablemente otra lectura del texto anterior para asegurarse de que en España existen dos canales de TV de ámbito nacional y un tercero en algunas regiones (TV-3 en Cataluña, TV vasca, TV gallega...).

10. Recomiéndese esta actividad «fuera del aula». La información se utilizará en la Sesión III.

II. Malentendidos audiovisuales

1. Ejercicio de comprensión auditiva y práctica lectora, simultáneamente. El profesor también puede optar por una u otra destreza o por la práctica de una después de la otra.

2. Mediante la lectura y comprensión de este documento real se podrá dar respuesta a la pregunta formulada. No es necesario profundizar en la comprensión detallada de toda la programación. Sería suficiente con los titulares. Debe promoverse la conversación e intercambio de información oral.

II.   Malentendidos audiovisuales.

Escucha a esta pareja y averigua cuál es su programa favorito para esta noche.   `1`

▷ Date prisa. Hoy quiero acabar pronto.

▶ Pues todavía hay muchas cosas que hacer; sobre todo hay que...

▷ Acabar. Hoy no me pierdo el partido de fútbol en la televisión.

▶ ¿Partido de fútbol? No lo hacen.

▷ ¿Cómo que no lo hacen? Si ayer leí yo mismo el programa de la Primera Cadena.

▶ Pues lo habrán quitado. Desde luego hoy no lo hacen.

▷ Tú lo que quieres es engañarme para que continúe aquí.

▶ Que no. Que es verdad. Hoy hacen la película de los miércoles. Como siempre.

▷ No te creo.

▶ Parece ser que no han llegado a un acuerdo con el club de fútbol y no les permiten transmitir el partido.

▷ Pero si se trata del Real Madrid.

▶ Pues no se han puesto de acuerdo.

▷ ¿Es verdad lo que dices? No me gusta tu sonrisa. Quiero comprobarlo.

▶ Compruébalo y verás.

Lee la programación de TVE y di cuál de los dos estaba equivocado.   `2`

Miércoles, 23 de diciembre de 1986

15.00 Telediario 1.

15.35 Falcon Crest. Serie. *El catacl...* *(The cataclysm).* "Chase es tiroteado y su estado comienza a ser grave cuando se le produce una gran hemorragia que hace sea introducido urgentemente en el quirófano. Angela y Lance destrozan las bodegas Agretti-Stavros y rompen la unión de Eric y Melissa, falsificando la firma de ésta".

16.30 La tarde. Actuación musical: Julián Granados.

17.25 Avance telediario.

17.30 Letra pequeña (repetición, viernes 19, a las 11.10).

18.00 Barrio Sésamo. *Las pesas.*

18.30 La alegre pandilla. Juvenil.

19.00 Tocata. Dirección y realización: Mauricio Romero. Con los siguientes vídeos y actuaciones: Janet Jackson, Kadetes, Escorpions (vídeo), Astrolabio, Madonna (vídeo), Sandy Marton, Pet Shop Boys, Lionel Richie (vídeo). da en ... de parad...

20.00 Todo queda en casa.

20.30 Telediario 2.

21.05 Sesión de noche. *América, América (America, America),* 1963, 166 minutos, blanco y negro. Dirección y guión: Elia Kazan. Música: Manos Hadjidakis. Intérpretes: Stathis Ciallelis, Frank Wolff, Estella Hemsley, Harry Davis, Elena Karam, Lou Antonio, Gregory Rozakis. "A finales del pasado siglo, griegos y armenios viven en Anatolia bajo la opresión de los conquistadores turcos. Son una minoría, pero llevan mucho tiempo en permanente subversión. En 1896 arde el Banco Nacional de Constantinopla y esto desata la más feroz de las represalias. La huida, la emigración empieza. América es la tierra por todos deseada, pero es una meta casi inaccesible: cruzar el océano vale más de 100 libras turcas; una fortuna. Un joven griego, Stavros Topouzoglou, inicia la ... política educativa ... de not...

aventura. Soportará las mayores penalidades —incluso la bajeza de planear un matrimonio de conveniencia con una fea y rica heredera— para conseguir su propósito. Llegará a ver muy de cerca la estatua de la Libertad, pero será otra odisea poder contemplarla desde tierra".

0.20 Telediario 3.

0.50 Despedida y cierre.

TVE-2

18.45 Carta de ajuste.

18.59 Apertura y presentación.

19.00 Agenda informativa.

19.15 Curso de inglés. Lección 3ª.

19.30 Mickey y Donald.

20.00 Plumier (programa sobre educación). *¿Hacia dónde va el FP?* "Es acuciante la necesidad de técnicos en España; sin embargo, aquí todo el mundo estudia ... necesidad hoy ... ...

las enseñ...

20.30 Con las m...

21.00 Fin de siglo ... Biosca, Isabel ... y Bertín Osbor... Osborne y Ke...

22.45 Tiempos m... *hoy.* Inform... zan en la ci... res y escrito...

24.00 Estudio estadi... cuentros de la Lig... **Despedida y cie...**

JUEVES
TVE-1

7.15 Carta de aju...

7.29 Apertura y pres...

7.30 Buenos días.

9.10 Follow me.

9.25 La cesta de la c...

167

3 Estudia la programación anterior y selecciona los espacios más interesantes. Pregunta a tu compañero.

4 En grupo. **Compara los programas de TVE con los de la televisión de tu país.**

	TVE	LA TV DE TU PAÍS
Tipo de programas:		
Horas de emisión:		

5 Lee de nuevo el diálogo de la página anterior y comenta con tu compañero lo que había dicho cada uno de los dos.

- Uno decía que…
- Pero el otro decía/dice/le contestó que…

6 Estudia los siguientes modelos. ¿Qué quiere decir cada frase?

Dice que
- *es* tarde.
- *era* tarde.

Dijo que
- *era* muy pronto.
- *no estaría* bien hablar de ello.
- le *gustaba* mucho el regalo.
- le había *gustado* mucho el regalo.

Había dicho que
- nunca te lo *contaría*.
- no *era* verdad.

Si *vienes,* no *llegues* tarde.
Cuando *vengas, trata* de no llegar tarde.
Aunque *vengas* tarde, no lo *digas* a nadie.

Si *habla,* lo *dirá* todo.
Cuando *hablas, procura* no toser.
Aunque *hables,* no *temas* a la audiencia.
Aunque *hables* entre amigos, *ten* en cuenta que luego todos lo sabrán.

* Consulta en una gramática o pregunta al profesor sobre el uso del indicativo y el subjuntivo en frases como las anteriores.

3. Relectura de la programación anterior y análisis de la misma con el fin de que cada cual exprese sus gustos y se informe de los de su compañero.

4. Transferencia al contexto del alumno. Primero cada uno anota las diferencias. Luego se comentan en clase.

5. Práctica de la expresión oral en el ámbito de las funciones en que se concentró la Sesión I: referir lo que dice un tercero. Obsérvese que el uso de un determinado tiempo en el verbo de la oración principal *(dice/dijo/decía/había dicho)* conlleva diferencias en el verbo de la subordinada:

Dice **que la película** *es/será* **buena.** *Dijo* **que la película** *era/había sido* **buena.** *Ha dicho* **que la película** *es/será* **buena.**

6. El tema de la correspondencia de tiempos en la oración subordinada y principal se ilustra más ampliamente en los cuadros que aquí se ofrecen.

Primero los alumnos deben tratar de comprender bien cada frase. El profesor ayudará a la comprensión explicando brevemente la estructura y tiempos de cada una. En las condicionales, temporales y concesivas el contraste reside en el uso del indicativo o subjuntivo (como ya se ha visto en unidades anteriores).

Ahora puede ser el momento adecuado para que los alumnos amplíen sus conocimientos y comprensión del tema consultando por su cuenta una gramática.

7. Práctica de lo analizado anteriormente mediante la combinación de un elemento de cada columna. La recombinación de elementos se hará primero individualmente, para luego exponerlos a toda la clase.

b) Se sugiere una ampliación de esta práctica en frases que los propios alumnos deben crear, en torno al tema de la unidad.

Nótese que las estructuras utilizadas pueden ampliarse al uso de la impersonalidad en la referencia de noticias: *se dice, dicen* **que...**

8. La consolidación de las formas irregulares del indefinido es importante, ya que sobre ellas se forma también el imperfecto del subjuntivo. En este objetivo se cifra la actividad. Puede hacerse con la participación de toda la clase.

9. Comprensión auditiva y lectura de un texto.

Aprovéchese para anotar los registros utilizados en las conversaciones telefónicas. Los aquí apuntados son los más utilizados en España. En algunos países hispanoamericanos se utilizan otros registros. Pero éstos son siempre considerados correctos y se entienden en todo el ámbito de habla hispana. **«Diga»** es frecuente cuando se coge el teléfono. Quien llama suele identificarse a continuación. Más coloquialmente también se usa el registro anotado en el segundo diálogo (**«¿Oiga? ¿La señorita Montserrat?»**), dicho por quien llama a quien coge el teléfono.

En parejas. 7

a) **Relaciona los elementos de cada columna.**

Dice		hablaría por televisión.
Dijeron		la presentaría vestida de azul.
Ha dicho		no verían ese programa.
Dijo	que	hablará ante un numeroso público.
Se dice		son muy pocos los que ven este canal de televisión.
		no pisará por su casa.
		hoy no es el día adecuado para ir de playa.

b) **Inventa nuevas frases. ¿Qué se dice en la televisión?**

Adivina. 8

Poner	*puse*	*pusiera*
Decir		
Querer		
Escribir		
Estar		
Ir		
Buscar		
Hacer		
Empezar		
Ser		

Escucha a la telefonista de TVE y anota. 9

(Suena el teléfono)

▷ Diga.

▶ Televisión Española. Le llamo para recordarle que mañana tiene usted que presentarse a las once y media de la mañana para la entrevista.

▷ ¿Cómo? ¿Qué entrevista?

▶ Sí, la entrevista para el papel de actriz...

▷ Seguramente se ha equivocado usted. Está llamando a la carnicería «El Esmero».

▶ ¿Pero no es en Barcelona?

▷ No, no. Estamos en Madrid.

▶ Perdone usted. Seguramente no he marcado el prefijo.

(Marca de nuevo, con el prefijo 93)

▷ ¿Oiga? ¿La señorita Montserrat?

1. ¿A quién quiere llamar de parte de Televisión Española?

2. ¿Para qué?

3. ¿Cuántas equivocaciones hay?

4. ¿Qué edad calculas que tiene Montserrat?

5. ¿Por qué se da cada una de las equivocaciones?

▶ Sí, sí, dígame.

▷ La llamo de Televisión Española. Es para recordarle que su entrevista es a las once y media, mañana jueves.

▶ ¿Qué entrevista?

▷ ¿No es ése el número 245 34 78, de Barcelona?

▶ Sí, pero yo no he solicitado ninguna entrevista. A mi edad... ya no deseo trabajar para la televisión.

▷ Disculpe usted. Debo de haber cogido mal el número de teléfono.

▶ No importa. Adiós.

10 **Esto es lo que hay que hacer antes de marcar un número.**

a) **Lee con atención.**

INSTRUCCIONES PARA EL USO DEL TELÉFONO DURANTE SU ESTANCIA EN ESPAÑA

SERVICIO AUTOMÁTICO (1)

1. Asegúrese que el teléfono que va a emplear está capacitado para el servicio automático que usted precisa.

2. Descuelgue el microteléfono y espere la señal para marcar.

3. LLAMADAS URBANAS:
   Marque el número deseado.

4. LLAMADAS INTERURBANAS:
   Marque el prefijo de la ciudad a la cual va destinada la llamada, y a continuación el número del abonado deseado.

5. LLAMADAS INTERNACIONALES:
   Marque el 07. Espere un segundo tono más agudo que el normal. A continuación el indicativo del país hacia el cual va encaminada la llamada (*), seguido del de la ciudad, y del número del abonado deseado.

(1) Este servicio podrá obtenerlo desde los locutorios o desde las cabinas marcadas con el siguiente rótulo:

teléfono
URBANO·INTERURBANO·INTERNACIONAL

(*) Consulte los indicativos de países en la última página.

NOTA: Para conferencias no automáticas, llame a la operadora. Marque el 003 para información general.

b) **¿Qué instrucciones no siguió la telefonista de TVE?**

10. Es importante leer y comentar estas instrucciones con la participación de toda la clase, dada su utilidad para quien viaja por países de habla hispana.

b) La comprensión se activa tratando de descubrir qué es lo que hizo mal la telefonista de TVE (probablemente, no haber marcado el prefijo de la provincia).

11. Práctica de expresión escrita. El ejercicio es útil, ya que deben reformularse las instrucciones utilizando otras fórmulas o registros. Al final se expone alguno de los modelos elaborados.

III. La sociedad del neón

1. Primero cada uno trata de reconstruir su historia:

— Los indios acechan detrás de una colina, a la espera de la diligencia. Llega la diligencia y entonces los indios se comunican mediante señales de humo. A continuación atacan a la diligencia. Ésta aumenta su velocidad. Quienes la conducen se defienden a tiros. Los atacantes son rechazados finalmente.

Es un típico guión de «película del oeste» que luego debe comentarse en clase.

Llamar por teléfono es sencillo. Escribe tú las mismas instrucciones de manera que las entienda un principiante de español

Consejos prácticos para la utilización del teléfono

Consultar la guía	Si no conoce con exactitud el número con el que desea comunicar.	
Descolgar y esperar tono	Percibirá una señal acústica continua y uniforme.	
No demorar el marcar	Recibido «el tono», marque cada una de las cifras.	
Esperar contestación	Recibirá señal de llamada (zumbido largo interrumpido que se repite con regularidad).	
Colgar si da ocupado	(Zumbido corto interrumpido que se repite con regularidad). Esperar unos minutos antes de repetir la llamada.	

III. La sociedad del neón.

Ordena estas secuencias televisivas y haz una historieta.

2 *a)* **Entrevista a tu compañero. Rellena esta encuesta con sus opiniones.**

ENCUESTA

1. ¿Tienes televisión en casa?   Sí ☐   No ☐
2. ¿Cuántos aparatos de televisión? _____
3. ¿Horas que ves la televisión?:
   - lunes _____
   - martes _____
   - miércoles _____
   - jueves _____
   - viernes _____
   - sábado _____
   - domingo _____

4. Programas preferidos:
   - ☐ Películas
   - ☐ Documentales
   - ☐ Programas musicales
   - ☐ Noticias
   - ☐ Informes sociales
   - ☐ Reportajes

5. ¿De qué hora a qué hora ves la televisión?:
   - ☐ Por la mañana _____
   - ☐ A mediodía _____
   - ☐ Por la tarde _____
   - ☐ Por la noche _____

6. ¿Duermes menos por ver la televisión?   Sí ☐   No ☐
7. ¿Cuál es tu canal preferido? _____
8. ¿Ves programas de otros países o en otras lenguas? _____
   — ¿Cuántos? _____
   — ¿Cuáles? _____

b) **Escribid una carta al director de TVE pidiéndole que ajuste la programación a los resultados de vuestras encuestas.**

3 En grupo. **Charla-coloquio. Comentad la emisión de la película de televisión que eligió la clase en I.10.**

Consulta al profesor o estudia por ti mismo   Pág. 174

2.   La cumplimentación de la encuesta, por parejas, implica la práctica de la expresión oral, objetivo principal de la actividad. Los resultados se pueden exponer en clase, para luego elaborar una carta al director de TV pidiéndole que la programación se ajuste mejor a lo que «desea» el grupo.

3.   El profesor puede actuar de moderador en este coloquio, sobre la película que todos vieron, según se recomendó en **I.10.** Insístase en la práctica de la expresión oral, a pesar de que se cometan algunos errores.

AHÍ TE QUIERO VER

Véase el procedimiento en el ***Prólogo.***

Lo que se pide aquí requiere una preparación cuidadosa y extensa, ya que exige la revisión de lo que se ha hecho en esta sección a lo largo de las 15 primeras unidades.

El resultado final debería ser un informe-resumen de todo lo hecho.

Luego se expone algún resumen a la clase y se comenta y/o corrige éste.

Ahí te quiero ver...

«Tecnópolis» es el programa-estrella de la radio Antena-2. El programa de hoy estará dedicado a los habitantes de la Ciudad de la Armonía. Este homenaje a la primera ciudad galáctica se emitirá durante una hora, por las ondas espaciales, presentando, con la ayuda de la mejor música hispana, un surtido de reportajes, discursos, mensajes, debates y, por supuesto, publicidad indirecta.

*Prepara el guión de «Tecnópolis» utilizando lo que escribiste en cada capítulo de nuestro espacio **Ahí te quiero ver.***

Al relatar algo dicho/hecho por un tercero se exigen determinadas correspondencias en el uso del verbo de la oración principal y de la oración subordinada. (Véanse los cuadros de **II.6.**)

La correspondencia más fundamental se refiere al tiempo en el que ocurre lo que se relata y el tiempo en que se sitúa el que relata algo.

> *Dijo que era muy tarde* (no podría ser, en circunstancias normales * *Dijo que es muy tarde.*

Si lo que se implica es la referencia a algo que se toma como real o sólo como posible o irreal, entonces el uso del indicativo o subjuntivo seguirá las reglas ya comentadas anteriormente (Unidades **12** y **13**):

> *Cuando vengas, cierra la puerta* (el hecho de **venir** es todavía irreal).
> *Cuando hablas, procura no toser* (el hecho de **hablar** se presenta como real y puede incluso significar que está sucediendo en ese momento).

Para relatar hechos por un tercero:

Muchos dicen que nunca ven la televisión.
Se ha dicho que estos canales son de poca audiencia.
Dijo que era muy pronto.
Dice que es tarde.
Había dicho que nunca te lo contaría.

Referir hechos:

Ocurrió que entonces llegaron los indios y...
Vi que el malo caía al agua...
Entonces dijo que había llegado la policía.

Acuerdo, el
Aparte de
Audiencia, la
Carnicería, la
Constatar
Consumir
Diariamente
Elección, la
Emisor, el
Emitir
Engañar

Entretener
Entretenimiento, el
Equivocar(se)
Escaso
Especialista, el
Espectador, el
Estatal
Frecuencia, la
Geográfico
Inventar
Opio, el

Original
Población, la
Privado
Proximidad, la
Significar
Silbar
Sobremesa, la
Televidente, el/la
Transmitir

Esta unidad presenta una estructuración especial, diferente en varios aspectos de todas las anteriores:

ÁREA TEMÁTICA: Comunicación por radio.

FUNCIONES: Narrar, comentar/contar noticias, hechos o sucesos.

Aspectos estructurales y gramaticales: Revisión general de varios de los temas tratados a lo largo de este libro.

Puntos específicos: Entonación.

La unidad se presenta estructurada en seis secciones, más el habitual *Ahí te quiero ver.* Cada sección se concentra en una destreza o subdestreza. De ahí que el contenido de la unidad pueda también **servir de base para la elaboración de un examen final,** indicativo de lo que se ha logrado a lo largo de las 16 unidades. En realidad, los ejercicios sugeridos pueden servir de preguntas en muchos casos, con la salvedad de que necesitan su correspondiente escala de medición o valoración.

I.   Comprensión auditiva

A.   Comprensión auditiva. Los titulares **2** y **4** no se refieren a lo oído.

Texto:

a) Nos comunica el director del centro que se ha reservado una determinada cantidad de dinero para que los estudiantes más adelantados puedan perfeccionar su español en un país de habla hispana, durante un mes.

b) La Universidad de Invenlandia ha comunicado a la agencia **Sabelotodo** que el Centro de Investigaciones Lingüísticas ha inventado un método revolucionario para aprender idiomas. Según este método, el español se aprenderá mientras se duerme. Este centro ya ha patentado el aparato que hace posible este espectacular avance.

c) El próximo año, Estados Unidos cambiará de lengua oficial. El inglés es ya minoritario en este país, mientras los hablantes de español crecen continuamente. En un referéndum celebrado el mes pasado, el 78 por 100 de la población ha votado por el mencionado cambio en la lengua oficial de la nación. Sólo dos Estados han votado en contra.

B.   Comprensión lectora, que se debe comprobar cumplimentando las preguntas. Se supone una comprensión global y la capacidad de retener información relevante.

Texto:

Más de 100.000 alumnos se han manifestado hoy por las calles de las principales capitales españolas. Se ha acabado así el período de calma y tranquilidad en las aulas, que había caracterizado a los últimos diez años.

También han cerrado prácticamente todos los centros públicos debido a la ausencia de alumnos en las aulas. Las fuerzas convocantes coinciden en varios puntos: supresión de la selectividad para el ingreso en la Universidad, congelación de las tasas académicas, aumento del número de becas y no supresión de los exámenes de septiembre. La coordinadora de estudiantes, que ha convocado esta huelga, ha señalado que las conversaciones con las autoridades del Ministerio de Educación no han dado ningún resultado. Por su parte, el Ministerio ha declarado que los estudiantes están siendo manipulados por ciertas fuerzas políticas que tratan así de crear dificultades al Gobierno socialista.

Por primera vez en la historia de los movimientos estudiantiles, no obstante, se dejan de lado los planteamientos ideológicos y se reivindican aspectos concretos de la educación. Sin lugar a duda, el alto nivel de paro, que afecta sobre todo a los jóvenes que acaban sus estudios, ha sido el motor principal de esta huelga.

I.   Sintoniza nuestra emisora.

Escucha las noticias de Antena 2. Dos de estos titulares no se emiten en este informativo. ¿Cuáles son?   **A**

1. Aprenda español en la cama.
2. Hispanoamérica despega.
3. Bolsas de dinero para estudios en el extranjero.
4. España: país de moda.
5. El español se impone.

Escucha la noticia de la semana y averigua...   **B**

¿Qué ha ocurrido?   *10,000 Man Strike*

¿Cuáles son las reivindicaciones de los estudiantes?   *supresion   ingreso, congelacion, augmentación*

¿Cuál es la postura del Ministerio de Educación?   *contra estudia*

¿Cuál es la causa de las manifestaciones?

C Vuelve a escuchar. Pon un título a la noticia anterior.

D Escucha estas opiniones y anota si se trata o no de una pregunta.

	SI	NO
1.	✓	
2.		✓
3.	✓	
4.		✓
5.		
6.		
7.		

E Escucha de nuevo y averigua a cuál de las frases anteriores corresponde esta línea de entonación.

II. ¿Qué dice la prensa?

A Lee esta noticia y averigua qué es la cadena SER.

Los españoles también gustan de escuchar la radio. Tanto como ver la televisión. En conjunto, el 87 por 100 la oye alguna vez y el 79 por 100 lo hace cada día. Contrariamente a lo que suele pensarse, son mayoría los hombres que escuchan la radio, aunque con poca diferencia respecto a la mujer. La edad media del oyente español se sitúa entre los catorce y los cuarenta y cuatro años. El oyente pertenece a todas las clases sociales y es, preferentemente, vecino de una ciudad de más de 50.000 habitantes.

Por término medio, cada oyente escucha dos emisoras. Se prefieren las emisoras en FM (frecuencia modulada), y menos las de OM (onda media). Aunque esto no es muy revelador, porque actualmente sólo hay 171 emisoras de onda media, frente a 436 de onda modulada.

La emisora más escuchada es la cadena SER, con casi tres millones y medio de oyentes. Le sigue Radio Nacional de España, con poco más de dos millones y medio.

Respecto a los programas preferidos, el 65 por 100 los quiere concretos, reales. Un 35 por 100 escucha la radio a la espera de noticias; el 26 por 100 busca música ligera; el 24 por 100 quiere entretenerse; el 18 por 100 busca deportes, y el 5,5 por 100 música clásica.

C. Comprensión global y capacidad para resumir el contenido en un título.

D. Comprensión oral y discriminación de la línea entonativa de cada frase. Eso implica el saber si se trata o no de una pregunta.

Texto:

¿Cuántos estudiantes se manifestaron ayer?

Dicen que el Ministerio no les hace caso.

¿Acaso se ha tenido en cuenta a los alumnos?

El sistema educativo no responde a la realidad del siglo XX.

¿Es difícil encontrar trabajo al acabar los estudios?

¿Son suficientes las becas que concede el Ministerio?

En la Universidad no estudian más que los que tienen dinero.

E. Las frases anteriores se escuchan de nuevo, ahora tratando de asociar la entonación con el diagrama presentado.

En español, lo más frecuente (aunque no lo único) es que las frases interrogativas acaben con línea entonativa ascendente.

Si estas cinco actividades se desarrollan satisfactoriamente, el profesor puede deducir que el nivel de comprensión oral logrado a lo largo del curso es satisfactorio.

II. Comprensión lectora

A. Comprensión global de un texto. Para responder a la pregunta deben leer todo el texto, aunque aquélla es puntual y se refiere sólo a una parte del mismo.

B. Lectura más detallada del texto anterior, que requiere la identificación de información más puntual.

C. Esta actividad demostrará la capacidad del alumno para reformular la información contenida en el texto anterior.

III. Reconstrucción de información escrita

Para lograr los objetivos de cada actividad es preciso que los alumnos comprendan y manejen elementos léxicos y estructurales.

A. Reconstrucción de formas verbales contextualizadas:

Texto:

Los exámenes finales **se celebrarán** el día 25, a las nueve de la mañana, en el aula 23.

Quienes deseen **matricularse** en Antena 3, deben **obtener** un mínimo de siete puntos en el examen final.

Para la reserva de plaza en el curso 88-89 es necesario **inscribirse** en Secretaría.

El diploma final de este centro está **reconocido** por la Asociación Internacional de Calidad en la Enseñanza. Sus poseedores son **admitidos** en cualquier centro de la mencionada asociación.

Este centro de idiomas recuerda que **aprender** una nueva lengua equivale a adquirir una nueva cultura. Por eso se recomienda **pasar** las vacaciones en el país cuya lengua se aprende.

Lee de nuevo el texto anterior y comprueba la validez de estas afirmaciones.

B

	V	F
1. Los ancianos no escuchan la radio		
2. En el campo hay menos oyentes		
3. Radio Nacional de España es la primera emisora del país		
4. Una cuarta parte de los españoles buscan entretenimiento en la radio		
5. Las mujeres pobres escuchan más la radio		
6. Van a desaparecer las emisoras de Onda Media		

Destaca los datos más importantes de la noticia anterior respecto a...

C

- Los radio-oyentes españoles.
- Las emisoras de radio.
- El tipo de programas.

III. Cuestión de palabras.

Completa las noticias de fin de curso con alguno de los verbos de la derecha.

A

Los exámenes finales ▭ el día 25, a las nueva de la mañana, en el aula 23.

Quienes deseen ▭ en Antena 3, deben ▭ un mínimo de siete puntos en el examen final.

Para la reserva de plaza en el curso 88/89 es necesario ▭ en Secretaría.

El diploma final de este centro está ▭ por la Asociación Internacional de Calidad en la Enseñanza. Sus poseedores son ▭ en cualquier centro de la mencionada asociación.

Este centro de idiomas recuerda que ▭ una nueva lengua equivale a adquirir una nueva cultura. Por eso se recomienda ▭ las vacaciones en el país cuya lengua se aprende.

- aprender
- obtener
- celebrar
- reconocer
- matricular
- pasar
- admitir
- inscribir

177

B   Completa estas frases.

Si lo dice tu hermana, _____
Cuando la radio informa que hay tanto crimen, _____
Ya había dicho que _____
Si lo escribe él solo _____
Aunque hable en voz alta, _____
Con tal que _____
«He repetido mil veces que _____
Les comunicó que _____
Cuando le llegue la carta, _____

C   Lee y completa.

El nuevo director de la radio estatal *ha declarado* que se va a producir un bombazo. Quienes *participan* en los programas de la mañana, *que* no han sido consultados sobre el tema, adelantan algunas *hipótesis* sobre ese explosivo invento. *Como* el director ha hablado varias veces de sus *preferencias* por un «radio-menú», se imaginan el bombazo de la *siguiente* manera: primer plato, el propio director *disfrazado* de «ciudadano» *Kane;* segundo *plato*, el subdirector, disfrazado de *Superman;* como guarnición acompañaría la secretaria del director. El postre *todavía* se desconoce.

D   Ahora escucha el texto anterior y comprueba tus aciertos.

IV.   Los principios de la selva.

A   Este relato se transmite de generación en generación por los indígenas de las costas del Caribe. Su título original es: «Muihnika lalahkas bui pana saura munanka». Léelo y ponle un título en español.

Había dos hermanos; uno muy rico y el otro muy pobre. El pobre —como se acostumbra entre los indios—, cuando faltaba algo en su casa, iba a pedir a su hermano rico.
Y, a veces, la esposa del hermano pobre llegaba a pedir un poco
5 de sal, azúcar; o si no, el hermano pobre iba a prestar semilla de arroz

B. Reconstrucción de oraciones iniciadas.

C. Ahora se requiere más capacidad por parte del alumno, ya que no se le ofrecen los elementos que precisa para completar el texto propuesto:

Texto:

El nuevo director de la radio estatal **ha declarado** que se va a producir un bombazo. Quienes **participan** en los programas de la mañana, **que** no han sido consultados sobre el tema, adelantan algunas **hipótesis** sobre ese explosivo invento. **Como** el director ha hablado varias veces de sus **preferencias** por un «radio-menú», se imaginan el bombazo de la **siguiente** manera: primer plato, el propio director **disfrazado** de ciudadano *Kane;* segundo **plato,** el subdirector, disfrazado de *Superman;* como guarnición **acompañaría** la secretaria del director. El postre **todavía** se desconoce.

D. Se completa la corrección del texto anterior por el mismo alumno, escuchándolo en su integridad.

IV. Comprensión lectora, seguida de reconstrucción parcial y autónoma de parte del relato

A. Buscar un título exige la correcta comprensión del texto en su conjunto.

B.   Reconstrucción puntual de unas líneas primero y de un final (más extenso) después.

C.   Finalmente, la secuencia se termina con la reescritura de todo el texto, hecho que implica capacidad en el manejo de elementos lingüísticos conocidos por el alumno.

o frijoles por la parcela que iba a sembrar. Así, el hermano rico llegó a odiar a su hermano pobre y, un día que mandó a pedir veinte córdobas, le contestó que regresara mañana.

El hermano pobre se enojó con su hermano por ser tan avaro; se
10 quedó con la idea de hacerle pagar todo lo malo que le había hecho. Echó al hombro sus cosas y emprendió un viaje. Por espacio de tres semanas se internó en una de las montañas y...

Comenzó a preparar la tierra y, cuando era luna llena, sembró yuca, quequisque, banano, plátanos, frijoles y arroz. Cuando comió la pri-
15 mera yuca de su cosecha, escribió una carta al hermano rico diciéndole así:

—Hermano, estoy bien aquí. El mantel que uso por la mañana, no lo uso al mediodía; y el que uso al mediodía, no lo uso por la tarde. Los platos no son usados dos veces. Después del primer uso, los tiro
20 al basurero.

De una manera u otra, la carta llegó a manos del hermano rico. Todo lo que tenía lo vendió a un mal precio y salió a buscar a su hermano.

Después de dos meses de camino por montes bien espesos, había
25 agotado el dinero obtenido en la venta de sus propiedades. Y faltando
 - una semana para completar tres meses, se encontró con el hermano pobre. Cuando lo vio, comiendo en una hoja, le dijo:

—¡Idiay! No me dijiste que estabas muy bien, y que el mantel de la mañana no lo usabas al mediodía, y que el del mediodía...

30 —Hermano, ¿acaso no es cierto eso? Yo no te he mentido. La hoja que uso para comer en la mañana, no la vuelvo a usar al mediodía; y para la tarde recojo hojas nuevas.

No tengo que preocuparme por platos rotos, por el lavado de los trastos, ni por su pérdida...

Completa las líneas 12 y 29. Inventa un final. **B**

Vuelve a escribir el relato. Sitúa a los personajes en algún rincón de tu país y haz los cambios que creas oportunos. **C**

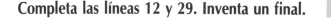

179

V.   Escríbelo tú mismo.

La pequeña india Mavis Romero conoce el origen de los tigres en América. Un día intentó contarlo a los demás, pero su precioso relato resultó incomprensible una vez escrito. Escribe correctamente cada palabra, ordena las frases y vuelve a escribir este relato desconocido de la selva americana.

MI PADRE, EL TIGRE NEGRO

Abia una vez en mi familia miskito mi padre y sus otros 2 hermanos se plantiaron para convertirse en tigre, mi padre, dicidio. de convertirse en tigre negro.

antes de convertirse les dijo a mi madre que el iba a convertirse en tigre negro para ir a cazar al monte, al salar le dijo cuando regre a casa quiero que me bañe con agua de twal asi podre convertirse en persona.

pero como mi madre era mujer miedo sa al ver al tigre se corio y se escondio de el.

de ese dia mi padre ya no podria vivir con nosotros en nuestra casa el tenia que ir al monte a vivir.

de aquel dia cuando se fue mi padre mi ma dre y nosotros teniamos que trabayar muy duro para nuestros comida porque no tenemos padre para ayudarnos solo madre tenemos.

(Donde vivia? en el grandes seros)

180

V. Reconstrucción de la información de un texto distorsionado en varios elementos, con el fin de lograr corrección sintáctica, morfológica y ortográfica

Se observará que, efectivamente, el texto se presenta con muchos defectos e incorrecciones de todo tipo. Así como en el caso anterior se insistía en la capacidad para reconstruir un texto normal, ahora se precisa por parte del alumno no solamente la reconstrucción de elementos lingüísticos, sino también la orientación y corrección de los mismos.

VI. Expresión oral

A. La encuesta que se ofrece es el inicio de algo que los alumnos han de ampliar. De otra parte, la encuesta la debe pasar el alumno **oralmente,** preferentemente entre compañeros.

B. La clase es informada por cada alumno sobre los resultados de la encuesta.

C. Práctica oral, que pondrá a prueba la capacidad de los alumnos para utilizar comunicativamente el español de manera integral, imaginativa y autónoma.

VI. En vivo y en directo.

Completa con nuevas preguntas esta encuesta y entrevista a tus compañeros. **A**

ENCUESTA - ENTREVISTA

- ¿Te gusta la radio?
- Tu emisora preferida   Sí ☐   No ☐
- Emisoras extranjeras que escuchas:
  _____
  _____
  _____

- Tus programas preferidos
  _____
  _____
  _____
  _____

- Programas en lengua española que escuchas
  Diariamente.
  De vez en cuando.
  Nunca.

- ¿Entiendes los programas de radio en español?
  ☐ Muy bien.
  ☐ Bien.
  ☐ Un poco.
  ☐ Mal.

- ¿Qué programas en español escuchas?
  ☐ Noticias.
  ☐ Informes.
  ☐ Música.
  ☐ Entrevistas.

- ¿A qué hora escuchas los programas en español?
  ☐ Por la mañana.
  ☐ A mediodía.
  ☐ Por la tarde.
  ☐ Por la noche.

- ¿Cuánto tiempo escuchas esos programas?
  ☐ Más de una hora.
  ☐ Una media hora.
  ☐ Menos de media hora.

Escucha lo anotado por tus compañeros de radio en lengua española. Informa durante tres minutos sobre los resultados de las encuestas de la clase. **B**

El gran debate. Comenta con tu grupo las anécdotas más interesantes que recuerdas en relación con el curso de español que acabas ahora. **C**

Consulta al profesor o estudia por ti mismo   *Pág. 182*

181

I.

¿RECUERDAS ESTAS EXPRESIONES?

Para comentar/contar anécdotas:

- *Los exámenes se celebrarán el día 25, a las nueve de la mañana, en el aula 23.*
- *Quienes deseen matricularse en Antena 3 deben obtener un mínimo de siete puntos en el examen final.*
- *Este centro de idiomas recuerda que aprender una nueva lengua equivale a adquirir una nueva cultura.*

Para narrar hechos:

- *Había dos hermanos, uno muy rico y el otro muy pobre.*
- *Más de 100.000 alumnos se han manifestado hoy por las calles. También han cerrado prácticamente todos los centros públicos.*
- *La coordinadora de estudiantes —convocante de la huelga— ha señalado que las conversaciones…*
- *Por su parte, el Ministerio ha declarado que los estudiantes están siendo manipulados por…*

II.

HAS VISTO POR PRIMERA VEZ

Académico
Acaso
Adelantado
Adelantar
Agotar
Aspecto, el
Aula, el/la
Avance, el
Avaro
Azúcar, el/la
Basurero, el
Bombazo, el
Calma, la
Caracterizar
Coincidir
Conceder
Concreto
Congelación, la
Coordinadora, la
Con tal que
Contrariamente
Convocante
Debido a
Declarar
Desconocer
De vez en cuando
Disfrazar(se)
Echar
Educación, la

Emisora, la
En conjunto
En contra
Enojar(se)
Entretener(se)
Equivaler
Espectacular
Espera, la
Estudiantil
Explosivo
Hoja, la
Hombro, el
Ideológico
Inscribirse
Internar(se)
Luna, la
Manifestarse
Manipulado
Mantel, el
Mentir
Método, el
Ministerio, el
Minoritario
No obstante
Parcela, la
Patentar
Perfeccionar
Pertenencias, las
Planteamiento, el

Por espacio de
Por su parte
Poseedor, el
Preferencia, la
Preferentemente
Prestar
Público
Quebrado
Radio-oyente, el/la
Recomendado
Reconocer
Regresar
Reivindicar
Respecto a
Resultado, el
Revelador
Selectividad, la
Semilla, la
Señalar
Sin lugar a duda
Socialista
Subdirector
Supresión, la
Tasa, la
Tirar
Trastes, los
Vecino

Apéndice ● Grabaciones

Textos grabados que no aparecen en la unidad correspondiente, total o parcialmente.

Unidad 1

I.2   **Texto 1:** *Miguel Ángel Gómez, Presidente de la Industria del Turrón, de cuarenta años de edad. Nació en Játiva, Valencia, y es licenciado en Ciencias Económicas. En tres años ha sido capaz de levantar la empresa y obtener beneficios. De él dependen quinientos treinta trabajadores. Su empresa exporta turrones a toda Europa.*

Texto 2: *Jesús Cantón, nacido en Zaragoza hace veinticuatro años. Es aficionado a la electrónica. Hace dos años ganó el premio de diseño de un robot para usos domésticos. Ahora ha acabado los estudios de informática y busca trabajo. Es pacifista y liberal. Pero por encima de todo está su afición a los computadores y su aplicación de éstos a la vida diaria.*

Texto 3: *María Ocaña, bailarina. Nacida en León, hace diecinueve años. Empezó a practicar el ballet desde los nueve años. A los trece fue seleccionada para estudiar en una de las mejores escuelas de baile del mundo, el Centro Balanchine, de Nueva York. Su vida es dura y no tiene tiempo libre; apenas si tiene un día a la semana para descansar y relajarse. Pero su futuro es el baile y la danza.*

I.6   *Todavía es joven: sólo tiene veintiún años y ya ha inventado con otros amigos un videojuego famoso; actualmente es el número uno en ventas, en Inglaterra. Empezó a estudiar electrónica cuando estudiaba en la escuela del pueblo. Ahora estudia Telecomunicaciones en la Universidad; hace el tercer curso. Los ratos libres los emplea en lecturas de informática y en jugar y descifrar los juegos electrónicos con su computador personal.*

Unidad 2

I.2   **Manuel Sánchez.**—Desde los once años está jugando al fútbol. Jugar en el Real Madrid es uno de sus objetivos. Ahora, cuando tiene veinte años, quiere mantener la titularidad en su equipo, buscar un puesto en la selección nacional y terminar su carrera. Estudia segundo de Empresariales. No quiere depender exclusivamente del fútbol. «Soy un privilegiado, porque trabajo en lo que me gusta, ganando mucho dinero, mientras que otras personas ni siquiera pueden trabajar.»

María Teresa Colón.—Nació en Badajoz hace veinte años. Es la última hija de una familia de diez hermanos. A los dieciséis años, tras terminar octavo de EGB, entró a trabajar en una empresa de calzado, como su padre y cinco de sus hermanos. Tiene una jornada de trabajo de doce horas diarias. «No me importa trabajar tantas horas, porque me lo paso muy bien con mis compañeros.» Le gusta bailar en la discoteca los fines de semana. Su pasión son las películas de artes marciales protagonizadas por Bruce Lee y las novelas rosas. «Cuando llego a casa, lo primero que hago es ver la televisión.» No entiende de política, pero piensa votar en las próximas elecciones.

I.6   bollo ● batalla ● hoyo ● llevar ● llave ● yate ● hallar ● hierro ● llueve ● huevo ● haya ● yoyó

I.7   *Tener una profesión se está volviendo más y más difícil cada día. No porque existan menos profesiones, sino porque aumenta el número de los que tienen esa profesión. Así, por ejemplo, se necesitan muchos* **maestros** *porque aumenta el número de niños en las escuelas. No hay* **médicos** *suficientes porque los enfermos no disminuyen. Las* **secretarias** *son más necesarias que nunca, porque es mayor el número de directores que precisan una. ¿Y* **mecánicos***? Hay tantos coches en las calles que los* **mecánicos** *nunca son suficientes. Y lo mismo ocurre con los* **electricistas***, los* **albañiles***, los* **pintores***. Pero sobran, en cambio,* **historiadores***.*

Unidad 3

I.2

SEIS CHALETS DE LUJO DE TRESCIENTOS METROS CUADRADOS

Cinco dormitorios ● tres baños y dos aseos ● dos salones con chimenea ● comedor ● garaje dos plazas ● bodega ● jardín privado ● jardín común con piscina ● calefacción a gas por suelo radiante ● máxima calidad en acabados.

DÚPLEX EN LA MANGA

* Junto a centro comercial.
* Primera línea de playa.
* Todos con vistas al mar.

— Salón comedor, cocina, tres dormitorios y dos baños.
— Jardín privado.
— Párking particular.
— Piscina comunitaria.

Precio muy interesante.
70 por 100 préstamo a quince años en entidad bancaria.
30 por 100 a pagar en efectivo durante la obra.

Unidad 4

I.2 *Los tópicos referidos a personas, regiones o países se encuentran en todas partes. Los españoles se quejan de que los extranjeros los ven como «toreros y bailadores de flamenco». Pero, ¿cómo se ven las distintas regiones dentro de España? En una reciente encuesta realizada entre estudiantes, los andaluces aparecen como juerguistas, alegres, abiertos, graciosos, exagerados y charlatanes. Una larga lista de adjetivos que responde bastante fielmente a la imagen tópica que suelen tener en todo el país. Más al norte, a lo largo del Mediterráneo norte, está Cataluña. Los catalanes son considerados como tacaños, orgullosos, separatistas y trabajadores. También al norte, pero al otro extremo de la Península, los gallegos son vistos como supersticiosos, conservadores y humildes. Los vascos, por el contrario, son fuertes, separatistas, amantes de la tierra y brutos. En el centro está Madrid; los madrileños aparecen como chulos, abiertos y hospitalarios.*

I.5 (En una agencia inmobiliaria)

Cliente: *Buenos días. Querría alquilar un piso.*

Empleado: *Buenos días. ¿Cómo lo desearía usted?*

C. *No muy grande. Un piso de tres habitaciones, comedor y cocina.*

E. *¿Y en qué zona de la ciudad?*

C. *En el barrio de la Esperanza.*

E. *Muy bien. Tenemos varios en alquiler por esa zona. Vamos a ver. Hay uno de tres habitaciones y comedor por cuarenta mil pesetas al mes. Es bastante nuevo.*

C. *¿Tiene alguno más barato?*

E. *Sí. Hay otro de treinta y nueve mil pesetas. Y otro de treinta y tres mil. Éste es un poco viejo. Pero también está muy bien. Las habitaciones no son muy grandes, pero el comedor tiene treinta metros cuadrados. Y la cocina no está mal. Además, los dueños eran muy cuidadosos y está todo muy limpio.* `

C. *Creo que éste me va a interesar.*

E. *Está situado en la calle de los Jilgueros, veintitrés. Es un tercer piso.*

C. *Estupendo. ¿Cuándo puedo verlo?*

E. *Puede ir usted en cualquier momento. Los dueños todavía viven allí. Lo dejarán libre el día treinta de este mes.*

C. *Entonces puede usted llamarles por teléfono. Estaré allí a las doce en punto.*

E. *Estupendo. Cuando lo haya visto pase de nuevo por esta oficina para firmar el contrato.*

C. *Sí, sí. Espero pasar esta misma tarde, si me gusta. Hasta luego.*

E. *Adiós. Hasta pronto.*

III.1 ▷ *Dígame.*
▶ *Hola. Soy Paco.*
▷ *¿Qué **tal** estás? ¿Cuándo has llegado de viaje?*
▶ *Mira. Son tantas las **experiencias** que no acabaría nunca de contártelas.*
▷ *Pues **tengo** ganas de verte.*
▶ *Es lo que yo **quería decirte**. Me voy a tu casa inmediatamente.*
▷ *De acuerdo. **Te espero**. Hasta luego.*
▶ *Hasta luego.*

Unidad 5

I.4 *Le gusta llevar un traje limpio, el cabello suelto y liso, la camisa a cuadros y la corbata de color gris claro. Lo llaman el «Señorito». La gente del pueblo, la gente llana, ya no le aprecia; sólo le respeta.*

I.5 *Es elegante, atrevido. **El** color rojo intenso lo hace **atractivo** y juvenil. Los **ancianos** dicen que es para poco tiempo, que **la** duración será corta. A los jóvenes **les** gusta sobre todo su **atrevimiento, sus curvas,** lejanas de lo que sería **tradicional** y usual, su vistosidad, el lujo de **cada una de** sus partes, el calor de su **interior,** lo funcional de todos **sus** instrumentos de mando y consulta... Es el coche **para** el futuro. Su **automóvil.***

II.7 ▷ *¿**Harías** el favor de decirme dónde viven tus padres?*
▶ *Con mucho **gusto**. En la calle de enfrente, en el número cuatro.*

▷ ¿**Sería** usted tan amable de indicarme dónde está la estación?

▶ ¡No faltaba más! Debe usted seguir hacia adelante, girar a la derecha en el semáforo y luego **a** la izquierda. Allí ya la verá usted.

▷ ¿**Puedes** decirme qué hora es? No llevo reloj.

▶ Naturalmente. **Son** las siete menos veinte.

Unidad 6

I.1 El avión todavía volaba alto sobre las llanuras del Brasil. Pero ya habíamos dejado el océano Atlántico muy detrás de nosotros. Dentro de una hora y media llegaríamos a Buenos Aires. Todos disfrutábamos mirando por la ventanilla y viendo la selva brasileña. Era enorme, una gran mancha de verde, sin límites. El avión empezó a bajar; estábamos cerca de la capital. Comenzaba la aventura sudamericana.

I.3 Los caballos, las vacas, **las** avestruces y los hombres corren **todavía** por estas inmensas llanuras **de la** Argentina. Muchos hombres **viven** y dependen de ella. La vida es dura, las **noches** frías, la cama es con frecuencia la silla del **caballo** o el duro suelo. Es una **tierra** casi deshabitada, donde los caballos **pueden** seguir siendo salvajes y los hombres **siguen** encontrándose solos ante la naturaleza.

Unidad 7

I.5 ¡... no cambiarás!
¡... no quiero que se entere tu padre!
¡... todo el día sin hacer nada!
¡... qué será de tu futuro!
¡... no haces más que beber!
¡... no sé qué hacer contigo!
¡... siempre llevas los pantalones sucios!
¡... estás todo el día en el bar!
¡... todas las novias te abandonan!
(Llorando.) ¡Me vas a enterrar!

I.8 (En una ventanilla de un Centro Oficial)

▷ Buenos días. Deseo presentar mi solicitud para una beca.

▶ ¿Para usted o para su hijo?

▷ Para mí.

▶ ¿Qué estudios cursa?

▷ Inglés en la Escuela de Idiomas de la Universidad.

▶ Vamos a ver... La solicitud está bien. Pero faltan papeles.

▷ ¿Cómo?

▶ Que faltan algunos papeles. Tiene usted que traer una fotocopia del libro de familia y una certificación de sus ingresos.

▷ Un momento. ¿Le sirve esto?

▶ No. Esto es una partida de nacimiento. Lo que se necesita es el libro de familia, para justificar su situación familiar.

▷ ¿Y cómo ha de ser el certificado de ingresos?

▶ Basta con una copia de su declaración anual a Hacienda. O bien, vaya usted a la Delegación de Hacienda y pida un certificado de su renta anual.

▷ ¿Tengo que hacer tantas cosas para solicitar una beca de tan poco dinero?

▶ Así son las normas, señor.

▷ De acuerdo, de acuerdo. No sé si vale la pena.

▶ ¡Usted mismo! Vuelva en cuanto·tenga todos los papeles arreglados. Hasta luego.

▷ Adiós.

Unidad 8

I.2 ▷ ¡Eh, Pedro! ¿A dónde vas tan deprisa?

▶ ¡Hola! No te había visto. **Voy a** una entrevista, aquí cerca.

▷ ¿A una entrevista? ¿**Para** qué?

▶ Pues resulta que me han llamado de la empresa «Ramal». Quizá empiece **a trabajar** en el departamento de economía.

▷ ¡Estupendo! ¡**Cuánto me** alegro! Confío en que te seleccionen. Yo, ya ves: hace dos años que acabé Derecho y no he abierto ni un libro de leyes...

▶ No te quejes. Lo tuyo está claro. Estudiaste Derecho pero ahora vives del turismo.

▷ No he tenido suerte. No me ha sido posible encontrar el trabajo que me gusta. El turismo es sólo para pasar el rato.

▶ ¿Para pasar el rato? ¡Si te **estás haciendo** rico! Y además viajas por todo el mundo. Seguro que ya conoces todos los países de Europa.

▷ Casi todos.

▶ ¿Cuál has visitado últimamente? Fue una pena que no **pudiera ir** contigo.

▷ La semana pasada estuve en Suecia. A los suecos les gusta mucho el sol de España. Pero hay que recordárselo. Si no, con tanta lluvia, se olvidan de que también hay un sol...

▶ Veo que no **has perdido** el humor.

▷ No hay turismo sin humor. A la gente la convences mejor con simpatía y alegría.

▶ Claro, claro. Bueno, se me hace tarde. ¡Deséame suerte!

▷ ¡Suerte, amigo! ¡Ojalá te vea pronto de director de la empresa!

▶ ¡Eso es! Hasta luego.

▷ Adiós. Hasta luego.

I.5 El estudio del mercado turístico es especialmente importante en España. Vender no es cuestión de suerte; la suerte hay que buscarla. Esto se aplica a los españoles de manera especial: no basta con hablar y desear, hay que hacer, como ya decía Ortega y Gasset.

I.6 Computador • economía • indicativo • contar • cantante • contante • imperativo • confundir • encontrar • cumplir • importar • incluir

II.3 9, 24, 33, 4, 26, 11.
Número complementario: 37.

Unidad 9

I.4

1. *El tráfico por la carretera nacional es muy denso.*

2. *No se puede llegar allí en coche.*

3. *Es preferible que espere usted unas horas.*

4. *Tome el desvío a El Escorial.*

5. *Le aconsejamos paciencia hasta llegar a Ávila.*

6. *La carretera experimenta un tráfico muy lento.*

I.5 (Se oye esta información por la radio)

Hoy, primer día del largo puente de la Inmaculada, las carreteras españolas están a tope. De Madrid han salido unos ciento cincuenta mil vehículos y de Barcelona más de cien mil. Hasta el momento sólo ha habido tres accidentes, ninguno de ellos con víctimas de gravedad. Para aquellos que todavía no han salido de sus casas les aconsejamos los siguientes itinerarios:

Quienes se dirigen hacia las costas mediterráneas, Alicante o Valencia, deben evitar el paso por Aranjuez, donde hay retenciones de unos quince kilómetros. Pueden desviarse por la carretera de Toledo o la nacional a Valencia, por Tarancón. También hay retenciones en Albacete ciudad. Les aconsejamos paciencia porque aquí no es posible tomar otras carreteras principales. Quienes se dirigen a Andalucía, además de evitar Aranjuez, tienen largas caravanas de vehículos en Despeñaperros, a partir de Valdepeñas. La carretera de El Escorial está prácticamente bloqueada a la salida de Madrid. Si viaja usted en esta dirección, es preferible que espere todavía unas horas; o bien tome la autopista del Guadarrama y de allí tome el desvío hacia El Escorial.

Las carreteras nacionales hacia el norte y Extremadura tienen un tráfico lento pero fluido. La carretera a Barcelona experimenta retrasos hasta la salida al Aeropuerto de Barajas.

I.9

1. **¿Hay un garaje/taller cerca?**
   ¿Sabe usted dónde hay un garaje?
   ¿Dónde está el taller más cercano?
   ¿Hay algún mecánico cerca de aquí?
   Se me ha estropeado/averiado el coche. ¿Dónde puedo arreglarlo?

2. *Se me ha estropeado el motor.*
   El coche no funciona.
   El coche está averiado en la carretera. ¿Puede arreglármelo pronto?
   ¿Cuánto tardará en arreglarlo?
   ¿Es importante la avería?

3. **¿Dónde está la comisaría más cercana?**
   ¿Podría decirme dónde puedo denunciar un robo?
   Me han robado la cartera del coche. ¿Sabe usted si hay cerca de aquí un cuartel de la Guardia Civil?

4. *Quiero denunciar un robo.*
   Me han robado la cartera y el pasaporte.
   ¿Y ahora qué tengo qué hacer? Estoy sin pasaporte y sin dinero.

Unidad 10

I.2

Desde hace años ningún turista o visitante **se puede** *sentir extranjero en la Costa del Sol española. Desde Málaga hasta Cádiz, pasando por Torremolinos y Marbella, en las islas Canarias, en Mallorca, en Benidorm, en la Costa Blanca* **se hablan** *todos los idiomas europeos,* **se editan** *periódicos en inglés y* **es frecuente** *que los espectáculos nocturnos se expliquen en dos o tres lenguas. Los hoteles* **atienden** *a sus clientes en su propia lengua. Y, naturalmente, quienes ya se han establecido o jubilado en España,* **empiezan** *a organizarse y asociarse. En Alicante* **existe** *hasta un colegio de enseñanza primaria noruego; el rey Olaf* **visitó** *una ejemplar hacienda de la Seguridad Social de este país. La Comunidad Valenciana emplea a 60 traductores y edita toda su información turística en cuatro idiomas. España* **se está convirtiendo** *en el «descanso» del europeo.*

I.3

A los europeos les gusta viajar a España.

Los alemanes prefieren las tapas y el tasqueo.

Para los franceses la aventura es todavía posible en el sur.

Morir en la costa cálida es una ilusión para muchos.

«Trabajar en el norte y descansar en el sur» es la frase de moda.

Los madrileños son noctámbulos orgullosos.

¿Sigue España siendo la España tradicional y torera?

Unidad 11

I.3

▷ *Pues a mí los modales no me preocupan.*

▶ *Los modales son convenciones sociales,* **estoy de acuerdo** *en eso. Pero ayudan a convivir con otros.*

▷ **Todo lo contrario:** *ayudan a ser cínico y a aparentar lo que uno no es.*

▶ *Ceder el asiento a una señora en el autobús es un gesto amable.*

▷ **Puede ser.** *Pero, ¿por qué no se lo cede la mujer al hombre? No hay diferencia entre los sexos.*

▶ *Ceder el asiento a una señora, a un anciano es pensar en los demás, no ser egoísta.*

▷ *Pero, ¿por qué es egoísta el que se trata a sí mismo como trataría a los demás?*

▶ *Y, ¿****qué opinas*** *de ir limpio, mal o bien vestido?*

▷ *También es una convención social.* **¿Qué más da** *llevar traje nuevo que viejo?*

▶ *¡Pues* **claro que** *no da igual! Ir limpio significa que no se molesta a los demás con el mal olor. Llevar un traje nuevo causa una impresión agradable en quien nos mira...*

▷ **Creo que** *no tienes razón. Pero, por si acaso, voy a cambiarme de traje...*

Unidad 12

I.2
1. *Los huevos contienen mucho hierro.*
2. *La vista mejora con la vitamina A.*
3. *Contra las infecciones, limones.*
4. *El calcio ayuda al crecimiento de los huesos.*
5. *Los niños deben tomar mucha leche.*
6. *Con la vitamina E no se envejece tan pronto.*

I.7
Que ● comen ● quejarse ● meca ● dique ● requeté ● quemar ● contener ● mecanizar ● máquina ● preocupar ● inquebrantable ● queso ● quiso ● cuota

II.8
Si el niño **crece,** *debe tomar calcio.*

Por tanto, no **tiene** *por qué quejarse de los alimentos.*

Aunque lo **dice** *el médico, no es verdad.*

Aunque **venga** *a pedírtelo de rodillas, no hagas caso.*

Si no **comiera** *tanto, no estaría tan gordo.*

Está enfermo, por consiguiente, es mejor que **se quede** *en cama.*

Si la alimentación **es** *buena, la salud es buena.*

Aunque **fuera** *el mejor médico del pueblo, no confiaría en él.*

Unidad 13

I.2
Desde que nacen hasta los cinco años, **Gopa** *los acompaña. Porque hay un juguete* **Gopa** *adecuado a sus habilidades en cada etapa del desarrollo.*

Con **Gopa** *su hijo aprenderá jugando, combinando piezas de acuerdo con su crecimiento, para formar las figuras que desee. Así, su sonajero de bebé se puede combinar con ladrillos básicos de construcción, y con éstos formar modelos tomados de la vida real. El único límite es su fantasía.*

Gopa *es un sistema único de juego, para estimular la imaginación y, sobre todo, para divertirles. Por eso* **Gopa** *siempre está en juego. Creciendo cuando ellos crecen.* **Gopa, para aprender jugando.**

I.3
a) *A los niños les gustan los juguetes.*

b) *¿Les gustan los juguetes a todos, niños y niñas?*

c) *¿Este libro de dibujos también se lo regalas?*

d) *La contaminación no tiene fronteras.*

e) *¿Que Madrid es una ciudad tranquila?*

f) *Son muchos los autobuses que funcionan a gas.*

g) *¿Y trabajan en estas condiciones?*

I.4
Los anuncios llaman la atención. Por eso las empresas se anuncian y por eso la gente los lee. Aparentemente nadie hace caso de los anuncios. Pero no es verdad. Éstos quedan en el interior, en el subconsciente de cada uno. Allí donde se toman las decisiones.

II.3

UN SEGURO DE VIDA COLECTIVO EN INMEJORABLES CONDICIONES

Contrariamente a lo que muchos **creen**, *el seguro de vida empieza a disfrutarse en el momento de su contratación. Por encima de sus* **ventajas** *fiscales y trato especial en la Ley de Sucesiones,* **hay** *que valorar la tranquilidad y confianza* **que** *aporta a su poseedor y a* **su** *familia. Tranquilidad en el* **presente** *y enorme* **confianza** *en el futuro.*

4.200.000 pesetas en caso de fallecimiento por **enfermedad** *o invalidez permanente absoluta, sin exclusión de* **ningún** *tipo, causada por enfermedad.*

8.400.000 pesetas en caso de fallecimiento por accidente.

8.400.000 *pesetas en caso de* **invalidez** *permanente absoluta causada por accidente.*

NOVEDAD

Unidad 14

I.4
▷ *Me gustaría estar siempre contigo, de día y de noche.*
▶ *Sólo sueño contigo, amor mío.*

▷ *No te soporto. Eres lo más indigno que conozco.*
▶ *Es verdad. Prefiero que me arranquen una muela antes que verte a ti.*

▷ *A lo mejor te gustaría ver una película. He sacado dos entradas para el* **Rex.** *Ponen «Más allá del amor».*
▶ *Eres muy amable. Pero esta tarde tengo ya un compromiso. Discúlpame. Otro día será .*

▷ *Cuando llego yo, tú nunca estás en casa. Y si estás en casa siempre pones mala cara.*
▶ *Es que tú tampoco estás contenta con lo que hago yo. No haces más que echarme en cara mis defectos.*

I.6
Había llegado la hora de ordenar sus cosas. Era un desahogo para todos. ¡La habitación estaba tan sucia! Era un desastre. Había mucho que hacer. Empezaría con los armarios. ¡Qué pereza! Estaban llenos de ropa amontonada. Pero, ¿por qué trajabar ahora? ¿Por qué no más tarde, a la hora de la siesta?

Unidad 15

I.2
Buenas tardes. De nuevo con ustedes «La tarde es nuestra», un programa **para** *hacer más agradable la sobremesa, para entretenerles en* **sus** *horas de descanso, antes de salir de*

I.2 **nuevo** *para el trabajo. Hoy hemos querido ofrecerles algo diferente, original, nunca* **visto.** *¿Sabían ustedes que los hombres no hablan solamente con la* **lengua?** *Pues sí, señoras y señores. Y ocurre en España, en las islas* **Canarias.** *Allí todavía hay* **gente que habla...** *silbando. Han oído ustedes bien «sil-ban-do». Nos acompaña hoy Alejo Cienfuentes, especialista en* **este** *«idioma» canario.*

▷ *Buenas tardes, Alejo.*
▶ *(Alejo contesta silbando.)*
▷ *¿Cómo?*
▶ *(Silba de nuevo lo mismo.)*
▷ *Ya lo han oído ustedes. Alejo nos* **ha dicho** *«buenas tardes» en su «lengua...».*

I.4
1. *Me dijo que eran las tres de la tarde.*
2. *Dice que no sabe nada.*
3. *¿Dices que no es verdad?*
4. *Me había dicho que vendría.*
5. *Dice que es puntual, pero siempre llega tarde.*
6. *Me dijo que había ido al cine.*
7. *¿Te dijo que lo haría ella?*

I.5 *Dice que (nunca ve la televisión).*

Ha dicho que (es un día importante para su hija).

Dice que (vengas).

Dijo que (su profesor le había suspendido).

Dijo que (vendría pronto).

Se dice que (mañana no será fiesta en la capital).

Había dicho que (no lo haría, pero lo hizo).

Unidad 16

I.A a) *Nos comunica el Director del Centro que se ha reservado una determinada cantidad de dinero para que los estudiantes más adelantados puedan perfeccionar su español en un país de habla hispana durante un mes.*

b) *La Universidad de Invenlandia ha comunicado a la agencia* **Sabelotodo** *que el Centro de Investigaciones Lingüísticas ha inventado un método revolucionario para aprender idiomas. Según este método, el español se aprenderá mientras se duerme. Este Centro ya ha patentado el aparato que hace posible este espectacular avance.*

c) *El próximo año Estados Unidos cambiará de lengua oficial. El inglés es ya minoritario en este país, mientras los hablantes del español crecen continuamente. En un referéndum celebrado el mes pasado, el setenta y ocho por ciento de la población ha votado por el mencionado cambio en la lengua oficial de la nación. Sólo dos Estados han votado en contra.*

I.B *Más de cien mil alumnos se han manifestado hoy por las calles de las principales capitales españolas. Se ha acabado así el período de calma y tranquilidad en las aulas, que había caracterizado a los últimos diez años.*

También han cerrado prácticamente todos los centros públicos debido a la ausencia de alumnos en las aulas. Las fuerzas convocantes coinciden en varios puntos: supresión de la selectividad para el ingreso en la universidad, congelación de las tasas académicas, aumento del número de becas y no supresión de los exámenes de septiembre. La coordinadora de estudiantes, que ha convocado esta huelga, ha señalado que las conversaciones con las autoridades del Ministerio de Educación no han dado ningún resultado. Por su parte, el Ministerio ha declarado que los estudiantes están siendo manipulados por ciertas fuerzas políticas que tratan así de crear dificultades al Gobierno socialista.

Por primera vez en la historia de los movimientos estudiantiles, no obstante, se dejan de lado los planteamientos ideológicos y se reivindican aspectos concretos de la educación. Sin lugar a duda, el alto nivel de paro, que afecta sobre todo a los jóvenes que acaban sus estudios, ha sido el motor principal de esta huelga.

I.D *¿Cuántos estudiantes se manifestaron ayer?*

Dicen que el Ministerio no les hace caso.

¿Acaso se ha tenido en cuenta a los alumnos?

El sistema educativo no responde a la realidad del siglo XX.

¿Es difícil encontrar trabajo al acabar los estudios?

¿Son suficientes las becas que concede el Ministerio?

En la universidad no estudian más que los que tienen dinero.

III.D *El nuevo Director de la radio estatal* **ha declarado** *que se va a producir un bombazo. Quienes* **participan** *en los programas de la mañana,* **que** *no han sido consultados sobre el tema, adelantan algunas* **hipótesis** *sobre ese explosivo invento.* **Como** *el Director ha hablado varias veces de sus* **preferencias** *por un «radio-menú» se imaginan el bombazo de la* **siguiente** *manera: primer plato, el propio Director* **disfrazado** *de ciudadano Kane; segundo* **plato,** *el subdirector, disfrazado de Superman; como guarnición* **acompañaría** *la Secretaria del Director. El postre* **todavía** *se desconoce.*

Índice